系列

误国红颜

夏后 商后 周后

雷庆 兰元 著

辽宁人民出版社

图书在版编目（CIP）数据

误国红颜：夏后　商后　周后 / 雷庆，兰元著.
沈阳：辽宁人民出版社，2025. 4. --（历代名后系列 /
赵毅主编）. -- ISBN 978-7-205-11398-8

Ⅰ. K827=2

中国国家版本馆 CIP 数据核字第 2024SB4084 号

出版发行：辽宁人民出版社
　　　　　地址：沈阳市和平区十一纬路 25 号　邮编：110003
　　　　　电话：024-23284191（发行部）　　024-23284304（办公室）
　　　　　http ://www.lnpph.com.cn
印　　刷：嘉业印刷（天津）有限公司
幅面尺寸：165mm×235mm
印　　张：20.25
字　　数：319 千字
出版时间：2025 年 4 月第 1 版
印刷时间：2025 年 4 月第 1 次印刷
责任编辑：贾妙笙
封面设计：乐　翁
版式设计：一诺设计
责任校对：吴艳杰
书　　号：ISBN 978-7-205-11398-8

定　　价：68.00 元

"历代名后系列"序

　　"历代名后系列"是一套上起先秦下迄晚清，包含 12 位王后、皇后（包含皇太后、太皇太后）的传记史学作品，分别是：夏桀王后妹喜，商纣王后妲己，周幽王王后褒姒，汉高祖皇后、汉惠帝皇太后吕雉，汉成帝皇后、汉哀帝皇太后赵飞燕，晋惠帝皇后贾南风，北魏文成帝皇后、献文帝皇太后、孝文帝太皇太后冯氏，北魏孝明帝皇太后胡氏，唐中宗皇后韦氏，辽景宗皇后、辽圣宗皇太后萧绰，清世祖皇太后、清圣祖太皇太后博尔济吉特氏（即孝庄文皇后），清穆宗、清德宗皇太后叶赫那拉氏（即慈禧太后），编为 9 册。这是一套史学专家撰写的通俗性历史读物。

　　夏商周三代尚无皇帝尊称，是分藩裂土的王政时代，因此，妹喜、妲己、褒姒被称为王后。秦汉以降才是帝制的开端，最高统治者称皇帝，其配偶称才人、女御、嫔妃、贵人、贵妃、皇后等，等级分明，地位天壤，皇后执掌中宫，是内廷宫闱的高层级支配者。皇后原则上只册封一人，但在帝制时代，两后并立亦不鲜见。当朝皇帝的正妻或其最喜欢的妃嫔往往被册封为皇后。当朝皇帝驾崩，子侄辈即位为新皇帝时，皇后往往被尊为皇太后，待孙辈登基为新皇帝时，皇太后则被尊为太皇太后。没有皇后履历的皇帝妃嫔，母以子贵，在其子加冕称帝时，被追尊为皇太后是常例。

严格说来，社会只由两种人构成，即男人和女人。历史本应由这两种人不分伯仲共同创造与书写，然而，实际的情形并非如此。

自先秦至晚清数千年间，朝代更替频繁发生，占据历史舞台中心的帝王将相、达官显贵、英雄豪杰，几乎清一色是男子，女人仅是男人的附庸，全无展示自己的平台，无法成就轰轰烈烈的伟业。通观中国古代历史，唯有武曌一位女皇，对其评价尚褒贬不一，罕见女性有位极人臣、出将入相者。中国古代的正史——"二十五史"、历朝政书的书写者均为博学多识的男性官僚学者，除班昭参与了《后汉书》的部分编纂工作外，再无任何女性参与正史、政书书写。历史的书写者基本为男人。书入正史的帝王将相、达官显贵占去了史书绝大部分篇幅，而约占人口总数50%的女性，仅占有《后妃传》《列女传》等少得可怜的篇幅。

中国古代是男人的社会，中国古代正史由男人书写，中国古代，尤其两汉以后，儒家思想成为社会主流意识形态，宋代以后理学存天理、灭人欲的礼教观念广行流布，女子无才便是德、男主外女主内、节烈贞洁等种种礼教戒律严重束缚女性，在政坛上叱咤风云的女性更难得一见。

本书的12位传主，夏后、商后、周后、吕太后、赵皇后、贾皇后、韦皇后等7人系汉族女性（夏后、商后、周后可视作华夏族），而胡太后、萧太后、孝庄文皇后、慈禧太后等4人为少数民族女性，冯太后为少数民族化的汉族女性。为什么少数民族女性所占比例如此之高呢？这与少数民族对女性礼教戒律束缚较少、少数民族女性的社会地位相对较高密切相关。尽管在古代中国历史上出现很多炙手可热的名后，有的在政坛上翻云覆雨，甚至临朝称制，掀起巨澜，但实质上她们仍是男性的附属。

古代社会，从太学、国子学到府州县学，各级官学不录取女性学员，妇女受教育的权利被剥夺；古代社会，从乡举、里选、征辟、察举、九品中正到科举取士，各种官吏选拔均不把女性划入考查范围，妇女参与国家政治的权利又被剥夺。只因皇帝有一套严格而完整的后妃制度，服务于皇权，才有了这样一个皇后、皇妃群体。首先，皇后必须由皇帝册封，皇后的名分是从皇帝那取得的；其次，皇后在家庭中必须服从夫君——皇帝的权威，皇后的权力是皇权的外延，是皇帝给予的。在帝制时代，专制皇权不断强化，为防止后妃干政、外戚坐大，形成后党，在政治设计上约束限制后妃、外戚权力膨胀的规则日益严密，个别朝代甚至推出并实行册封皇太子后处死皇太子生母的冷酷政策。

这套"历代名后系列"的12位传主，生活在不同朝代，政治履历、知识素养、性情禀赋、胆识谋略及最终结局各不相同。作者对她们生平际遇、历史功罪等诸多方面，在尊重史实、参酌同行研究的前提下，做了尽可能详细的陈述与评说，不仅为了再现她们多姿多彩的人生，更是想让读者透视她们生活年代变幻莫测的政治风云。汉高祖皇后吕雉，辅佐刘邦成就霸业，与萧何谋划除掉韩信，巩固统治。高祖病逝后，惠帝软弱，由吕后实际掌权，她继续无为而治的黄老政治，使汉朝国力不断增强。她又擢拔吕氏族人，形成诸吕集团，操控朝政，最终陈平、周勃铲除诸吕，迎立汉文帝，酿成汉初一场政治大震荡。夏桀王后妹喜、商纣王后妲己、周幽王王后褒姒、汉成帝皇后赵飞燕，皆为倾城倾国的绝代美人，以姿色取悦君王，虽行止乖张，恣肆任情，颇受后人非议，但把夏、商、西周败亡，汉朝衰败的历史责任加到她们头上恐未必公允。北魏献文帝冯太后，有度量有胆识，激赏汉文化和中原王朝成熟的典章制度，促成孝文帝实行改革，接受中原文化，推动了鲜卑族社会发展进步和与汉族的民族融合。辽圣宗皇太后萧绰，是有影响有担当有作为的政治家，她能在朝堂上决断大政，亦能统率百万大军攻城略地，与敌人对垒。在辽宋对战势均力敌的情势下，审时度势，促成"澶渊之盟"，使辽宋之间实现数十年之和平。孝庄文皇后博尔济吉特氏是位聪明睿智的女人，她的成功在于在清初复杂的皇位争夺中施展手段，辅保年幼的儿子福临、孙子玄烨登上皇帝宝座，摆平满洲贵族各派政治势力。即或有下嫁摄政王多尔衮之韵事，也毫不影响其历史地位。晋惠帝皇后贾南风、北魏孝明帝皇太后胡氏、唐中宗皇后韦氏 3 位传主有许多共性，凶悍、妒忌、残忍而又野心极大，是史上公认的"女祸"。贾皇后的丈夫惠帝司马衷是低智商，不能亲理朝政，贾皇后操控大权，在朝臣和宗王间拉帮结派，拨弄是非，引发司马氏自相残杀的"八王之乱"，使晋朝走向衰亡，贾皇后也在乱世中被杀。北魏胡太后，心狠手辣，两度临朝称制十余载，挟持皇帝、势压宫妃，威福自专，天怒人怨，最终被尔朱荣沉于黄河。唐中宗皇后韦氏是位心机颇深、手段高妙、野心勃勃的女人。在武周和中宗时期，她巧妙周旋，地位虽有浮沉，但终究保住了权位，膨胀了势力，与上官婉儿等结成势力集团，顺昌逆亡，甚至密谋政变，弑君自立，效法则天武后。在唐前期朝政大变局关键时刻，睿宗之子李隆基果断发动兵变，杀死韦皇后，化解了一场政治危机。慈禧太后是清文宗之懿贵人，没有皇后名分，文宗死，穆宗立，径封皇太后，历同治、光绪两朝四十余年，垂帘听政，独断朝纲，地位从未动摇。她思想保守、观念陈腐，在西学东渐，世界格局大变演中，无能应对，锁国闭关，为保住其独尊地位，血腥镇压维新人士；在对西方列强的斗争中，屈膝投降，签订了一系列割地赔款、丧权辱国的条约，使偌大中华沦为半殖民地社会；她个人生活厚自奉养、奢侈挥霍，为庆六十大寿，竟公然连续数年挪用海军经费近200万两，这也是导致甲午战争中北洋水师全军覆没的一个重要原因。

这套名后传记史学读本，成于众人之手，风格不同，学识也有差异，相信读者慧眼识珠能够发现其精到和舛误。此套书曾刊行于20年前，此次应邀修订，主要是打磨文字，订正史实错误。限于作者水平，肯定还有其他问题没能发现更改，欢迎读者教正。

辽宁师范大学 赵毅

2023 年 5 月 15 日

目　录

助纣为虐的蛇蝎妖后——妲己

断送了西周王朝的一笑——褒姒

第一个被称为"红颜祸水"的女人

妹喜

第一章

承大业桀王继位

遇国难有施献美

一、大禹传子

4000多年前，在我国的黄河流域，活动着一个古老的部落——夏。据传说，这个部落是黄帝氏族的一个分支，是黄帝的儿子昌意的后代。那时正处于原始公社末期的部落联盟阶段，夏部落的酋长禹正好站在从原始公社通向阶级社会的门槛上。

在部落联盟领袖尧舜的时代，禹的父亲鲧被封为"崇伯"，是黄河南岸嵩高山下一个强大的部落军事首领。那时，洪水经常为患，浩浩滔天的洪水淹没了大地，包围了山冈和丘陵，人们纷纷逃到高处去躲藏。夏是一个精于水利的部落，便派鲧去负责治理洪水。鲧采用筑堤的办法，企图挡住洪水；治水9年，不仅没有治住洪水，反而水愈堵愈涨，堤岸崩坍，造成了更大的水患。尧的助手虞舜巡视了各地，发现鲧治水无方，造成很大损失，便把他放逐到羽山（今山东郯城），最后鲧死在那里。虞舜继位为部落联盟领袖以后，又派鲧的儿子禹去治水。禹总结了父亲失败的教训，放弃筑堤堵水的办法，从疏导入手，照依山脉，疏通河道，让河水顺着河道流向大海。同时，禹联合了共工氏、伯益、后稷等许多部落首领，共同向洪水展开了大规模的斗争。这个办法果然有效，经过13年的努力，终于制服了洪水。于是人们纷纷从高地回到平原，开始蓄水灌田，发展农业。接着，禹又带领人民开凿沟渠，引水灌溉，化水害为水利，在黄河两岸的平原上开出了许多良田和桑土，使其成为人们安居乐业的地方。正如《诗经》中歌颂禹的功绩说"奕奕梁山，维禹甸之"（《大雅·韩奕》），说他平治了水灾，把梁山之野开辟为良田。

大禹为天下人谋利益，一心扑在治水事业上，在外面整整干了13年，曾三次路过家门也顾不上进屋看一看。大禹治水的成功，促进了农业生产的发展，农业的发展又促进了手工业和产品交换的发展，从而加速了原始公社制度的瓦解，为向奴隶制过渡创造了条件。

当虞舜去世后，禹就接替舜当了部落联盟的领袖。当时，部落联盟的领袖由各氏族部落的首领民主推举产生，这种推举制度叫"禅让"。禹是原始社会末期由民主推举产生的最后一个部落联盟领袖，在他的身上，既保留着原始社会部落联盟首领的一面，又有了阶级社会中专制君主的一面。

在部落联盟阶段，对外战争很常见，联盟领袖经常率领军队去掠夺邻人的财富。战争中掠夺到很多战俘，他们成了军事首领的奴隶。这种掠夺战争，进一步加强了禹的地位，并促进了奴隶制度的产生。按照传统的禅让制，禹也事先推荐一个人，即东夷的首领皋陶（yáo）作为自己的继承人。不久皋陶死，禹又推荐东夷的伯益作为继承人，但他却不给伯夷实权，相反，却把实权交给了自己的儿子启。当禹老死后，伯益按照过去的传统，让各氏族、部落来决定由谁继位。由于伯益的威望和权力都不及启，所以当时"朝觐讼狱者"都不去找伯夷，而去找启，他们说："启才是我们的君主，因为他是帝禹的儿子啊！"这样，启就轻而易举地继承了禹位。

这就是历史上所说的"大禹传子"。它宣告了原始社会部落联盟领袖禅让制的结束和阶级社会王位世袭制的开始。从此，"大人世及以为礼"，公天下变成了家天下。王位世袭制代替禅让制，是社会生产力和私有制发展的必然结果，是历史上的一次巨大的进步。"大禹传子"后，启成为夏朝的开国之君。

尽管启和禹是父子相承，但他们却代表了两个不同的时代，禹是中国历史上最后一个原始社会的部落联盟领袖，启则是中国历史上第一个国王。

二、得到承认

夏启建立夏朝的过程，充满着激烈的斗争。因为奴隶制国家是一个新生事物，必然遭到传统的旧势力的反对。东方偃姓部落的伯益首先反对夏启。在夏启继位后，他立即撕下了谦让的面纱，率领强悍的东夷军队来势汹汹地向启发动进攻。伯益打败了启的军队，并将启俘获，囚禁起来。不久启又逃出，重新组织队伍，向伯益反攻。经过艰苦的战斗，最后一次交战时，伯益的部下纷纷向启缴械投降，启把伯益抓来杀掉。这就是古书上说的"益干启位，启杀之"（古本《竹书纪年》）的大致经过。其实，启胜益败并非偶然：一个新兴的奴隶主阶级的代表，当然会得到更多的拥护；一个是旧的氏族贵族代表，必然失败。

反抗的势力不仅来自外部的东夷，也来自夏部落内部。夏族在西方的同姓邦国有扈氏也起兵反对启。有扈氏在今陕西中部、东部一带，是仅次于夏后氏的一个强大的氏族，早在禹的时候，夏后氏就曾与有扈氏发生过战争。启率领军队亲自讨伐有扈氏，双方大战于甘泽。有扈氏的军事力量相当强大，启开始并没有把有扈氏打败，大约经过一年的较量才征服了有扈氏。

对有扈氏战争的胜利，意味着夏王朝终于站住了脚跟。为了庆祝夏王朝的建立，夏启在钧台（今河南阳翟）大会诸侯，设宴飨客，诸侯纷纷前来朝贺。夏王朝的统治得到了诸侯的正式承认。夏王朝建立以后，社会经济和文化开始有了进一步发展。

夏启顺应历史发展的趋势，建立了第一个奴隶制王朝，在中国历史上有着不可磨灭的功绩。

三、少康中兴

从公元前 21 世纪夏启建国以后，夏王朝共传十三世十六王，到公元前 17 世纪夏桀亡国，共历 500 年左右。夏朝是我国历史上第一个有明确的世系的王朝，史书把它划分为三个发展阶段。

夏朝前期：从启到少康，共四代五王。这是夏王朝确立和巩固的时期。

夏启死后，子太康继位。太康奢侈淫乐，"娱以自纵"。启的五个儿子发动叛乱，互相争夺。东夷的后羿利用夏王朝的内乱和人民的不满，"因夏民以代夏政"，夺取了夏王朝的统治权。

后羿是东夷有穷氏的首领，因此也称"夷羿"。传说他是古代最善射的人。

太康继位后，后羿就从东方的钼（今河南滑县）向西进逼至夏都附近的穷石（今河南洛阳）。他趁夏朝统治阶级内部斗争的时机，攻下夏都斟鄩（今河南洛阳偃师区），赶走太康，夺取了夏王朝的统治权，史称"太康失国"。

后羿是一个荒唐的统治者。他"不修民事""淫于原兽"，沉溺于田猎游乐之中。他抛弃了原来信任的几个宠臣，把政事交给了寒浞。寒浞奸诈狡猾，心毒手狠，用献媚逢迎的手段骗得后羿信任，之后不久，又把后羿杀死，并霸占了后羿的家产和妻子，后来还生了两个儿子，一个叫浇，一个叫豷（yì）。

太康失国以后，与他的兄弟仲康逃到外地，不久即死去。仲康的儿子相，投奔姒（sì）姓部落的斟灌氏。寒浞则派他的儿子浇，率军灭斟灌。相又逃至斟寻氏，浇又灭了斟寻，杀死了相。这时，相妻后缗逃奔母家有仍氏（今山东济宁），在有仍氏生下少康。少康长大后，浇派亲信到有仍抓少康，少康又逃奔有虞（今河南虞城）。有虞君虞思很器重少康，把女儿嫁给了他，并封给纶邑。少康在纶邑收罗"夏众"，积极准备恢复夏朝。这时，有个叫伯靡的夏遗臣，逃居在有鬲（今山东德州）。他收罗了斟灌、斟寻的残余势力，在积极做推翻寒浞的准备工作。少康与他联合进攻寒浞。浇和豷是寒浞的两员悍将，必须首先除掉。少康派亲信去刺探浇的情报，同时派自己的儿子季杼去诱豷。然后，少康亲自率军消灭了浇，季杼的军队消灭了豷，伯靡也率领斟灌、斟寻之师讨伐寒浞，攻下了夏邑。于是少康从纶邑回到夏邑，恢复了王位和夏的统治，史称"少康中兴"。

从此，夏朝的统治得以巩固，进入了国势向上的相对稳定时期。

四、空前辉煌

夏朝中期：从帝杼至胤甲，共六代七王。这是夏王朝的鼎盛时期。夏王朝到了这个时期，政治、经济都有了较大的发展，国力空前强盛起来。帝杼，有的书写作"予"或"宁"，他是夏王朝有名的国王，被认为是能继承大禹事业的人。到了夏代中期，军事力量又有了进一步加强。夏王帝杼就是一个著名的军事统帅。在消灭寒浞的战争中，他也曾率领军队，在戈地打败了豷。传说"帝杼作甲"，虽然不能把甲看作是帝杼的发明，但他必定曾经改进了甲，并用以装备自己的军队。帝杼统治期间，夏人的武装力量非常强大，一直打到东海边，迫使东夷纷纷臣服于夏王朝。

帝杼死后，他的儿子帝槐（或作"芬"）继位。帝槐即位的第三年，"九夷来御"，江淮流域的9个夷人部落向夏王朝称臣纳贡。这个时期夏王朝的版图空前扩大，是夏朝历史上最辉煌的时期。

五、孔甲乱夏

夏朝后期，从孔甲至桀，共四代四王，这是夏王朝走向衰落并最后灭亡的时期。这时夏王朝统治阶级日趋腐朽，阶级矛盾也日益激化。

夏朝到了不降在位。不降有个儿子孔甲，性情乖僻。不降心中忧虑，怕儿子将来接位，人民必定受苦，便打算改变传子定例，把王位传给帝扃（jiōng）；又怕自己一旦身死，孔甲不甘心让位，臣下也未必遵守遗命，以致自己虽有传扃之心，扃还是得不到王位；便决定效仿尧、舜故事，实行禅让，在自己活着的时候，先叫扃做起夏王；便和扃说知，择日禅位。这种家族内禅让，叫作内禅。群臣因为这是夏王不降的主张，不敢违背。扃做了夏王11年，不降才崩逝。这时扃的王位已固，当然无人争夺。扃崩后传子廑，孔甲心中就老大不服，百计图谋。

廑死后，孔甲果然得立为王。他以为自己得了天的助力，便十分迷信，装神弄鬼，一心只知祭祀鬼神，不理国事。

孔甲是一个荒唐的暴君，继承王位后，不专心治理国家，只喜欢打猎、饮酒、玩弄女人、祭祀。打猎可以捉到许多野兽来吃，祭祀要供许多牛羊酒醴（lǐ），又是一个饱吃痛喝的机会，孔甲终日吃喝玩乐。由于孔甲"好方鬼神，事淫乱"，所以夏王朝的德望和声威一天天衰落了，四方的诸侯渐渐不服从命令，可是昏王孔甲还一点也不觉得，一天到晚只顾行乐。

据传说，一天孔甲又到河滨田猎，带了许多勇士，追赶鸟兽。正在兴高采烈的时候，忽然腥风大起，河边突然跃出两只极大的动物。那物的眼睛好像四盏明灯，凸得可怕，胡须长得和铜戟一般，满空飞喷着腥雨，吓得左右随从都跌跌撞撞地拼命逃走。那物张起血盆大口，向前猛扑，身后涌起滔滔巨浪，直往岸上滚来。孔甲看见这般声势，也自心惊，忙喝退车马，商议擒捉这动物的办法。有个小臣奏说："这两只动物名叫龙，一个是雄的，一个是雌的。世上已经很少看见，算得罕有的东西。"

孔甲听了大喜，说："既然是难得的东西，那一定是上天赐给我的。你们可设法把它擒来，只要活的，不要弄死。"勇士们便守在岸边，等双龙上岸。不多时，两龙扑上岸来。大家拼命向前，刀箭齐上，拣那不致命的地方，尽力攻击。那龙凶猛异常，勇士们与之相持了许多时候，十几人被龙尾扫入水中。勇士们终于把双龙打伤捉住。

孔甲心中大喜，便说："我听得从前传说，黄帝曾经乘过龙驾的车，舜也有豢养龙的故事。我正在羡慕从前天子都有龙车，不想天帝也把这两条龙赐给了我，我应该把这龙好好养着，替我驾车。你们访查有谁擅长养龙，我一定重重赏赐。"

这时有个名唤刘累的小臣前来朝见，奏说："臣从前曾在豢龙氏那里学得饲养龙的方法，知道龙的性情嗜好，臣请担任养龙职务。"难得刘累自荐，孔甲马上封他做御龙氏，赏赐优厚，叫他把龙领去喂养。不料，两龙在被擒的时候，已经受了重伤，刘累无法医治。过了几天，雄的渐渐平复，雌的却饮食不进，刘累万分焦虑。挨过一个多月，雌的死了。刘累恐怕孔甲向他要龙，无法交代，便叫手下的人将死龙剔掉鳞甲，把龙肉剁成肉酱，煮熟了献给孔甲吃，并谎称是自己打来的野味。孔甲吃过以后，连连称道味美，大加赞赏。

过了几天，孔甲忽然来了兴致，要看耍龙。刘累只好硬着头皮，带着一条无精打采的雄龙应付一下场面。孔甲知道另一条龙死了，便勃然大怒，要处死刘累。刘累心里害怕，赶紧带上家小，连夜逃到别处去了。

刘累逃走之后，那条雄龙还得要人饲养，于是孔甲又派人到处寻访会养龙的人，终于找到了一位名叫师门的养龙高手。师门养龙很有办法，过了不久，剩下的这条萎靡不振的病龙让他喂得容光焕发了，耍起把戏来，可真是盘旋天矫，忽上忽下，孔甲看了颇为高兴。

师门性格古怪，听不得别人提出养龙的建议，就是孔甲指手画脚，他也听不进去。一次孔甲信口大谈养龙之术的时候，师门插嘴说："君王所说，不是养龙，正是杀龙，照此养龙，有一万条龙得死一万条。"孔甲听了十分恼怒，马上命武士把师门推出斩首，将尸体抬到荒郊野外埋掉。

说来也奇怪，师门的尸首刚刚被埋下，天空中就刮起了大风，河水暴涨，山上的树木燃烧起来，扑也扑不灭。人们都说，这是国王错杀了师门，孔甲的心里也有些害怕，只好命人准备车马，率领群臣去向死者祈祷，请求他不再作祟。祈祷之后，风似乎小了些，山火也熄灭了不少，孔甲和群臣都从心底里舒了一口气，便上车回宫。到了宫门前，侍卫打开宫门，请君王下车。哪知往里一看，只见孔甲直挺挺地坐在那里，两眼瞪着前方，不说话，不动弹——他已经一命呜呼了。

孔甲命归黄泉，虽然具有神话般传奇色彩，甚至夹杂着迷信的成分，但它说明孔甲这个暴戾恣睢的统治者，早已大失民心。孔甲"好方鬼神，事淫乱"，他的骄奢淫逸激起了人民的反对和诸侯的叛离，从此"夏后氏德衰"，夏王朝统治发生了危机，只过了四代便亡国，所以史称"孔甲乱夏，四世而陨"（《国语·周语》下）。

六、夏桀的都邑

孔甲死后，又经几代君主，约公元前 17 世纪，夏桀在夏朝都邑斟寻继位登基。他是夏朝最后一个国王。夏王朝共传十三世十六王，到公元前 17 世纪夏桀亡国。

"茫茫禹迹，画为九州"（《左传》襄公四年）。这表明夏朝这个以黄河中、下游为基地而建立的奴隶制国家，活动区域相当广大，并将其统治区划分为9个地区。今河南省的西部，即黄河中游南岸的伊、洛、汝、颍流域和山西西南部涑（sù）水和汾水下游一带，都是夏人活动的重要地区。夏桀之居在河南西部洛河地区的斟寻，周幽王时的史官伯阳父说："夏朝灭亡的时候，伊水、洛水都干枯了。"他把伊、洛二水之干枯与夏亡联系起来，可见夏桀之居就在这一带。

夏桀继位时，夏朝早已有了作为统治据点的都邑。古本《竹书纪年》中记载：夏代曾8次迁都，即：禹都阳城（今河南登封），太康居斟鄩（今河南洛阳偃师区），相居斟灌（今山东范县），又迁常丘（今河南濮阳），帝杼居原（今河南济源），又迁老丘（今河南开封），廑居西河（今河南安阳），桀又居斟寻。

在今河南洛阳偃师区西南18里，有个村庄叫二里头。从1959年开始，考古工作者在河南西部和晋西南地区进行了广泛的"夏墟"调查，经过20多年的努力，发现了一种介于原始公社末期的龙山文化与早商文化之间的二里头文化，从而使夏文化的面貌逐步展示在人们的面前。考察"夏墟"期间，考古工作者在二里头村发现了一处东西长5里，南北宽3里的大面积"夏墟"遗址，打开了夏朝末夏桀王的迷宫。

遗址中堆积着厚厚的文化层，出土了丰富的遗物，仅陶器一项就有360多件，各种小器物件多达7000余件，其中有农工具、手工工具和各种武器等，还发现了我国最早的青铜器。尤其引人注目的是，在遗址的中部发现了一座大型的宫殿建筑基址。基址全部由夯土筑成，最厚的地方达4米多。整个平面略呈正方形，东西长约108米，南北宽约100米，总面积约1万平方米。基址上面保留有排列整齐的柱洞和墙基。基址中部偏北为一座大型的主体殿堂，殿堂面阔8间、进深3间，四坡出檐，外有一周挑檐柱。主体殿堂的前面为平坦开阔的庭院，庭院南面为面阔七间的牌坊式大门。基址的四周还围绕着一组完整的廊庑式建筑。从整体上看，这是由堂、庑、庭、门等单体建筑组成的一座大型建筑群，其布局严整，主次分明，极为壮观。在它的四周还分布着许多长方形的、多方形的房基以及各种窖穴、灰坑、水井和铸铜、制骨等手工业作坊遗址……如今，人们来到这里，就像进入一座刚刚打开的迷宫一样，大有眼花缭乱、扑朔迷离之感。

这座宫殿遗址发现于二里头第三期的文化层中，其绝对年代为距今3600—3500年，约在夏代末年。根据前边所述史料记载，夏初太康曾居斟寻，夏末桀又居斟寻。二里头遗址就是夏桀的都邑——斟寻。

斟寻北依洛水，南临伊水。两水在洛河流域盘绕纠曲，百转千回，河岸上树木葱绿，花草繁茂，景物秀丽异常。再稍远些，斟寻北面是绵亘的邙山，东南矗立着高峻的嵩山。邙山的景色特别美丽多姿：山峰有的作蝙蝠展翅状，有的如尖刀倒插，也有的似引颈欲鸣的雄鸡……嵩山更是悬崖峭壁，亭亭玉立，绵延起伏，婉然作态。山峰上有两座岩石，如若站在都邑斟寻眺望，一座岩石像只老猴子，作昏昏欲睡状，另一座岩石像位老和尚正在拱手礼拜前面一座高耸的大石……

可见，斟寻这里确实是个风光秀丽、景色宜人的地方。三千五六百年前，昏君夏桀在此独霸一方，荒淫无度，暴虐为王。他的宠妃妹喜在这里与他度过了奢侈豪华、纵欲无度的青春岁月。

七、夏桀其人

夏桀是历史上有名的暴君。

夏桀名癸，也称履癸。传说他是帝发的儿子，夏朝第十六代君主。他身材特别魁梧，相貌堂堂，力气极大，是位赫赫有名的人物。传说他长得虎背熊腰，文武双全，智力过人。他能把坚硬的鹿角顺手折断，能把很粗的铁钩应手扳直；他在陆地上敢于赤手空拳同虎豹熊罴搏斗，在江河里有胆量斩杀鳄鱼和巨蟒。从外表和勇力上看，他确实够得上一个英雄豪杰，可是在他那虚华的外表下，却隐藏着一颗荒淫残暴的心。他承袭帝位后，穷奢极欲，刚愎自用，依恃武力，四处征伐，以武力压服诸侯，闹得民怨沸腾，致使国内阶级矛盾日趋尖锐。夏桀"不务德，而武伤百姓，百姓弗堪"（《史记·夏本纪》），残酷地压迫剥削人民，使人民无法忍受。他为了满足与妹喜奢侈的享受，便大肆"作倾宫，饰瑶台，作琼室，立玉门"（《竹书纪年》），建造了许多豪华的宫室台榭。为此，他无休止地征发夏民，强迫他们无期限地劳役，他拼命地宰割夏民，"殚百姓之财"，榨干了他们的血汗。夏民"率怠弗协"，用怠工的方式进行反抗。他们对于夏桀的暴政已达到忍无可忍的程度，愤怒地高喊"时日曷丧，予及女偕亡"（《史记·殷本纪》），咒骂夏桀早日完蛋，恨不得与他同归于尽。

夏桀为了转移人民的反抗情绪，又大肆发动对外征伐。他的穷兵黩武，不仅劳民伤财，加重了人民的负担，而且使阶级矛盾和斗争更加激烈尖锐。

夏桀继位后，广纳天下美女，以供享乐。

妹喜是夏桀的宠妃。

几千年来，妹喜这个曾被指为亡国之君的"祸水尤物"，有人诅咒、唾骂，有人感慨、同情。那么，她到底是一个什么样的女人呢？

八、殷实之家

妹喜出生于有施国一个比较殷实富裕的奴隶主家庭。她的父亲先是一个养蚕大户，后来办起了小型酿酒厂。

据传说，在夏代，无论山上还是村落，都长有许多成片的茂密的桑树。到夏桀王时，人们已利用桑林资源从事养蚕业。夏代历书《夏小正》中记载了一年12个月的物候、气象、星象和重大政事，特别是生产方面的大事，包括农耕、渔猎、蚕桑、养马等。妹喜的父亲利用庭院前后的桑林养蚕，每年向国君上缴很多蚕丝、蚕茧。

妹喜小时很乖巧、聪明，是个玲珑剔透很招人喜爱的女孩。古代女孩和今天的女孩大都一样，胆子小，怕动物，别说猪、狗一类，就连一条小小爬虫也不敢触动。妹喜则不然。她4岁时就已经很懂事了，而且有胆量。她除了冬天以外，其余几个季节，均不爱在屋里玩，尤其是夏天，爸爸在桑林里忙活，她总去帮忙。她虽是女孩，却像男孩那样胆大淘气。有时竟大胆地伸出双手去抓那桑叶上肥胖嫩绿的蚕，抓住后，马上送到大鹅嘴边。爸爸劝告她说："孩子，咱们养蚕，是靠它们吐丝，来换吃穿的，你把蚕喂鹅了，蚕少了，吐丝量就少了，则完不成上缴蚕丝任务，要少换许多东西，如果抓蚕时不小心，还很容易被蚕咬了手指头。"

妹喜听了，将一双明亮美丽的大眼睛眨了眨，一点也不在意。她觉得这一条条胖乎乎的绿虫十分好玩。那鹅一口一口吃虫的劲儿，促使她更饶有兴趣地去大胆抓蚕，几次曾因抓蚕喂鹅，爸爸妈妈捏过她的脸蛋。虽然这样，她也不哭，却顽皮地说："鹅很爱吃蚕，也得满足它的需要哇，爸爸妈妈太爱惜蚕了。"爸爸妈妈听了她的话，自言自语地说："这小丫头倒是挺会狡辩的，可就是不知道自己是在祸害蚕。"

由于当时养蚕业并不发达，根本没有多少人去养蚕，养蚕人遭受自然灾害时，便会"束手无策"。

这一年夏季，几场大雨过后，闹起了"蚕灾"，大片桑林中的蚕生了病，一条条蚕由绿变黄，死在桑叶上。妹喜的爸爸弄不清蚕到底患了什么病，又无处求人帮助救治，不由得着急上火。但也无可奈何，只得眼睁睁地看着蚕大批大批地死去。不到4天时间，蚕就所剩无几了。夫妻俩很心疼，流下了泪水。妹喜却对父母因蚕死了而伤心流泪没有一点反应，还是像往常一样玩耍，并对爸爸说："把病死的蚕全喂鹅好了。"爸爸说："那样，鹅也会得病死的，鹅没了，你就吃不上鹅蛋了。"

从此，妹喜的爸爸结束了养蚕，用过去养蚕的收入建起了小型酿酒厂，从事起酿酒加工业。

自禹王治水后，水灾已变为水利，大水开始为人类造福，这不仅加强了水利灌溉，也使农业生产发展很快，年年五谷丰收。据说，当时盛产黏高粱，黏高粱也称䄷高粱。这种作物，其禾穗上的粮食既可供人们食用，又是造酒的极好原料，秆棵又是喂牲畜的好饲料。于是许多酒坊以黏高粱为原料，大量生产黏高粱酒。

酿酒业发展，从一个侧面反映了夏代农业的发展。传说"仪狄造酒"（《世本·作篇》），酒为禹臣仪狄所发明。其实酒的发明远在夏代之前，不过仪狄在酿酒工艺上有较突出的创造和改进。

妹喜的爸爸开办酒坊时流传着许多酿酒配方，酒坊也很多。妹喜的爸爸酿的酒名为"䄷酒"。䄷，就是黏高粱。这时，妹喜已经八九岁了，她又像过去爸爸养蚕时那样跟着"混混"。当酒酿成，往坛子里装时，她常常向爸爸要一盅喝。爸爸不给她喝，她就不高兴，耍脾气。可她这个八九岁的女孩，喝了一盅后，只是脸红、兴奋，没有其他不良反应。如果吃饭时，爸爸喝酒，她便要跟着碰杯。爸爸喜欢用爵（盛酒的容器）来喝酒，她也能喝一爵。

夏代已有了文字。妹喜大约 10 岁时，爸爸教她学字。那时没有什么书，只有一些文字记录的典册，和《夏书》《夏训》《禹贡》之类文献记载性书籍。此外，还有几册关于干支记日方法方面的册子，使她从小就受到了少许文化熏陶，认识了一些文字。当时的文字与今天的文字是大不一样的，但学起来并不难，只是书写费劲，主要是在骨头、瓷器、木板、竹片上刻划。据史料记载，刻划有很多种，仅陶器上的刻划就有 20 多种。妹喜在习写文字中，不能吃苦，不善刻划，爸爸则强制她学习。与左右街坊邻居家同龄女孩相比，妹喜是个佼佼者，除了她的相貌美丽俊秀迷人之外，还因为她会识写一些文字。

妹喜少年时，生活很幸福，爸爸造酒，用酒换来的布帛、牛羊及铜、粮食很多，因此，家里吃穿不愁，当然这也使妹喜小时候就养成了不知勤俭节约的恶习，因而她对奴隶们的艰苦劳作没有同情之感。

九、有施选美

夏桀继位第 30 年，发生了第二次地震。据史料记载，在这之前，夏桀继位第 15 年曾发生了一次地震。这第二次地震，震波较大，给夏朝带来了严重的经济危机，致使都邑斟寻王室衰微。本来就很暴虐的夏桀王更是加剧了对各小方国的搜刮。而奴隶主贵族们为讨好夏桀，便残酷地压迫剥削奴隶。

有施国虽然在养蚕、渔猎、畜牧业方面有了发展，但由于农业耕种面积少，工业除了酿酒、制作铜器、纺织等小手工业外，再无其他生产项目，所以，物资并不大丰富，是一个较为贫困的小国。这样，有施国每年很少向夏桀朝贡。这使夏桀王对有施国极为不满，他根本不顾有施国的具体经济实力状况，经常讨伐这个小国，弄得有施国走投无路。尤其是发生地震后，夏桀都邑经济萧条，前来朝贡的更少了，夏桀王就进行讨伐，每次讨伐，有施国都不能幸免。

妹喜 15 岁这一年（夏桀继位第 31 年）的冬天，夏桀率兵讨伐有施国。有施国把库存的金银财宝、布帛以及大坛大罐装的"秫酒"都献了上去，才得以免灾。此后，库中几乎一贫如洗。

有施国为应付下次夏桀征讨而忧虑，因为没有什么可贡献的了。几位小臣向有施国君献计说："夏桀贪恋女色，生活淫荡，我们可以选三五个美女来，为抵御夏桀征伐所用。如果夏桀再来讨伐，我们则献上美女，一定会使他满意，又能使我们这个小国生存下去。"

于是，次年夏季，有施国君派了 8 位大臣到乡村去选美女。大臣们走村串户，历尽艰辛，终于在这个生产"秫酒"酒坊大院门前，发现了一位天真可爱、伶俐秀气、相貌超群的少女。她，就是当时这里远近闻名的佳丽靓女——妹喜。

大臣们一眼识中，便跟这少女走入房中，对妹喜爸爸、妈妈说了好多甜言蜜语。他们对妹喜的爸爸妈妈说："国王夏桀连年征讨，弄得民不聊生，国库珍品已进献一空，桀王贪恋女色，我们只好先选几个美女，做贡献准备。现在看中了你家的女儿，待桀王再来讨伐时，便进献上去，这也是为黎民百姓终生有安、日子吉利着想。哪一位美女被选入宫，都是一种幸运与快乐，入宫后，在国王身边将享尽荣华富贵，简直是神仙过的日子。"

妹喜听了这番话后，笑逐颜开，感到自己要一步登天了。她笑着对爸爸妈妈说："只要吃好，穿好，哪里我都敢去，也愿意去。如果进入王宫后，既能广积财宝，又可使我们的家乡国泰民安，那当然去得了。"

妹喜的父母实在舍不得自己的女儿——活泼可爱的亲生骨肉。他们明白，女人一旦入了王宫，其命运是悲剧还是喜剧，就难以预测了。那些后妃，过着伴君如虎的提心吊胆的日子，稍有不慎，就会有灭顶之灾、杀身之祸。而且行为上也受到严格的限制，不许越雷池一步，甚至一句话触忤龙颜，就会被认为大逆不道。在帝王的眼中，后妃的作用只有两个：一是为其生子，传宗接代，以使王权承继不断；二是满足其性欲的宣泄，陪其玩乐，解其寂寞。总而言之，后妃们在很大程度上是王室宫廷生活中的工具与玩物。但他们也深知，并非所有后妃的命运都是悲惨的，她们当中少数备受恩宠，青云得意一生者，也不乏其例。

妹喜的爸爸妈妈见选美的大臣们非要领走妹喜不可，爸爸没说什么，陷入沉思。她的妈妈开了腔："我女儿虽然长得漂亮，大眼传神，但是她很不善于阿谀奉承，又不善歌舞，选到王宫后，还要受到很多约束，身不由己，一旦失礼，难说命运如何。再说，她长这么大，我们夫妻俩含辛茹苦，花费了多少心血。另外，她虽然16岁了，早晚要出嫁，但我们对她去朝廷为妃很不放心。去了以后，很难有机会与父母相见，难免互相牵肠挂肚。你们这样领走，我们也不甘心，就让我们白白养活她这么大？"

大臣们听了妹喜妈妈这番话后，对妹喜的妈妈说："我们不会白白把你女儿领走的。明日，我们要牵来3匹马，带来200匹布帛和铜来换取，到了有施国的都邑后，我们专门派人教妹喜习练歌舞和宫中侍奉常识，时间长了，一切熟练，肯定会感到乐趣无穷。她想家时，可以回来，你们当父母的也可以去见她，请你们放心。她的美貌就是她能在宫中站稳脚跟，受到恩宠的本钱。"

妹喜的爸爸妈妈听了大臣们这番话，信以为真，心里有了底，放心不少，于是慷慨地说："去吧，树大早晚分枝，女孩子总是嫁出去的人，况且那桀王暴虐，万一侵吞了我们有施国，也是灾难深重。要是女儿命运好，去了能有幸福生活也可以。"其实妹喜爸爸妈妈也十分清楚，有施国的大臣相中了他们的女儿，如果不去，也不会有好下场，万一他们动硬的，也没办法。

次日，大臣们牵着3匹马，驮着200匹布帛和铜来接妹喜。

就这样，妹喜告别了父母，告别了邻友、亲人，来到了有施国的都邑。

妹喜很同情有施国的处境。她早已从大臣们与她爸爸妈妈的交谈中，结下了对夏桀王的怨恨。况且她已不是小孩了，对桀王的征伐给本国带来的遭遇也略知一二，有所耳闻，因此对桀王的肆虐也极为不满。她暗下决心：我将来若是去了王宫，一是要享受个够，不枉此一生；二是要寻机搞垮这个乱世君主。

妹喜高高兴兴地随大臣们坐上了去往有施国的轻车。临行前，母亲哭了，父亲也流了泪，而妹喜则是满面笑容，简单地收拾了一下衣装，梳洗了一阵，便立即上车了。

妹喜到了都邑后，受到了长时间多方面的训练。

十、有施献美

夏桀继位的第33年的暮秋，天地间到处都弥漫着肃杀之气。凄凉的秋风扫荡着无边落木，巷陌、田野全被枯黄覆盖。庭院里的秋海棠、野菊花一类花草，早已枯萎。夏日里那大片大片葱绿遮阴的树林，也抵不过霜威风力，一片片落叶，随风飘坠；只有那些稍有一点绿色的叶子，虽然还留在很小的枝丫上苟延残喘，却带着一种沉暮凄凉之色，在空气里战抖抖地作响，到后来，索性连枝带丫跌落……就是在这样一个悲凉、寂寥的暮秋，夏桀调集万余精兵，从国都斟寻出发，又去征讨有施国。出兵那天，夏桀戴着一顶镶有珠宝和黄金的头盔，腰佩三尺宝剑，剑柄头上和鞘口处都饰有金子。他手执黄色令旗，亲自督战，脸上掩藏不住一股骄奢之气，望着手下勇武强悍、如狼似虎的将士，露出得意的笑容。在万戈闪烁、旌旗招展中，队伍浩浩荡荡杀奔有施小国。

在兵强势大的夏朝军队进攻下，兵微将寡的有施国只有招架之功，而无还手之力，军队节节败退，兵士死伤者数千人，偌大一个战场，只有战旗映着落日在风中飘扬，场面惨不忍睹。最后，夏朝大军突破几道防线，兵临有施都城门下，铺天盖地，喊杀之声响彻天宇，有施国危在旦夕。摆在有施国君臣面前的道路只有两条：一是城破人亡，国家被毁，从此销声匿迹；二是尽举国之力满足桀王提出的一切要求。

一时间有施国内一片混乱，牲畜遍野嘶叫，鸡飞狗跳，妇女老幼哭声不绝，青壮男子怒发冲冠，纷纷表示将以死相拼。城外桀王指挥军队架云梯，鼓声震天，刀光剑影，势如破竹，杀气腾腾，血雨腥风，有施国身陷绝境。夏桀派人说，必须献上绝色女子和肥沃的土地方可撤兵。面对夏桀的强盛之兵，束手无策的有施国只好按原来计划，准备献上美女求和。于是选美大臣对已入选的四位美女说："夏桀王军队已打败我国，大难当头，我们面前活路只有一条，'出嫁'一位佳丽美人，靠你们来救国了，速随我们去议政殿。"就在这关键时刻，一位年方17岁的女子，毅然走入君臣议政殿。她，就是妺喜。

妺喜的到来，立刻吸引了所有的文武大臣和兵士的目光，大家几乎忘记了城外的震天杀声。只见她明眸皓齿，肤白如雪，蛾眉粉黛，粉面含春，脸上的颜色鲜如泛白的朝霞，细腻的皮肤，就像未经人手触摸过的蜜桃；那一张流露着难以描绘其风韵的脸上，两只乌黑有神的大眼睛，虽有浓密的睫毛遮盖，却掩饰不住秋波流转；两道弯弯入鬓的眉毛，纯净美丽得犹如人工画就一般；俏皮的小鼻子细巧挺秀，鼻翼微鼓；一张端正的小嘴轮廓分明，颜色红润；更有那妩媚动人柔软无比的腰肢，身材颀长，饱满的胸脯蕴含着少女的勃勃朝气，走起路来恰如风摆杨柳般婀娜，令人销魂。她，真不愧为是有施国第一号美女。据传说，当时在有施国内，妺喜的美色达到家喻户晓的地步，男人们为她迷恋不已，姑娘少妇们嫉妒得发疯。而她与人又是那样平易温和，机智灵敏，所以国内很多人喜欢她，敬慕她。妹喜还时常佩剑戴冠，常梦想为一堂堂男儿，为国报效。她眉宇间的英武之气又在她的美貌、温柔之外添了一份别致的韵味。

大臣和士兵们怔怔地盯住了这位美丽绝伦的姑娘。

妹喜到殿前站定，深深一揖："各位大人，小女子有礼了！田野村姑妹喜前来应召。"随着这燕声莺语，君臣们这才知晓，她就是为救国而入选的美人。大家都不由得脸上一红，慌忙上前搭问。见她秀拳微抱，口里说道："大王，我作为一个臣民，在夏桀无道，率强兵压境，掠我财富，屠我百姓，国家危在旦夕之际，愿以这不才之躯献与夏桀，求解国之危难，日后再图别谋，报今日被围之辱。"真个是字字铿锵，掷地有声。君臣们被这个柔弱而又刚强的女子深深震撼了，大家交口称赞她的大智大勇。有施国君感激得流下眼泪，对妹喜说："孩子，你一人若能挡住夏的千军万马，则有施国的百姓有救了。"接着又与大臣们说道，"为了有施百姓，也只有如此了，况且原来有这个打算。送她过去并承认失败，表示友好，一则可免灭国之祸，二则可与夏长期共存。"转过头来又对妹喜说，"好吧，送你去。记住，到了夏都，你只要取得夏桀的宠爱，令他神魂颠倒，不理朝政即可，你家人的一切由我们负担，放心地去吧，举国为你欢送。"于是，把妹喜精心打扮了一番。只见妹喜头挽双鬟如云蝶舞，略施脂粉似早杏逢春，身裹绿袄，乳峰凸挺；体着红裙，臀鼓腿伸；静立时如处子临风婀娜多姿，行动处似行云流水妩媚自然。梳洗完毕，妹喜含泪辞别了亲人，在有施君臣的簇拥下出了城门。

可以说，妹喜是作为复仇工具来到夏，投入夏桀怀抱的。

此时，夏桀正骄横地坐在距有施国都城门500米远地方的战车上，等待着有施人束手来降。忽然，一臣子前来报道："大王，有施国已没有珠宝，他们要进献一美女。"夏桀顿时眉飞色舞，淫心大振，得意忘形地连忙说："快请，我要看看合不合我意，否则……哼！"

十一、获得宠爱

妹喜被女侍们护送着，来到战车前，上前进礼下拜，娇声媚语即出："小女子叩见大王。对大王的雄才伟略、超世武功，早有耳闻，今天幸见大王，实在是三生有幸。小女子不才，愿侍奉大王左右，以慰大王为国事操劳之心。"说完，微俯鹅颈，偷偷观看夏桀的脸色。夏桀定睛一看，果真是国色天香，娇柔温婉，不亚于九霄仙女下凡。他不禁赞叹，立即下车扶起妹喜，连声说："美人请起，美人请起。"一握柔荑顿感遍体通畅，"快接美人回宫！"又传谕众臣："赦有施无罪，加封爵号！"

随妹喜前来的有施君臣口口谢恩，作揖不断，目送载着妹喜的车子远去，直到它变成一个黑点消失在通往夏都邑的路上……

夏桀乃一好色之君，后宫佳丽无数，但仍不满足。这次得到有施美女，心中大喜，撤兵回都的这天夜晚，张灯结彩，鼓乐齐鸣，奴仆侍女往来不断。众诸侯箪食纳贡，一时间群情盎然，其乐融融。夏桀身着红袍，头戴金冠，臂揽妹喜拥坐高台。但见妹喜嘴角微翘，一双凤眼左顾右盼，摄人魂魄，无数宫女拥其后，面对堆积如山的钟鼓馔玉，妹喜不禁心花怒放，忘乎所以了。此时司号官一声令下，酒宴摆开，众臣鱼贯依次而坐。推杯换盏，真是酒醉金迷。见此情景，夏桀禁不住抚掌而歌："噫呼吁，美乎妙哉，良宵美女，供我用也。"歌罢仰头狂笑，越发搂紧了妹喜。臣子们见此各尽其能事，谄媚之声不绝于耳，夏桀如沐春风，愈加心驰神往了。这样一直折腾了大半个夜晚，直弄得杯盘狼藉，污秽满地，待到夏桀拥妹喜步入后殿，群臣才跌撞而下回府。

寝帐之中，红烛之下，夏桀看妹喜越发娇艳，令人怜爱，温柔可人，两人共赴巫山云雨。连续半月，夏桀日夜陪伴着妹喜。妹喜开始那几天却是辗转反侧，心绪不平，常常夜不能寐。她对夏桀的"厚爱"感到既喜且忧。喜的是残暴的夏桀对自己是这样体贴；忧的是夏桀会不会时间一长，喜新厌旧呢？那样，岂不是将自己的清白女儿身无辜地献出了？所以，妹喜决定先讨得他的欢心，以后再利用自己的才能伺机而行，一步一步地进行复仇计划。因此，她尽其取媚之能事，使夏桀大加宠爱，如胶似漆，百般取乐，封她为贴身妃子，舍不得离开她半步，日夜宴饮欢乐，荒废了朝政。

十二、建造倾宫

妹喜与夏桀寻欢作乐数日后，方觉得自己所居住的宫殿并不如当初想象的那样高大、壮观，而自己的容貌、身段、才能都高于其他妃子一筹，怎甘心自己的住所与他人一致呢？于是，心念一动，在一次酒宴上，正当夏桀沉浸在轻歌曼舞中时，妹喜趁机说："大王，与其他妃子相比，你更喜欢谁呢？"夏桀捏了一下她的脸说："当然是你了，你是我的心肝，她们怎么能与你比呢？"妹喜款款地把头埋入他的胸前，娇声说："大王，你在骗我，要是你更喜欢我，怎么能让我住这样寒酸的宫殿呢？"夏桀问："我的美人，你想住什么样的宫殿呢？""我要住琼瑶美玉般的宫殿，这样，一来可以表明大王没骗我，言而有信；二来可以向那些诸侯炫耀一下我们大夏的富有。一举两得，何乐而不为呢？"妹喜点到夏桀的痒处撒娇说。桀王一听，觉得妹喜的话十分有理，他酒眼惺忪地望着秀色可餐的妹喜说："我的心肝美人，我答应了你，你怎么报答我呢？"妹喜心中大喜道："大王，这还用问吗？"夏桀乐得忘乎所以，与妹喜温存亲热了一番后，下令开国库，尽其所有，修造新宫殿。

这一天，夏桀特意召集左右几位文武大臣，下令让他们组织能工巧匠和民夫们为妹喜专门建造一座高大、优雅、富丽的宫室，并要求将设计图样于近日内送给他过目。君王令下，群臣自然一呼百应。几位大臣马上召集木工、瓦工、画工、雕刻巧匠、设计师百余人，不到三日，设计完毕。桀王和妹喜见图上所绘宫殿豪华壮观、富丽堂皇，很能体现王者之风，因此对这张图纸非常满意，脸上露出笑容。之后，又召集民夫万余人，破土动工，开始了这项巨大的工程。

春夏秋冬，寒来暑往，经过人们7年多的风霜雨雪、披星戴月地艰苦劳动，终于一座华丽、典雅的宫室拔地而起，巍峨屹立，十分气派、壮观。宫室内不仅有琼室瑶台、象牙嵌的走廊、白玉雕的床榻，也装潢得非常别致。前厅后有一条晶莹透明的暖廊，凭高眺望，绚丽多姿的后花园景色如油画一般映入眼帘。后室陈设很富有上古民族特色，紫檀色的香碗、黄金蜡台以及美玉制成的梳妆台，显得格外华丽高雅。此外，另有从民间暴敛来的珠宝堆积如山地陈列于四壁，以供赏玩。一切奢华无比。大体工程完工后，又用了两年半时间，加修了小亭台榭，金碧交辉，雕绘满眼，画栋珠帘，绮窗绣户，令人眩目，看不胜看，美不胜收。正如古本《竹书纪年》中记载的那样：夏桀大造宫室，"作倾宫，布瑶台，作琼室，立玉门"。

由于这座宫室高得像要倒下来的样子，所以取名为"倾宫"。妹喜见到如此豪华奢侈的宫室，笑逐颜开，甚为欢欣。她激动地对夏桀说："大王，您对我的宠爱，令小女子诚惶诚恐，如此厚恩，该如何报答您呢？"夏桀听罢，高兴得大笑，说："美人，何必如此呢，你的不就是我的嘛！"妹喜娇嗔地扑进了夏桀的怀里，媚声细语极力奉承。夏桀不觉心欢眼乐神魂颠倒。不久，妹喜如愿住进倾宫。

虽然如此，妹喜作为有施国兵败求降的"贡品"，却没忘记国仇。她见夏桀不顾人民死活，如此恩宠她，便一味撺掇桀王浪费财力，追求腐化堕落生活，以此达到逐渐瓦解夏经济基础的目的。而桀王对此没有丝毫察觉，仍百依百顺，言听计从。妹喜的营私享乐起到了推波助澜的作用，给国家人民带来很大的灾难。

十三、三千美女入宫

一次，桀与妹喜饮酒作乐，观赏歌舞。欢畅之余，妹喜对桀说："这些舞女人老色衰，衣服也不好看，你作为一国之主，应当选3000名美貌佳龄少女，让她们穿上五彩绣衣，同时载歌载舞，供你我观赏才是。我就不信，偌大一个夏国，挑不出人来，你以为呢？"桀听了妹喜的话，觉得非常合乎自己的心意，因为，如此照办，既可以满足自己的欲望，又可讨得妹喜欢心，一展国风。于是，立刻派大臣曹触龙到民间搜集美女。

大臣曹触龙本是个贪图富贵、善于谄媚的势利小人。正苦于无表现机会，这一从天而降的命令，使他欣喜若狂，积极着手进行。从此，他率领一支选美队伍，打着王命的旗号，深入民间，挨家逐户搜索，见到漂亮女子便立即捉拿，见到财物也掠为己有，故意刁难勒索更不在话下，直闹得人心惶惶，天下皆惊。经过几个月的强抢豪夺，好不容易凑足2999名美女，剩下的一个上哪儿去弄呢？曹触龙绞尽脑汁，眼看期限将近，没办法，只好一咬牙把自家尚未成年的小女也充了个数。于是，择个吉日浩浩荡荡地把3000名美女送入宫中。桀与妹喜见此大喜，重重赏了曹触龙。

第二天，桀令乐工教习这3000名女子，又专门指派大臣于辛负责监督刺绣舞衣的工作，限期交纳。于辛更是个势利暴虐之徒，没有什么真本事，却精于投机钻营、溜须拍马。获取差事后，他即刻发出告示，诏告天下：

王令：今上苍佑吾国享安，诸侯咸服，风调雨顺，五谷丰登。王欲与民同乐，共此升平，惠泽子民，此需舞衣万件，承者天下人也。如有违令，按罪论处。

一夜间兵吏如群蚁出穴遍及各地，收取索派舞衣，乌烟瘴气，民怨沸腾。违令者轻则被打，重则被斩，直逼得黎民倾家荡产，家破人亡，人间满目疮痍。就这样，只用了一个多月，舞衣齐备，于辛完命交差受赏。

再说这些女子经过乐工两个月的训练，也基本合格。曹触龙专门负责培训。这一日报与桀王，桀连早朝也不上了，与妹喜共入倾宫，高高地坐在观赏台上，面前摆满了山珍海味、美酒琼浆，二人边吃喝边交谈，眉飞色舞地倚栏看去。只见一队队舞女，各穿鲜艳夺目的舞衣，鱼贯而入，每百名为一队，共30队，各队服色打扮不同。先行的第一队的百名少女是清一色的大红绣衣，绯红绣裤，翠蓝的彩带，头上梳着双鬟，插着玉钗，步伐整齐，环佩清脆地冉冉而来。紧接着是第二队，这一队是娇黄绣衣，浅碧绣裤，腰系珠红的飘带。第三队是翠绿绣衣，赭黄绣裤，浅粉色飘带……再往后的各队是：水红色、杏黄色、雪白色、浅紫色、浓绿色、嫩黄色、缃桃色、天蓝色、海蓝色、草绿色等，真是赤橙黄绿青蓝紫七色俱全。每件衣服上又都绣着五颜六色的花朵，更显得色彩斑斓，金翠满目了。一队队重重叠叠，五彩缤纷，绚丽多姿；一行行整整齐齐，不高不矮，细挪莲步；一个个，文文雅雅，袅袅娜娜。桀与妺喜眼花缭乱，喜不自胜，高兴得不知说什么好。

忽然，领队乐工把手里的鼓击了一下。霎时，各队舞女慢启朱唇，和着悠扬的曲子，唱起美妙的歌来。歌声呖呖清脆，时而像娇鸟弄舌啼春，时而像裂绢嘶鸣。唱到激越处，又好像鸾鸣天际，凤唦云边。高的声音，像裂帛一般，震荡耳鼓；低的声音，像游丝一样缠绵不断。随着乐曲声，众女屈胫弯腰，展肢挪步，忽分忽合，迂回辗转，千变万化地舞起来。那花红柳绿的衣带随着舞姿，不断飘摆，飞飞扬扬，起起落落。一时红飞绿舞，翠动珠摇，各种颜色的舞队，错综变化，互相穿插纠缠，犹如千万只五彩蝴蝶翩翩起舞，忽东忽西，忽红忽白；忽而混成一片，缕金错彩一般把许多颜色搅成了一团，无法辨认；忽而又豁地分开，各自归到自己队里，依然一种一种颜色，像刀切一般，一个也不混杂。千变万化地舞出了各式花样，华丽到了极点，也灵巧到了极点。乐声、歌韵、舞姿、秀色融为一体，使桀听不厌、看不够，心旷神怡，不知是人间还是天上。正是“此曲只应天上有，人间能得几回闻”。花天酒地的生活，使得桀忘却还有什么国家大事了，只是想到重赏曹触龙、于辛。

一番歌舞过后，桀心花怒放，目迷五色，不觉抚掌大喜：“这般妙舞，可惜没早一点看到，如今，可赐每人一杯美酒，聊润歌喉。”于是，左右宫奴们捧罐执杯，一一为舞女巡行斟酒。桀对这三千佳丽垂涎不已，妺喜心里暗喜，决定顺水推舟，于是噘起小嘴，娇嗔地说：“大王，您也变成了爱吃腥的猫儿了，喜新厌旧。"桀咧开大嘴笑个不停，妹喜将他轻轻一推，嬉笑着说："大王快走下观赏台吧，尽施雨露，普济众女。"桀大喜，亲了妹喜一下，忙走下台，来到众女中。见她们个个生得袅袅婷婷，眉目如画，妩媚动人。桀这时早已君威王尊尽失，变成一只猎艳取色的恶狼。等桀回座，妹喜忙扶座斟酒，轻言抚慰。桀心中感激，对她更加宠爱，好恶皆听取从之。

第二章

酒池肉林奢无度
助桀为虐驱忠良

一、酒池肉林

在妹喜编织的温柔乡中，桀早已神魂颠倒，一味享乐，唯妹喜是从。

桀为了让妹喜开心，妹喜为了让桀纵欲，二人又在追求新的玩乐方法。桀和妹喜常观赏舞蹈，甚至终日以此为快，无休无止，没完没了。每到结束，桀都令宫奴们为舞女斟上一杯酒，有时还赐给每人一串熟肉吃。

时间长了，妹喜就感到有些乏味，乱哄哄的。她想：这样斟酒、赐肉太麻烦，既耽误时间又影响观赏乐趣，怎么能让舞女们随时饮酒吃肉而舞步不停呢？她灵机一动，有了新计：不如派人修个酒池造座肉林，既省了麻烦又使桀浪费财力，还能结下民怨。于是，她向桀建议："宫室舞女三千，一个个地赐饮赐食太费时间，不便于你我观赏，何不掘地造酒池，池边再建座假山，山上种些树木，用树杈挂熟肉串。这样，舞女们渴了可以俯身即饮，饿了可以仰首食肉，既能使我们尽兴享乐，又能增添情趣。好不好？而且，造酒池肉林，更显大王体恤舞女之苦，体现仁义的王驾之气派，不知大王意下如何？"桀一听爱妃之言，拍手称赞，说："宝贝，你真是聪明绝伦，能想出这般花样，好极了，本王应你。"桀思忖片刻，觉得还是曹触龙、于辛最能体察他的旨意，因此命令他二人组织人力，在倾宫后花园一侧掘池造林。由此，史无前例的荒诞工程开始了。上千名奴隶在皮鞭棍棒的监督下，加紧施工。先挖了一个弯曲的大约60丈长、30丈宽、1丈深的池子，池底做了防渗水层，防水层上铺一层鹅卵石，卵石上是一层白沙，清洁无比，十分宽阔，在池中注满美酒，成为"酒池"。酒池酒波荡漾，深可划船。掘酒池挖上来的土石，全部堆在池岸，造成一座假山，植上槐树、桂花树和名贵花草。把熟肉脯挂在树杈上，犹如累累红色的海棠果缀满枝头；还用红、绿帛，包了一些肉脯挂在树上，远远望去，犹如红花绿叶，缤纷动人。与此同时，还造了一只轻巧的小木舟，浮在池里，以便桀、妹喜听歌观舞乘坐。这便是所谓的"酒池肉林"。

　　竣工后，曹、于二人奏知桀。桀与妹喜见酒池肉林修建得这般清幽别致，满心喜悦，立即传令开舞。桀和妹喜登上小舟，荡桨于酒池中，侍女在侧侍奉。3000 名舞女围绕酒池翩翩起舞，一会儿，击鼓一声，诸多美女纷纷来到池边，弯腰掬酒而饮，接着又奔向肉林摘取肉脯吃。她们一个个忙忙碌碌，吃的吃，喝的喝，嘻嘻哈哈，气氛不亚于那热闹的舞蹈场面。桀在小舟上左顾右盼，好像进入众香国里，万花竞秀，目不暇接，清酒满池，醇香飘逸。一天天，一夜夜，流连忘返，真个是"缓歌曼舞凝丝竹，尽日君王看不足"。

　　妹喜见桀如此痴迷，心中暗喜：夏桀啊夏桀，你对有施国的暴行，我要用这软刀子来让你偿还，如此花天酒地，你纵有天大本事，也难逃一劫！酒色会将你的意志、勇力、谋略侵蚀得弱不可击，那时，我们有施国将看你的好下场！妹喜虽如此高兴，但她表面上滴水不漏，不断翻新花样，以迎合桀的心理。

　　一天，妹喜向桀提出，像过去几天那样的歌舞已经看腻了，要看新花样的裸体式舞蹈。于是，在酒池肉林边开始了荒唐绝顶的作乐。桀便强令 3000 名女子都脱掉衣服，赤身裸体地集合起来，听他们的号令。桀和妹喜登上高台，面前放一大鼓，作为指挥的工具。事先约定：舞女们必须按鼓声行动。只见桀手中的鼓槌一落，发出"咚咚"的号令后，这些女子遵照命令，纷纷跑到酒池边，像牛马一样，把头伸进池里去饮酒。许多人这么做时，眼里流出了耻辱的泪水落在酒池中，但这也洗刷不去心头的仇恨啊！而桀与妹喜脸上却露出淫荡的笑容。欣赏了一会儿后，桀的鼓声又响了，女子们一齐向悬挂着干肉的树林跑去，每棵树下一个人，一只脚踏在地上，另一只脚高抬蹬住树干，然后抬起头，吃树上的干肉。当第三通鼓响起时，舞女们又忙乱地奔回酒池。就这样，鼓声不绝，她们就周而复始地在酒池肉林间颠来跑去，一会儿饮酒，一会儿吃肉，摆出各种姿势，累得她们气喘吁吁、汗流浃背。桀与妹喜见她们的狼狈样子，对视着开怀荡笑。

　　桀与妹喜夜以继日地观舞听唱，饮酒作乐。为与妹喜过花天酒地的生活，桀对于国家人、财、物的大量浪费，在所不惜。酒池干了再注满，肉脯坏了再换上，舞衣旧了再重绣，为此不断下令，让民间大量酿酒、制肉脯、绣新衣。仅此一项，就弄得怨声载道，国力衰竭。大臣们屡谏不止，无济于事。

二、撕帛闻曲

夏桀从妹喜处得到无穷的淫乐，同时他也观察妹喜的嗜好，以便取悦于她，只要她提出要求，就一定想办法满足。

一天，妹喜伏在夏桀的身上，娇滴滴地说："大王，酒池的酒浅了，味淡了，肉林中的肉脯也不多了，这些玩意也有点儿腻了。您看咋办呢？我从小有个爱听撕帛声的习惯，这一阵子为了大王您，我都好长时间没听了，怪难受的。大王，您不知道，裂帛的声音可特别好听，清脆悦耳，像鸟鸣，像莺歌，像绵绵的乐曲，却又有它们无法比拟的妙处。我一寻思，这么好的东西我怎能一个人独享呢？所以，就跟您提提，大王，想听不？"这一下逗起了桀的好奇心，他立即下令，派臣下弄了许多厚薄不一、质地各异的帛，堆在库房里，让数十名男女宫奴一匹匹地撕给她听，讨其欢心，自己也享乐其中。

撕帛闻曲的娱乐常在夜宫举行。夜宫即桀在国都内的一个小山谷中，调动奴隶修的一座地下宫殿，专供他和妃子们夜间饮酒行乐、贪欢所用。自从妹喜提出这个建议后，这夜宫就成了撕帛闻曲的地方。

夏历六月初的一个夜晚，白天的炎热尚未散尽，酒池肉林被笼罩在朦胧的月光里，一只夜鸟在林中不时哀鸣，另一只在池边应和着，声音在这寂静的夜里显得格外凄惨、悲凉。可是，夜宫内却有万盏灯火，如中天繁星，到处是忙忙碌碌的人影。一会儿，20余位男女宫奴在几位大臣的带领下，出现在夜宫的大殿上，他们或肩扛或手抬着大批各色的帛，准备供桀和妹喜娱乐，桀与妹喜早已坐在正台上。妹喜一见帛送到了，眼睛一亮，微微一笑，对桀说："大王，我要亲自撕给您听。"说罢，袅娜地走下高台，来到一大堆五颜六色的帛前，伸出手轻轻地抚摸着这或厚或薄的帛，眼前仿佛出现了当年父亲养蚕、母亲在织机旁纺丝，边摇纺车边止不住咳嗽的身影……眼眶一热，但随即掩饰地一笑，挑了一幅又轻又柔又软的帛，用她那柔弱纤细洁白的手，很有节奏地一点点撕开来，空气中出现了如喜鹊展翅、似杜鹃早啼的声音，若有若无，令人回味无穷。撕完后，妹喜轻轻地把断帛一抛，抬起因用力而微红了的笑脸，对桀抿嘴一笑，得意之情溢于眼波，桀抚掌大笑："好听，好听，美人，快来，别累着，剩下的让他们撕吧。"妹喜回到座位，倚在桀身旁，乖巧得像个孩子。得令的宫奴们扯起大幅大幅的帛，卖力地撕了起来，一时间，使人仿佛进入一个小鸟微鸣、百鸟齐欢的世界，有时像雄鸡呼唤同伴，有时像乌鸦叫着"苦呀，苦呀"……随着四处飘零的碎帛，千百万人日夜熬下的心血被践踏了。桀和妹喜却高兴极了。尤其妹喜，她感觉痛快淋漓，望着那满地的帛片，她依稀看见了有施国的家园，满头白发的母亲和那些纯朴可爱的人……她心里喊："亲人，我报仇了，夏就要亡了。"这个夜晚，直撕到累得宫奴们满头大汗时才罢休。此后，每月都有两次撕帛闻曲的日子，为保证供应，桀下令百姓每半月进贡100匹帛，民众苦不堪言。

据传，桀还常召集宠幸的近臣、嬖爱的美女，通宵达旦地作乐，几十天深居不出，不理国事。他常让几十个仕女团团围在酒桌边，每人斟一杯酒，递给他，一饮而尽。酒到半酣时，便抽签点名，点到谁临幸谁，不断更换，直到力乏为止。更有甚者，他让四个少女用身体斜搭起呈躺椅状，和妹喜坐在上面饮酒，完全忘却这是在人体上，淫逸之极，丑不可笔述。淫乐荒废了朝政，浪费了国家资财，瓦解了统治的根基，民心涣散，衰败之气日益浓重起来。

三、残暴至极

桀和妹喜对饮食过分讲究，经常吃山珍海味，还要花样时时翻新。他们讲究吃新鲜的菜肴，隔日的菜，无论是何等美味，都命人毫不吝惜地倒掉。妹喜特别喜欢吃黄河鲤鱼。寒冬腊月，渔民们也不得不蹲在冰上，用石头凿开冰层，进行捕捞。至于手冻裂腿冰残尚是小事，常常还出现冰层裂缝过大过快，人躲闪不及而落入冰窟窿的惨象，十有八九葬身河底。因此，可以说，妹喜餐桌上的鲤鱼包含了多少渔民的血汗和泪水啊！

此外，他们还特别喜欢吃西北产的蔬菜、东海捕捞的鲸鱼，调味的作料也必须是"南姜""北盐"。为了满足他们的高贵口味，有成千上万的人为其服务、奔波。仅厨房就有上百人，有管运输的，有择菜洗菜的，有改刀的，有主灶的。在桀的厨房中有三个主灶师傅，个个身怀绝技，能独当一面。下人据其年纪、技术排为大师傅、二师傅、小师傅，他们真正的名字倒没人叫了。大师傅资格最老，一般不亲自上灶，只让徒弟上；二师傅沉稳、实在，是做菜的主力；小师傅刚进宫不久，还毛手毛脚。桀有个怪癖：厨师做菜时再热的天儿也不准开门户，还不准脸上有汗。小师傅才来，一切都感到新鲜，也不太注意这些规矩。三伏的一天，太阳格外耀眼，热得人倦马疲，到处都灰呛呛的。正赶上小师傅当值，烟熏火燎得出了一头大汗。把鱼炖上后，刚推开门准备凉快一下，正迎面碰上被众人簇拥着的桀，还没来得及擦汗便被桀看见了，他脸儿一沉，吓得小师傅"扑通"一声跪下了，不敢抬头。只听桀问："你热了吗？"小师傅忙点头。"那好，来人哪，去把菜端出来！"有人把那盆冒着热气的鱼端了过来，"给他灌下去，让他凉快凉快！"说完，桀扬长而去。可怜小师傅还没看完王宫的各处便被烫死了。

桀还是个酒鬼，对酒特别偏爱，要求也特别高，必须是清澈醇厚的，他用晶莹剔透的白玉杯喝酒，发现酒浑，立刻杀掉厨师。一次，他与妹喜大宴群臣，发现酒浑了，大发雷霆，命人押来厨师。怎么回事呢？原来，这天是二师傅当班，由于人多上菜多，他一忙，就让大师傅的徒弟帮忙上酒，并嘱咐他上窖里左边一格的酒，这个徒弟忙昏了头，上错了酒。二师傅发现错了，却为时已晚，就定了定神，安慰了一下徒弟，面见桀王了。桀一见是二师傅上殿，气就消了一半。为什么呢？因为他最喜欢这个厨子。这一天，二师傅搬来一罐酒请罪。桀问他："你知罪吗？"二师傅忙跪下说："小人知罪。是小人忙中出错，弄错了酒罐，为补过特进献才送来的上等好酒一罐，供大王品尝。"桀打开一闻，好香！心下便有饶恕之意。妹喜一见，心想：这机会正可借暴君手斩厨子，以结众臣之怨，便话里有话地说道："唉，这年头，谁也不把谁放在眼里了。这当君王的还有什么威信哪，大王，您说是吧？大王，我长这么大，还没见过人被砍了头是什么样呢，一定很好玩吧？"妹喜说完飞快地瞟了桀一眼。桀心领神会，刚压下的怒气又冒了上来，一挥手，命人把二师傅斩了。妹喜看了拖下去的尸体一下，又娇声道："这就对了，看谁以后敢轻视大王。"

嗜酒如命的桀还喜欢在醉后拿奴隶当马骑着玩。现存的山东东汉武梁祠石刻就刻有桀荷戈坐在一个跪着的人身上的浮雕，形象地刻画了桀残暴"武伤"人民的凶相。妹喜自入宫后，也骑在宫奴身上，与桀比试谁的"人马"爬得快，而事后，她总会怂恿桀杀掉她骑的那个"人马"，因为她的"玉体"是不能随便让下人接触的，对此，宫奴们敢怒不敢言。

桀成年累月地过着这种荒淫奢侈的生活，横征暴敛，不理朝政，弄得天怒人怨。《史记·夏本纪》中有"桀不务德，而武伤百姓，百姓弗堪"，并且桀自诩为天上的太阳，为此百姓怒喊："时日曷丧，予及女偕亡。"可见，人民的反抗情绪达到了极点。

四、拒谏

在这种情况下，太史令（掌管国王的册令及祭典等事的官职）终古冒死进谏。他大胆地陈言："自古以来，三皇五帝都因爱惜百姓而得天下。大王您却不把百姓当人看，不惜人性命、血汗，终日与妹喜寻欢作乐，不理朝政，肆意奢侈浪费，以致怨声载道。大王啊，再不改过，亡国无日了啊。"说罢，涕泪横流，以头叩地，磕得满脸鲜血。桀被震惊，目视良久，无言以对三朝元老，只好拂袖而去，回到后宫，闷闷不乐。善于察言观色的妹喜见此，不明所以，只能小心翼翼地侍奉着。晚上，在帐中桀仍长吁短叹，辗转反侧不能成眠。妹喜既纳闷又不敢问，只好暗自哭泣，双肩抽动，惊动了满腹心事的桀，他扳过她的肩，忙问："美人，你怎么了？受气了？"妹喜见他开口心下暗喜，却又抽抽搭搭地说："大王，小女子侍奉您多时，从未见过一向爽朗的您，如今天这般不高兴，想是我什么地方得罪了大王？"桀一听，笑了："啊呀，你多心了，不是你，是终古这个老头。""终古？他怎么了？"妹喜一惊，忙问。因为她知道群臣中只有终古不理她的茬，还老挑毛病。"也没什么，只是劝我不该荒废了朝政，劝我体恤民情。唉，想一想先祖创业的艰难，我心里有愧呀。"桀叹了口气。妹喜一听就知终古又说了自己坏话，只不过桀没明说罢了，这个老头，得尽快除掉他，以绝后患。想到这儿，她眼珠一转计上心头："大王，我当是什么事儿呢，就这个呀，好办。确实，先祖创业不易，可咱也没做什么对不起祖宗的事儿呀，况且，传到您手里，您不仅安定边境，扩展了疆土，还使百姓安居乐业，谁不夸您是天上的太阳呢。再说，您是一国之君，就好比百姓的父母，作为臣子的百姓为父母贡点儿东西，能说是过分吗？如果您连这点儿权力都没有了，还算是君主吗？如今国泰民安，您享受一下也是应该的，这天下可是您一个人的，什么不是您说了算？可别让人插手您家里的事儿，那才对不起祖宗呢。"好个妹喜！句句带刺，针针见血，不仅为桀的暴行找了个借口，还含沙射影地暗示终古有不轨之心。本已昏了头的桀只三分钟清醒又被妹喜几句话给打发了。于是，他下定决心：拒谏。

为人忠直不阿，夏末有名的良臣终古，几次拼死进谏，都被拒绝，后来，干脆见不到君王的影儿了。退回家中，他面壁长叹，以他聪睿的头脑、智慧的眼睛，看出夏的气数已尽：天象错行、星陨如雨、地震不断、伊水洛水枯竭，乃不祥之兆；君王荒淫奢侈、不理朝政、惟妇命是从，乃人祸之征；百姓奔波流离、困苦不堪、反抗不断，乃气尽之预；商汤百业俱兴、君贤民安、日益强大，乃有取代夏朝之势。再回头，看看如野四壁，妻儿老小，心叹一声：罢矣！为官数十载，也算对得起天地良心，桀王，我只有撒手而去了，只是夏的百姓又该遭灭国之祸了。万般无奈，终古携全家齐奔商国，总算免了一难。

五、灭有缗国

桀王和妹喜的穷奢极侈、荒淫无度，使国库内的财富渐渐耗费殆尽，入不敷出，捉襟见肘。桀王心里也焦躁不安起来，气极了就摔酒樽推翻酒桌，甚至用鞭子暴打宫奴。妹喜见此情景，用心琢磨，终于想出了个妙法绝招。她向桀王建议："大王，应该传令召集各地诸侯，当着他们的面儿要口供，分摊任务，能勇于承担者必高升，有不太主动者，就干掉他。如此一来，不但解决了目前的燃眉之急，而且，也可以为我们日后的开销寻求更多的源泉啊！大王意下如何？"

桀王听罢，连声应诺。

当时，诸侯看见桀王和妹喜这般花天酒地奢侈淫乐，心里早已暗暗气愤，但是，因为惧怕桀王的暴力，都勉强前来集合。桀王看到许多诸侯都如期到来，心里十分得意，言谈举止，非常骄傲，处处摆出天子架势，诸侯个个敢怒而不敢言。桀王当然按照旧日礼节，歌舞酒宴，大吹大擂一番，之后把话题直指要害，提出要排除一切阻力，尽可能地增加贡品，并将每地划定数目，分配停当，又用厉言暴语威吓群臣，不可一世的气焰更加嚣张。

本来，夏禹时代，禹自己非常节约，所用财货自然不多。那次有名的会稽大会所分配的诸侯贡赋，不过是些土特产，而且缴纳的数量也不大，各地实行起来轻而易举。而到了桀王临朝，吃喝玩乐极尽豪奢，花费如流水一般，不顾人民死活。尤其财物大多用在和嫔妃的游宴淫乐上，令诸侯们特别不满。这次聚会，桀王当场表现出来的淫威，大家在表面上都被慑服了，而内心里却积蓄着强烈的不满。心想：先忍过一时，口头上答应你又能怎样？等到脱身回国以后，咱们走着瞧。有的诸侯心里不快，嘴上却积极答应，甚至还主动把自己的任务增加，以表示诚意。

诸侯中有来自有缗国的，他性格耿直忠烈，听到桀王的话，气愤难平，再看见他那傲视群雄的态度，更是忍无可忍，一气之下，他率部偷偷地逃回了本国（今山东省金乡县东北）。桀发现有缗氏竟然敢忤违自己，还擅自逃走，便勃然大怒，急忙给他安了个叛乱的罪名，率诸侯讨伐有缗国。

其实，按桀的本意，并没想这么快就兴兵征讨。那天会议结束，桀王回到后宫，把有缗国忤逆圣意之举向妹喜一说，妹喜忙笑脸相迎，轻舒玉臂，搭在桀王肩头上，撒娇地说："大王，和那种卑微的人，也犯着这样生气吗？"

桀王气哼哼地说："有缗国这个国君也真是太无礼，竟敢在诸侯的议事大会上，直接表示不满，甚至有指责我的意思。反了，真是反了呢！"

妹喜听完，心中忽然一动，心里思忖着，桀的暴敛已引起一些诸侯的反对，可他却仍旧执迷不悟，这样，会使他逐渐成为孤家寡人的。如若这样发展下去，夏何愁不灭啊！

想到这里，妹喜向桀王进谗言道："大王，你的话是谁也不可抗拒的，像有缗氏君主这样目无王尊的人，大王就应该立刻让他尝尝厉害。召集诸侯军队，向天下发布檄文，去攻伐大逆不道的有缗国。"

桀王点头应允。

有缗氏君主私下逃回自己国家以后，知道夏桀不会放过他和他的臣民，所以日夜警戒，加强防备，全国上下、百官黎庶惶恐不安，人人自危。有缗国毕竟势薄力单，当桀率领各路诸侯兵将如泰山压顶到来时，顿见国内刀光剑影、人喊马嘶，男女老幼命如蝼蚁，被桀践踏在铁蹄之下。桀不费吹灰之力，就率众灭掉了有缗国，并且俘获了许多妇女和奴隶，掠夺了无数财宝珍货，带回国中尽情享用去了。

回到宫中，躺在舒适的寝帐中，搂着美人，桀得意地笑了。他又回忆起那天有缗氏国君的无礼举动，在大殿上质问他："为王者，当推行仁德之政，爱民如子，体恤臣下，不可横征暴敛。现在大王您反其道而行之，则会使天下民心思变，长此下去，国家必有大难。况且，国王如此当朝，也有违先祖圣贤们的嘱托啊！臣言不讳，愿大王三思。"

听了这些话，桀不但毫无悔愧之意，反倒是心中暗暗嫉恨有缗国。当时就面带怒意，大声宣布："我为王，受臣下百姓礼赋，天经地义，别人少来干涉。"

妹喜看透桀的心意，边抚慰着桀边说："天下是我们的，逆我者死。有缗国，活该。"

桀王得意地哈哈大笑起来。

六、岷山国献美求和

时光如流，转眼妹喜已入宫几年了。桀王日贪，渐觉眼下的美女珍宝还不能充满这么大的"倾宫"，还应该大量增加。与此同时，商、昆吾和豕韦等部落都渐渐强大起来。这几个部落的迅速崛起和扩张，实在令桀王伤透脑筋，简直有些束手无策了。另外，国内的情形更是江河日下，国库益空，多年来的用兵和兴修，使得军民疲惫，怨声载道，加之连年来的天灾，粮食减产，贡赋益减。就这样，内忧外患困扰着夏朝臣民。

在这样的境地中，夏桀仍不知悬崖勒马。一方面，他看见近些年一些小国进贡来的东西很多都是劣质的，品种也少得可怜，只有一些谷物、果品和简单的骨制工艺品，他很生气。鉴于此，一些诸侯国君就采取另一种政策，选送一些年轻貌美、俏丽俊秀的姑娘给桀王，以弥补贡奉物品的不足。这正应了夏桀的另一种心理，两方面都很满意。但桀王是个贪得无厌的人，对财物是这样，对女人更是如此。

自从妹喜入宫以来，他就没再册封其他进宫的美女为妃子，妹喜对桀王看得很紧，也基本满足了他的各方面需求，更是时时注意，唯恐他染指其他女人而失去对自己的宠幸。在这一点上，夏桀对妹喜极为不满，却又无可奈何，他对妹喜善于撒娇取媚的高超手段十分满意，偶尔略尝其他貌美女人，觉得都不如妹喜的"功夫"高超。不过，久而久之，桀也感到很单一乏味，失去了新鲜感和强烈的刺激欲。又因为受眼下经济状况的限制，他想：对那些很富裕、平时又很少进贡的国家，应该给他们一点厉害瞧瞧，一则可以多获美女珍宝，二则可以威吓一下不进贡的那几个诸侯国，逼迫他们识相一点，以恢复以前的状态。想虽这样想，真正行动起来却有困难。这些年来与妹喜整日缠绵，弄得精神懈怠，不愿走出宫廷，哪还谈得上纵横沙场。思考再三，最后决定，派勇将扁去干这件事。攻击的第一个目标是贡赋最少的诸侯国——岷山国。

扁奉了桀的命令，率领军队直抵岷山国。岷山国君很机敏，他眼见诸侯各国对桀王的贡奉大都是敷衍行事，自己也想轻松一番，尽情享乐享乐。因此，他将百姓的贡品大部分截留下来，只把一小部分不太好的贡奉给桀，他自己整日花天酒地，左拥右抱美女淫乐。这也是夏桀知情以后，把矛头最先指向他的原因所在。

听说扁将军已率重兵正向岷山边境推进，形成环状包围态势。而且这些士兵因听到可以尽情地杀人，可以尽情地占有那里的美女，还可以尽情掠夺财宝的命令，所以个个士气大增。浩浩荡荡的队伍，行动极其迅速，喊杀声惊天动地。岷山国君面对这种情况，心中特别不安。他没忘记几年前有缗国惨遭桀讨伐的下场，不顺从桀王，结果特别悲惨。前车之辙后车之鉴，他马上派人前去向夏桀求和，一面在国内大力搜罗珠宝美女，恭敬献上。对如此繁多的明珠白碧、黄金宝器和异族女子，夏桀感到心满意足。

在这众多的美女当中，有两位美女，一名叫琬，一名叫琰，都深得桀王喜爱。琬生得亭亭玉立、体态轻盈，酥胸饱满、蜂腰婀娜，修长光滑的两腿更见风致，仿似玉琢一般。琰则长得娇小玲珑，五官端正匀称，尤其那双弯月的笑眼，妖媚无比，煞是招人怜爱；她珠唇紧润、玉齿洁华，声音婉转动听，真个是一位十分灵秀聪颖的女人。

两位美女见桀不错眼珠地盯着她们，顿时娇羞无比，粉腮透红，如娇艳的牡丹盛开一样妍美。二人燕语莺声，温柔多礼地拜见桀王。此情此景，让夏桀愣在那里，嘴角含笑，连连称道："天仙，美若天仙啊！"

理智一恢复，桀顿觉即使3000名宫女，也难有一人可以和琬、琰相比，就连妹喜也比二人略逊一分。此次出兵，真是收获颇丰。他令臣下把岷山国的贡品如数收下，并答应对方的请求，和岷山国君议和，火速撤回扁将军的部队。

自此，夏桀开始宠爱琬和琰，常把她们两个留在身边，寸步不离。虽然这两位女子来自偏远的异族，但因为她们正值芳心初开的年龄，遇到夏桀这样的情场色魔，很快就被引诱到了温柔之乡，你贪我爱，恣意风流。夏桀更是乐此不疲，尝尽鲜嫩，尽情携两女子游遍男女欢爱的各种仙境。两女子虽小，却是极其聪明的人，心想，如果不哄住夏桀，那下场一定是冷落而寂寞的。基于此，琬、琰依恋夏桀，大展妖媚之能事，对桀百般奉承取悦，满足夏桀的各种欲求。

对此，百官心存不满，臣子无人敢谏。妹喜因为受到冷落，心中更是郁愤不平。无奈，眼见着琬和琰日新月异的取媚妙招，越发招得桀的喜爱，自己日益失宠。果然，时隔不久，桀又造了琼台给琬、琰二女居住，琼台装饰极尽豪华，比"倾宫"有过之而无不及。又把二人的名字刻在名叫"苕华"的玉石上，以示自己对这两位美女的另眼相看。琬、琰进宫以后，用度奢靡。宫奴们每日琢磨玉石铸刻金铜，织造锦绣刺做衣裳，夜里白天全不得休息，稍有不合要求，或割鼻，或刖足，受尽酷刑。大家对此恨之入骨。

琬、琰的受宠，妹喜看在眼里恨在心头，虽然桀有时留恋旧情，偶尔也到她那儿玩乐一次，然而怎么比得上对琬、琰二人。她嫉妒，然而她更考虑到自己肩负的使命，因此常常焦虑，以致夜不能寐，茶饭不思。可是，妹喜尽量不把内心的种种感情表现出来，而是天天挖空心思，精心梳妆，巧作媚态，以求得重得桀的青睐。因为她陪伴桀的时间很长，摸透了他的喜恶心理，也就更比琬、琰二人能投其所好。时间一长，虽然桀还心在琬、琰，却也没太冷落妹喜。见此情景，妹喜心下暗自庆幸，心想：咱们走着瞧。她尽量不在桀面前流露出争宠吃醋的小气样子，而总是顺应桀的心理，夸赞琬、琰二人的美貌。桀见妹喜竟这样大方可爱，心也就更倾向她一层了。桀只顾一味地花天酒地、任意享乐，妹喜这边暗暗用尽心思，竭力争宠。渐渐地，桀又把注意力转向妹喜。这个女人终于胜利了。

第三章

桀王昏庸斩龙逢

丽人孤居结密友

一、怒杀关龙逄

大夫关龙逄见桀王荒淫无道，手捧"黄图"进宫朝见。向桀道："古时人君，都爱民节用，所以才享国长久。这'黄图'上所画的历代帝王，哪一个不是克勤克俭，尽心为民，不敢告劳？我们夏朝始祖禹跋山涉水，13年胼手胝足，辛辛苦苦治水，到了身为部落联盟首领时，还穿着简省，吃不求好，爱惜民力，深得百姓爱戴。现在大王您在位，却不思进取和礼贤下士，一味地征伐弱小属国，屠杀那里的人民，掠夺财富和美女，人民极度不满。眼下，举国庶民处于水深火热之中，以致有些地方动荡不安。作为君王，您怎好安心食睡呢？身为一国之主，当从国计民生的全局着眼，开诚布公地采纳忠言，以便富国强民。大王，如果再这样下去，局势可就特别危险了，您现在应该清醒了，及时从后宫中摆脱出来，振作精神，励精图治，勤政爱民，广招贤士，学前代贤君的治国胆识和魄力，苦心经营，再振我们夏朝，必指日可待。身居君王之位，这应该是您最大的欣慰和快事了。如若能做到这样，四方诸侯国君就会纷纷前来对您顶礼膜拜，称颂您的倾天恩德、似海深惠，万民跪拜，祝福您和国家的安康。同时，您必将垂名青史，光照后世啊！所以作为臣子，我忠心劝您思念先王的创业艰难，继承他们的大业，切不可任意挥霍浪费，滥杀无辜。若不悔过，国亡无日矣！"

说罢，关龙逄展开"黄图"，指着上面画的历代先王勤俭治国的画面，一一解说，泪流满面。

可是，桀王不但听不下去，反而以为关龙逄这是拿"黄图"来讽刺他，心里十分厌恶，不禁勃然大怒道："从前是从前的事，现在是现在，我自有我的道理，为什么要学以前的榜样？这些古老的东西留着没用处。"夏桀说着一面命令左右把"黄图"拿去烧掉，一面挥手让关龙逄退下。左右奉命从关龙逄手中将"黄图"夺下。那黄图本是用黄色绸带制成，一经抛进火里，当即化为灰烬。

关龙逢是一个生性耿直、刚正不阿的人，不懂得见风使舵。他看见桀这般拒谏，更加执意要说服夏桀。他站在大殿上，涕泣苦谏说："贤明仁德的帝王，他们在执政时都是勤劳节约，不妄取人民寸丝粒米，早起晚睡，尽心国事，重用贤良，得到人民的爱戴。现在我王不以前代贤明君王为榜样，不爱惜百姓，为了自己的奢华而置百姓的困苦于不顾，长此下去，人心涣散，国势日益衰颓，最后一定会使得国破家亡，百姓遭殃，那时悔之不及！先王启所创下的锦绣江山就会断送在大王的手中。"

桀一听更加愤怒，指着关龙逢说："你造作妖言，诅咒国家，蛊惑人心。我已经说过，国家，是我的国家！我就好比天上的太阳，它光照世界，万古千秋也不会毁灭。同样，我享有国家也永远无穷无尽，直到太阳不见，那时我才可能离去呢！你这一派胡言，咒我家国，若不杀你，以后臣下都像你这样唠叨，我的宫中何时才能得到清净？"说着，喝令左右，把关龙逢囚禁起来。

妹喜得知关龙逢执"黄图"进谏一事，便在桀王面前添油加醋，激化矛盾。她对桀王说："大王，应该把他杀掉，否则还了得吗？以我王的文治武功还愁何事不成，说不上胜过先王几百倍呢，这家伙总以先王为最上，明明是低看大王啊。再者说了，这样的乱臣贼子，扰乱宫廷，不能为大王添一点快乐，却平添您的忧烦，斩了他，大快人心！"没过几日，夏桀令大臣把关龙逢拉出斩首示众。

终古逃走，关龙逢被杀，一时间，朝内诸臣没人再敢来劝谏桀王，只剩下那些势利小人，整天见风使舵，一味阿谀谄媚，讨得桀的欢心。大夏朝就这样一点一点被蛀蚀，一步一步地走向深渊。

二、迁到洛河之滨

桀处于危难而不自知，仍然沉迷女色的香国之中。他希望妹喜给他生个一男半女，可他们俩的频频劳作，却一直无济于事。妹喜的不孕，使桀大为失望，他的心又一次逃离了女人的沃土，只把这个美丽绝伦的女人当成了一部机器，一床棉被，用来温暖他那贪淫无尽的欲望心肠。

琬和琰入宫，桀把希望放在她们两个身上，因为这个原因，桀有时多日不见妹喜，把曾经宠爱过的元妃也晾在一边。他整天在这两个女人身上辛勤耕耘，以期春种秋收。妹喜以往对桀的专宠意识特别强烈，如今自己没有生育，被人抓住了把柄，只得忍耐桀在后宫粉黛中尽情染指。琬、琰二人正值妙龄，是生儿育女的肥沃土壤，妹喜只得静待着事情的发展。后来，她被移迁到洛河之滨居住，过着凄凉孤独的生活。

妹喜离开宫廷后，一想到桀在宫中振作龙马精神，像往日对待自己一样，在两个美女身上兴风作雨，而自己只身一人，远在洛河边上，复杂的情感袭击着她。

洛水发源于陕西，绕过丛山峻岭，经过河南，滔滔东流。它的水流比起上游来，虽已经从群山之中解放了，但依然相当湍急，因此颇有些放荡不羁。河面相当辽阔，两岸山峦春夏青翠，入冬以后则疏落参差。妹喜就在这样的环境中居住。然而，这样清幽壮美的环境却不是丽人的天堂，和夏朝国都的繁华、气派比较起来，简直不可同日而语。这位入宫以后经历复杂的美人，肩负着有施国君臣重托，突然被人排挤，过上了流放般的生活，真是大难临头，几近身处绝境了。

虽然终日仍有佳肴美宴，身边也有女宾相伴，但毕竟不像在夏桀身边那样幸福自在、优哉游哉……

悲凉不断地侵袭着她，嫉恨也同时在她心中滋长。她心中常常不平地想：伴君如伴虎，平日里他对我那么温柔体贴，极尽丈夫的恩宠爱恋，鱼水之欢无厌，作为女人，我给了他多少个令人迷醉的春夜。只是因为我没有为他生育孩子，他就这样狠心地把我"轰"到这洛水的"别墅"里独守孤寂，实在太难熬了，实在太令人难以容忍了！

艰难之中，她寻找着出路。终于，她有了另一种思考：夏桀这个人也太没用，在我身上折腾了这么些年，竟连一粒种子也没播下，他不找自己的原因，却把一切过错都推给我。哼，你不仁我不义，既然你想要个儿子，那好办。想到这里，她不禁打了个冷战。

三、落寞悲凉

妹喜身边有个侍卫长，名叫良，英俊潇洒，武艺高强，对妹喜百依百顺，非常忠诚。自从她入宫以后，良就一直当妹喜的侍卫长，时常陪她出游观光。他正值血气方刚之年，与妹喜年纪相仿。妹喜早就对他有意。此时，她又想到了良。

有了这个念头以后，她就有意无意地把良找来谈话，用言语挑逗他，示意自己已经向他敞开了大门。良是个怜香惜玉的男人，一来二去，他摸清了妹喜的心理，就勇敢地上了妹喜的温柔之床，使妹喜欢悦不已。两个人终日乐此不疲，任时光流逝，任季节轮回，任种子生长。

妹喜从与良的苟合中慢慢地清醒过来，她对夏桀又生出无限怀恋之情。想当初妹喜做梦也没有想到自己会遭到冷落，她认为，这只不过是桀王一时喜欢琬、琰二妃而已，可她又弄不明白，桀王虽然喜欢她们二人，而又为何将自己打入"冷宫"呢？我又不妨碍她们什么。她冷静下来："决不会的，桀王不会抛弃我的，他需要我，我也需要他。"想到此处，她又有了精神。于是，她又像往常一样，梳洗打扮，每日里，对镜理鬓，再也不想让良来染指自己了，清净地过了半月。

可她毕竟是骄奢荒淫惯了的人，而且还担负着摧毁夏王的使命。她觉得，这么长时间夏桀也没派人来向她问候，或许夏桀真的对她变了心，把她全忘了。终于，她再也耐不住性子，开始烦躁，见什么都不顺眼，摔杯子、碗，砸梳妆台，每日无止无休地发泄。有时无力地凭栏向远处张望，盼望桀王能派车来接她。一晃又是半月过去，仍不见桀王来，妹喜渐渐地失去了信心，心也就狠了起来，她开始给桀王写信，骂桀王喜新厌旧，不守诺言，派人送出去。后来一想这样不妥，又写信请求饶恕，送信人将信送到夏桀面前，谁知桀王连看都不看，随手拿过来或撕掉或投入火里，便只顾和琬、琰二妃说情调笑，纵欲媾和，花天酒地。送信人吓得战战兢兢，头冒虚汗只有讪讪地退出来向妹喜复命。妹喜不听则已，一听顿时火冒三丈、开口大骂，骂桀王无情无义，骂送信的宫奴混蛋无用，一气之下便命令侍卫用皮鞭对宫奴抽打起来，吓得宫奴面如土灰，声声求饶，可皮鞭仍雨点般落下来，宫奴倒在地上顾头不顾腚地来回翻滚，被打得血迹斑斑、蓬头垢面、一身血污。妹喜也气得身子瘫软下去，自己抱着头嘤嘤地抽泣起来。此后她稍一不如意，就命侍卫对宫奴、侍女们非打即骂，直吓得这些人时时留意，处处留神，谁也不敢有半点差错，可结果还是少不了挨打受骂。

萧瑟的秋风过后，天空早已见不到南飞的雁阵，阴霾的天幕垂了下来，笼罩着洛河，漫天的雪花纷纷扬扬地飘舞着，冬天已经来了。此时的妹喜绝望了，她甚至想到了死。可她一想到有施国君的重托，想到往昔奢侈享乐的生活，又来了精神，告诫自己：妹喜不会失败的，会成功的，哼，桀王，我早晚要让你知道我不是好惹的。于是她就开始回忆，回忆酒池的纵情，回忆肉林的狂欢，回忆夜听撕帛的美妙，回忆用餐的奢华……想到这些，她的脸上不禁露出了笑容，虽然依旧是唇红齿白，可那笑容里总有一种阴森之气。就这样想着想着，她又想象桀王与琬、琰二妃对酒歌舞的场面，她想象琬、琰二妃如何为桀王斟酒，如何为桀王歌舞……同时耳畔也回想起桀王对自己许下的诺言："你是我的心肝，没有谁能比得上你，我是太阳，你就是月亮，你要什么，本王都会给你的。"

她望着迷蒙的天宇，心中不禁悲凉起来，落寞伤感之情一齐袭上心头："月亮永远不会是圆的，我又怎么能永远得宠呢？可我还不衰老啊，我不还是很漂亮吗……"她止不住又想：哼，都是那两个小狐狸精。一想到她们妹喜就恨得牙根直咬，真恨不得将琬、琰二人扯成碎片吞下，才能泄心头之恨，等着瞧吧。她顺手拿过镜子，里面立刻出现了一个嗔怒的美人。"妹喜呀，妹喜，难道你就要这样了此一生吗？就这样被遗弃在洛水河边？涛涛的洛河水呀，流不尽我心中的愁苦，我不能这样待下去，我要进宫！"她声嘶力竭地喊着。

四、再见夏桀

良见妹喜这样折磨自己，便温柔地劝慰她："您这样下去就把自己毁了，我真不希望您这样生活下去。您应振作精神，寻机再入倾宫，我可以为您效劳。"妹喜听了良的一番劝慰之后，心平静下来了。看着英俊的良，她的心也软了，是啊，在这么长的被冷落的日子里，若没有他，自己大概早已愁死了。她立即对良妩媚地一笑，说："良，我一定犒劳犒劳你。"良一听大喜，便携妹喜再入销魂帐。欢悦后，良对妹喜说："大王平生好猎，我明日派人告诉他这里有稀奇动物，请他出猎。娘娘见他来了，就必须拢住他，讨他的欢心，这样您回倾宫就大有希望了。"妹喜一听大喜，搂住良亲昵不已。

夏桀收到良的禀报后，心里也挺高兴。久在倾宫与琬、琰两妃淫乐时间长了，身心也疲乏得很，正好借个机会到洛水岸边巡猎一番，轻松一下。

夏桀领着500名侍卫随从坐车、骑马来打猎，浩荡逍遥。晚上就寝在妹喜的"别墅"里，妹喜见到桀王，不禁悲喜交加，心里也涌上一种愧疚，所以百般取悦桀王。夏桀也是感到冷落了妹喜，借机极力补偿，两人尽欢而眠。

夏桀离开后一个月有余，妹喜就觉得自己浑身乏力、不思饮食，每每早晨起来都有呕吐状，可又实在呕吐不出来什么东西。她真有些慌了，莫非是自己病了，她多少有些害怕，忧思愁结不可终日。最后还是一个侍奉她的老宫女发现了这种症状，就向妹喜询问了情况。老宫女听后急忙对妹喜揖礼叩首说道："恭喜王妃，贺喜王妃！您怀揣六甲了。"妹喜一听才恍然大悟，原来是自己身怀有孕了。"哼，这下不愁你桀王不接我。"于是她又恢复了勇气，她绞尽脑汁，指使宫奴向夏桀报告说："臣妾久承大王的雨露，现在见喜。这是上天赐给大王的洪福啊，大王有子，也了却您多年来的殷切盼望。请大王纳之。"桀王得此消息心中很高兴，打算接妹喜回来，怎奈琬、琰一听就嘀咕说："大王的龙种真神呢，恐怕有些奇怪吧！"夏桀一听，把眼一睁，喝道："胡说！"但是，他心里也犯起寻思来。

经过一番考虑后，他决定暂不接妹喜回来。于是，夏桀继续无动于衷，与琬、琰二妃逛肉林，游酒池，演尽人间奢淫丑态。琬、琰两人见桀王摆脱了妹喜的桎梏，心绪好转起来。两人都不觉欲望大起，百般迎合桀王，使他投入到香腻迷人的温柔乡之中，陶醉不醒。妹喜见桀王那边久不见音讯，心中悲苦不已，君王夜夜欢，妃子独愁眠，怎么办呢？她陷入无限痛苦之中，不能自拔。

五、商汤其人

商汤是商朝第一代国王，姓子，名履，又有成汤或商汤之称。

商是一个有着悠久历史的部落，始祖叫作契，是帝喾的第二个妃子有娀氏之女所生。这个女子名叫简狄，传说有一天，简狄与其他两人到水边洗澡，把衣服放在岸上，突然，一只玄鸟自天而降，生下一个蛋。简狄抢先上岸把蛋吞食了，便怀了孕，生下契。契以玄鸟（有人认为是燕子）为族徽。这说明契的时期，商已由母系氏族向父系氏族过渡。

契在大禹时期曾帮助大禹治水，立下大功，舜王封契当了司徒，负责治理商地。从契以后传14代到汤，正值夏桀在位。从契到汤，商经过400余年的发展，无论历法还是农业知识都比夏人先进。

商汤是一个十分英明的人，和夏桀形成了鲜明的对比。商国自从上甲微扩张势力，占有黄河下游地方以后，国势日强，到了夏朝末年，夏趋于衰败的时候，位于夏的东面的商崛起了，成了东方最大的国家。疆界北到今天的辽宁，东达今天的朝鲜，南及今天的河南，传到汤已经七代了。这几代君主兵威远震，屡次打败各国，捕获无数俘虏。商是游牧和商业较发达的国家，还注意兴修水利，生产力比较发达。相传汤的祖先相士发明了马车，王亥发明了牛车。

商很重视商业，鼓励贸易，让商人架着牛车，拉着布、丝、粮食去做买卖，促进了商业发展，活跃了经济。他们把捕获的俘虏派去做生产劳力，利用他们牧畜割草，打铸铜器，建筑屋宇，派他们去开垦土地，种植黍、稷、麦、稻，渐渐地这些俘虏也便成了奴隶。商人依靠他们的血汗，把国家一天一天地建设起来，越来越强。到了汤的时候，商国势力已经非常强大，偏偏夏桀又是一味贪得无厌地搜刮人民，暴虐残忍，商国的发展更顺利了。

成汤励精图治，招贤纳士，善听良言，又采取许多利民措施，使得商的经济和国力都有大幅度的发展和增长。为了进一步扩大自己的影响，提高自己的政治地位，成汤开始准备攻伐一些诸侯小国，以壮声威。

六、商灭葛国

那时西边的夏，北边的昆吾，东边的顾（今山东省范县），南边的豕韦，都是强国。除了这几个地方之外，当然还有许多小国。汤的邻国葛（今河南省睢县）是一个很小的国家，葛伯不勤政事，只贪图个人享乐，拼命地压榨百姓，搜刮奇珍异宝，弄得民不聊生，怨声载道。葛伯常常对劝他改邪归正的人说：“我是葛的一国之主，什么好的东西都得供我来享受。”葛伯也不祭祀天地祖先。当时人民迷信极深，认为天地山川都是有神的，都应该祭，祖先死后，也是有灵魂的，成了鬼神，也应该祭。所以祭天地祖先是极要紧的事。祭的时候，常常用各种食物，如稻樱牛羊之类。有的煮熟了来祭，有的放在火上面烧，烧得半生半熟来祭。但是用什么来代表祖先呢？说起来，倒也非常有趣，就是用受祭的人的孙子，穿着受祭的人的衣服，代表他。大家把他当作祖先，毕恭毕敬地迎接进来，受大家的磕头礼拜，甚至他的父亲也对他礼拜。然后这位代表，就受了许多祭品，大吃大喝，既醉且饱。吃得够了，礼节完毕，又由大家把他送走。这种代表，就叫作“尸”。“尸”出去了，主祭的人也便大肆享用起来。剩下的祭肉，还分给有关系的人，叫作“胙”肉。在祭祀的时候，当然还有音乐和许多礼节。这算是一种极大的典礼，比什么事情都要紧。

葛伯既然不祭，在那个环境里，算是犯了弥天大罪。汤便派人去问他，为什么不祭祖先？葛伯说："我的国很小很穷，没有力量举行祭祀典礼，光是牛羊，我就拿不出。"汤便把牛羊送给他，葛伯收下，宰了来吃，又不拿来祭祀。成汤听到后，心里感到十分气愤和失望。他忍耐下来又派人去问葛伯："你为什么还不祭祀祖先呢，难道你连祖先都不尊重了吗？若再这样下去，上天一定会惩罚你的！希望你尽快祭祀，安顿你的臣民，否则他们就会起来反抗你。请你三思。"葛伯假惺惺地说："尊敬的汤，我明白您说得有理，但我连稻黍麦稷都没有，怎么能祭？更何况我的邦国缺少青壮的劳力，老幼妇女居多，这田间耕种的重活也干不好，怎么办呢？您给拿个主意吧。"汤又派人到葛国替他开垦耕种。当然开垦的人也要吃饭，便由商边境的人派了童子每日提榼送饭给耕农吃。不想葛伯大约穷疯了，竟然动起脑筋，带了一队随从的人，去把这童子送来的饭抢来吃。童子自然不肯给，葛伯便连童子也杀了。商汤听到这个消息后，真是忍无可忍了，他本想以仁义之礼来使葛伯回心转意，振兴葛国，使那里的人民安居乐业。哪想到葛伯竟这样昏庸无能，残杀无辜！这口气如何能咽得下去。面对被葛伯杀害的孩子的父母，汤深施一礼，说："各位父老子民，我一定为你们死去的儿孙报仇。讨伐无道的葛伯，拯救那里的人民。请选精壮的男子，陪同我一同出征！"黎民百姓群起响应，纷纷应征入伍，追随成汤。汤由是起兵去伐葛，扬言替送饭的童子报仇。葛伯见汤率大兵压境，顿时吓得体如筛糠，束手无策。他的左右平时就不满其恶政，纷纷从他身边逃离，为商军打开城门。商军大呼着冲向葛伯的宫殿，捉住了葛伯。成汤历数葛伯的罪恶之后，将他处死。葛国便灭亡了。

汤是个很聪明的人，在进攻葛国的时候，对人民秋毫无犯，使人民相信他是一个好的君王；然后命他们依照常例，纳了十分之一的谷子。这种聪明的政策，使商国仓库充实，并且在他之后攻伐各国的时候，容易获得胜利。

七、想重用伊尹

商汤作为一个地方国首领，每年都要到夏朝的都邑朝拜，其间，一路上听到老百姓一边耕田，一边唱着咒骂桀王的歌：

渺茫昏暗的天，

昏庸荒淫的桀王；

歪斜不正的法令，

夺去了我们的食粮；

夏桀，夏桀，

你何时灭！

轰鸣震耳的霹雳，

暴虐无道的桀王；

无休止的徭役，

累断了我们的脊梁；

夏桀，夏桀，

你何时灭亡！

百川沸腾地崩裂，

邪恶作孽的桀王；

祸如洪水猛兽，

断绝了我们的生路；

夏桀，夏桀，

情愿与你一道灭亡！

汤看到桀把国家弄到危亡的境地，深为不安。为了能使夏桀悔悟从善，汤决定给他推荐个贤才伊尹，希望他能纳贤从谏。

说起贤才伊尹，有一段传奇般的故事。伊尹当时住在距离商都不远处的伊水河畔（今山东曹县北10公里）的一个叫有莘的小国。传说有一天，一个姑娘提着篮子到桑林去采桑，忽然听见婴儿的啼哭声。她循声找去，发现一株空心老桑树的树干里有一个细皮嫩肉的胖娃娃，光着身子，摇手蹬足，张着嘴巴啼哭，哭声嘹亮悦耳。姑娘觉得很奇怪，便把娃娃抱回去，献给有莘国的国王。国王一面叫御膳房的厨子把娃娃带去抚养着，一面派人查访孩子的来历。不久出去查访的人回来禀报，说这孩子的母亲原住在伊水的岸边，在她怀孕期间，有一天晚上，梦见一个神人告诉她说："若是看见你家舂米的石臼里出了水，你要向东方跑去，千万不要回头看。"到了第二天，母亲一看从前的石臼里果然涌出了水，她赶紧告诉邻居们躲避水灾，自己便一口气向东跑了十多里，来到桑树林边。但她心中惦念着家园和逃出的乡亲们，忍不住回头一看，啊呀，不好！家园已经淹没在洪水之中了，那滔天的巨浪，像一只狂怒狰狞的野兽，正排山倒海地向她扑来。她惊呆了，脸白如纸，直挺挺地立在那里，身体忽然变成一株枝叶繁茂的空心老桑树，抵抗着洪流的冲击。过了些日子，洪水渐渐退下去了，大地上又呈现一片绿色，那个采桑的姑娘来采桑的时候，就在这株空心老桑树的树干里，发现了这个赤条条的婴儿。因为孩子的母亲原来住在伊水的岸边，孩子长大后又做了名为"尹"的官，所以人们就叫他"伊尹"。

伊尹在御膳房厨子的抚养下渐渐长大成人。他不但跟着养父学得了一手厨师的技艺，烹调得一手好菜肴，还从事农耕，种桑养蚕；同时，还勤奋读书，积累了不少治国安邦的学问，花费了大量力气研究了三皇五帝和大禹等英明君王的施政之道。有莘王知道他有学问，就请他担任自己女儿的家庭教师。有一年，商汤到东方去巡游，到了有莘国，听说有莘国国王的女儿非常英明贤惠，便想娶有莘王的女儿做自己的妻子。有莘王知道商汤是个贤王，就很高兴地答应了这门亲事，按照当时的婚礼风俗把女儿嫁过去了。当时，汤正在广求八方贤士，给予他们重任，使贤士能人都能人尽其才。伊尹也很想到商汤那里去做点差事，发挥自己的才干，却苦于找不到门路，现在趁着有莘王嫁女的机会，便自愿申请做陪嫁的小臣，也使自己多年学习和积累的知识学问有个用武之地。有莘王本来也并不怎么看重这个生在桑树里，面孔上不长胡须和眉毛的青年，便答应了他的请求，让他作为护卫出嫁小姐的侍从被送到了商国。

伊尹随着有莘王女出嫁，到了商。他那精湛的厨艺在大办喜事的日子还真露了几手，受到汤王的赞赏。婚礼过后，汤王正式接见了伊尹，一看，伊尹是个黑墩墩的小个子，长着一张上宽下窄的脸，嘴巴无须，眼上无眉，心里有点犯嘀咕：这样的人还能有学问？于是，同伊尹闲说起来，从种桑养蚕到烹调手艺，从勤奋求学到治国用兵之道。伊尹滔滔不绝，口若悬河，把平生所学所知都尽情表现出来了。商汤虽然觉得这个青年确实不凡，但也没有重用他，因为他需要进一步了解伊尹的真实水平。伊尹见汤是个贤德的君主，想向他提出自己的治国主张。有一天，汤来到厨房向伊尹问起饭菜的事，伊尹说："做菜既不能太咸，也不能太淡，要调好作料才有味道。治国如同做菜，既不能操之过急，也不能松弛懈怠，只有恰到好处，才能把事情办好，把国家治理得安定富强。"商汤那时正积蓄力量准备灭夏，伊尹一席话使他受到很大启发。在之后的多次接触中，他发现伊尹确实是个治国安邦的难得人才，便想委以重任。可是，要任用一个奴隶来治理国家、参与国政，一定会遭到奴隶主们的强烈反对，而伊尹虽然一心想施展才干，辅佐商汤，但是他一想到自己的奴隶身份，出身低贱，自信心又立刻减弱了，再不想流露自己要做官的真实心思。

商汤自从了解了伊尹的学问才干以后，一直觉得伊尹是个难得的人才，便又把他推荐给夏桀，劝说夏桀改恶从善，重振朝纲，即使夏桀不听劝谏，伊尹也可以乘机摸清夏朝的底细，为以后灭夏做好里应外合的准备。他说服了自己的臣属和奴隶主，派身边的大臣到厨房去请伊尹。

八、三请伊尹

伊尹听到使者的邀请，心里不禁一惊，他暗自思忖：我几次在汤的面前施展口才之能，已把我的聪明才干暴露无遗，如果他重用我，应该早就有所反应了，为什么直到今天才派臣子来请，莫不是其中有诈？古来君主妒贤嫉能者大有人在，难保商汤就不是这种人。想到这里，伊尹便把往日一心想做官的愿望搁在一旁，回答使者说："我是一个耕田栽桑做饭烹调的粗人，只知道干活出力，不懂国家大事，多谢商王的关照。"婉言谢绝了商汤的聘请。

商汤听见使者回报的消息，心里非常纳闷，但他是一个很懂得招揽人才的人，也很善解人意，他略微一思考，就明白了伊尹的矛盾心情。他第二次又派使者带着礼品，前去聘请伊尹。伊尹见使者又来请，而且态度比上次更加殷勤，心中暗想：看来商汤确有真心要任用我，但是我这次还不能接受，人都说商汤贤明仁德，宽以待人，我倒要考验考验他的耐心，如果他再派人来请，我就竭尽全力辅佐他、帮助他，如果他一怒之下杀了我，那么这样的君主也不值得我为他舍身卖命，死也无憾了。想到这里，伊尹又说："我是一个无能的庄稼汉，没有一点功劳，怎么敢妄收商王的礼物，平白无故地接受任命呢！"仍推辞不去。

当时，一个封地的领主，对于百姓是有生杀之权的。可是，两次没请来伊尹，商汤并没恼怒。他想，请有真本领的人，是不会像招呼奴仆一样召之即来的。他又命令使者，带着珍贵礼品，赶着一辆装饰一新的马车，三请伊尹。伊尹见商王如此诚心，深受感动，便欣然从命了。商汤亲自迎接，以贵宾相待。商汤和伊尹攀谈数日，纵论治国之道，伊尹把平生胸中丘壑、娓娓道来。商汤不由得越发敬重他。

那些一向视等级如禁区的奴隶主贵族见汤竟要任用一个下贱的奴隶做官，将同他们平起平坐、出入朝野，心中顿时气恼不已，许多奴隶主贵族要以辞官出走相威胁，强迫汤打消要重用伊尹的念头。汤只好十分惋惜地对伊尹说："我今天不用先生，实出于无奈，有朝一日，定会派使臣去请您出山。"伊尹空有一番远大抱负，不能得志，不久，他就又回到家乡伊水河畔务农去了。

但商汤始终认为，像伊尹这样的贤人，如果夏桀能够用他，便能以其贤制止夏桀的荒淫无度的罪过。如果真能做到使夏桀及早清醒，改正过失，那么就比自己率兵去攻伐夏桀要好得多。他给夏桀写了一折荐言，把伊尹作为奇才推荐给夏桀。同时，又历尽艰辛让臣属去劝慰伊尹"出山"，到夏做贤臣。

伊尹到夏后，就规劝夏桀改弦更张，取信于民，很好地治理国家。他向夏桀提了很多建议和良策。但夏桀早已沉迷酒色，又自负武勇，骄横无比，哪里肯听伊尹的话，甚至对伊尹不予理睬，更谈不上重用伊尹，只任命他去当了一个小小的御膳官（厨子头儿）。而且在伊尹任职期间，由于他在一次文武百官聚集于朝廷之上时曾过火地指谏过夏桀，更使夏桀耿耿于怀，便时时想找一个理直气壮的借口把伊尹杀掉或囚禁起来，或从此打发走，以使耳根清净。虽然夏桀认为惩治伊尹的借口可以随手拈来，但终究碍于商汤的情面，还是搁起了这份心思，只待忍无可忍之日，再作打算。所以如此一来，伊尹在夏桀那里倒也一直平安无事。

九、联手助商灭夏

伊尹在为夏桀做御膳小官的那　段时间，亲眼看到夏桀的倒行逆施、挥霍无度，料定夏朝必将灭亡。这期间他还仔细考察了朝廷内部情况，他发现夏桀最宠爱的后妃妹喜不知什么原因被桀王"请"出了倾宫，在洛水旁边一个很偏僻的"别墅"居住？他很好奇地问王宫的一个厨师："老哥，妹喜王妃怎么这么久不在倾宫住了？莫非她有什么过失吗？"那位老厨师急忙看了看左右，发现无人，这才悄悄地对伊尹说："咱们大王盼子心切，可妹喜王妃久受王的恩宠，却总也未有起色，大王失望之下就把她暂时请出了倾宫。大王现在整日和琬、琰两位宠妃日夜交欢，企盼早日播下龙种，使自己不至于膝下无儿呀！"伊尹这才恍然大悟，原来妹喜是因为久而不孕而受冷落。伊尹对妹喜为救国而舍身献夏桀的事也早有耳闻，他在心里思忖道："这倒是一个好机会。"于是决定与妹喜里应外合，建立"友谊"；留心夏朝军队的部署及国防情况，为商汤伐夏桀做好准备。

这一天，伊尹来到洛河岸边，大胆地拜访了孤独苦闷中的妹喜。他早就听说夏桀的这位宠妃是位特别漂亮的美女，是有施国的"国花"。而今站在他面前的妹喜，虽然失宠于桀王已经多日，形容有些憔悴，但依然风采妩媚，光彩照人，如画中美人一样，果真相貌俊秀。伊尹心中惊讶妹喜的倾城之貌，也明白了为什么贪色无度的桀王会一度迷恋、癫狂于她的绝色妖艳之下。伊尹说明了自己的身世、来历、被汤荐夏的经过后，妹喜眼睛立刻亮了起来，有了光芒。她好像在深山古洞里遇到了"知音""亲人"。这位纵容夏桀穷奢极欲、武伤百姓的罪魁祸首，过去曾花天酒地、尽情贪欢，如今却泪流满面。她把自己的经历向伊尹娓娓道来，详细说了一番后，又把夏桀那些肮脏龌龊、残暴骄横、鱼肉人民的罪行揭露得淋漓尽致，气得伊尹不时地头发上指，攥紧了拳头，产生了同情妹喜之心。

妹喜知道伊尹是汤派来的卧底之人后，两人不谋而合，当晚商定："彼此联手，助商灭夏。"

十、密谋回宫

在从妹喜处回来的路上，伊尹暗自庆幸自己找到了真正志同道合的朋友，有了妹喜，自己使命的实行就可以立刻打开局面。野外的夜晚，月亮如一个又亮又大的圆盘挂在深蓝的天幕上，远处的山峦像一只只静默无语的怪兽，若隐若现在无边的夜色中，伊尹抬头向四周望了望，一颗流星正迅速地划过西天，是谁寿数将尽、永别人世了呢？是不是夏桀王呢？这个无恶不作、祸国殃民的暴君已经死到临头啦。伊尹心里默默地、恨恨地想。想到夏桀，就想到妹喜。对，一定要抓住妹喜这个有力的帮手，与她合作，迎合她的心思。于是，一步步探得夏王朝内部情报的设想和计划开始在伊尹的脑中清晰地浮现出来，伊尹的脚步加快了。

伊尹还是遵照商汤的指示，去见夏桀以便劝谏。伊尹的烹调手艺不错，夏桀每餐都吃得十分满意，心里对伊尹留下了良好印象。如今伊尹来见他，也就破例召见了伊尹。夏桀对伊尹说："你的佳肴使我胃口大增，身体也感到特别健康，你是有功的人，我要重赏你。"随即命令宫奴给伊尹拿来许多丝帛和财宝之物。伊尹本不想收，但又怕夏桀生疑，于是装作受宠若惊的样子，收下了夏桀赐予的东西。伊尹借机劝夏桀王应及早清醒，现在时局动荡，民怨四起，如果不杜绝一些不良习惯，对夏王朝是极为不利的。夏桀自负勇武，骄横无比，他怎么听得进伊尹的话呢？他把伊尹大大训斥了一番，说伊尹不自量力，竟敢犯上。伊尹只得退出倾宫，长叹不已。如此暴君真是不可救药了，夏朝的劫数到了。这样的君王只顾自己荒淫无度，哪里还考虑国家的前途啊。伊尹真是失望极了，同时，他更感到商汤将来定是推翻夏朝的明君。

渐渐地，伊尹从妹喜口中准确地了解到了夏的军队布防、实力等情况，五次潜回商地，向商汤作了汇报，商汤大加赞赏了伊尹。伊尹每次返回商地，为了迎合妹喜贪图享乐的心理，商汤都会让尹伊偷偷地为妹喜带上一些礼品。有一次伊尹从商地返回夏国的途中，正好遇到了夏桀王手下兵士的盘查，那兵士见伊尹穿着御膳官的服装，口袋里又有金银珠宝、古玩珍器等许多好东西，心里疑惑。他想，一个小小的御膳官不在御膳房里为国王服务，为什么在外面跑得风尘仆仆，还带着这么多平常百姓见不着的东西，这里面莫不是有些问题？于是，他壮着胆子，在伊尹面前施了一礼，问道："您老人家康寿，小的斗胆问一句，这些珍奇异宝是从哪里来的，有何用处？现在夏王命令小的严加监视各路进出货物，因为国库内的财物最近突然亏空了许多。上边有令，小的只是奉命行事，您老人家千万不要见怪。"伊尹此时心里一惊，但很快就镇静下来，心知此事如若败露，后果非同小可，自己要找到一个合理的借口，把这件事遮掩过去，想到这里，他立刻露出一副忧虑又威严的样子说道："噢，竟然有这样的事情，国家出现这样的情况，实在令人痛心，你们一定要竭尽全力查出流失的东西，以使夏王安心。我这些珠宝是从下面领地征集而来，送给夏王开心的，因为我对珍宝有些鉴赏能力，夏王便直接派我到民间搜集，你看我这劳累的样子，并不比你少辛苦啊！"兵士听伊尹说得合情合理，心头的疑云立刻消散，为表示歉意，还特意借一匹枣红快马给伊尹，以助脚力。经过此事，伊尹更加小心谨慎，再从商地回夏国，总是先到妹喜处，免得别人起疑心。

伊尹觉得，要进一步摸清夏的情况，还必须深入到宫廷内部，掌握全部秘密，而最得利的人选，定是妹喜。伊尹与妹喜多次计议，密谋使妹喜重返倾宫之策。伊尹对妹喜说："夏桀如今没有后代，他一定希望有个儿子继承他的王位。"妹喜说："这倒是真的，他有心让我为他生个一男半女，可我们有施国受尽他的压迫，哪能为他留后，我是为有施国报仇，以解夏灭有施的缓兵之计来到夏国的。若为他生子生女，国人是不会满意的，我以后怎么去见父老兄族？"伊尹听后，沉默了一会儿，问道："你离开倾宫多久了？"妹喜答道："快到半年了。""我有些不好意思开口，问你一句，请别介意。"伊尹对妹喜说。"你尽管说吧，我不会介意。"

伊尹则大方开口问道："你离开倾宫前几天为桀王侍寝了吗？"妹喜回答说："是的，我入宫不久就与桀王同居多次，不仅如此，两个月前桀王来洛河岸边打猎，还在我这里共住了两夜，大概就是这次怀上孕的。以前桀王想让我为他生个儿子，以解他没有后代的烦恼，可我就是不孕，这是使他恼怒的原因。后来桀王侵略岷山国，得了琬、琰二位美女，便把生儿育女的希望放在她俩身上，把我弃于此地。但我如今已有身孕，多次给桀王送信，他都不听，算来我已有身孕快三个月了。"

妹喜嘴上这么说，心里却有鬼，她明白，自己肚里这个孩子大概是和侍卫长良欢爱的时候留下的结晶。但这件事万万不能传出去，否则自己的命就没了，对伊尹也绝不能透露此事。

伊尹听完妹喜的诉说，眉头一皱，心生一计："我终日为夏桀做菜烹调，可去宫廷给桀王传个条子，就说妹喜王妃近日身体不适，只因身怀有孕，企盼回宫养身，甘愿付出痛苦为大王生下贵子，请桀王宽仁，下令将妹喜接回，此为良举，莫失良机，如是，桀王几个月后将有大喜临宫。"妹喜听罢，拍手叫好："真是良方神计，照此一行，肯定有好的结果。"

十一、因孕复宠

伊尹第二天代妹喜写了封信，转给桀王，在信中，以妹喜的口气诉说离别思念的痛苦。身怀有孕，艰难挣扎，只为了大王能顺利得到王嗣。在"别墅"里回顾往昔与大王朝朝暮暮的嬉戏游玩、鱼水之欢和动人心肠的海誓山盟。虽在偏僻的地方独居，但又时时刻刻为大王祈祷平安、国泰人和，使天下人齐拥戴称颂大王。无奈这偏僻之地生存条件太差，身体又多有不便，恐怕万一不慎惊动了王胎，造成无法挽回的后果。因此请大王开恩，允许回宫静养，以求王嗣能顺利降生。大王继位多年，至今才有一子，喜悦心情臣妾早已猜出，请大王快些派人来接我回宫为盼。

桀王看罢，喜出望外，哈哈大笑一阵。第三天便令大臣、宫奴十余人到洛河岸边接妹喜回宫。

这是一个阳光明媚的日子，晴朗的天空中万里无云，空气中连一丝风也没有。远山如黛，点缀在视野的尽头，近处的树林中各种鸟儿亮开喉咙唱着婉转的歌儿。妹喜坐在窗前的梳妆台旁，内心充满了难以言表的欢喜之情：就要回到夏桀王身边了，这是盼了多久的梦想的日子，从此再也不用长夜不眠，以泪洗面；再也不用忍受孤独、寂寞生活的煎熬了。回到宫里，歌舞升平、纸醉金迷的无尽享受又该属于我妹喜了，如果再能得到夏王的宠爱，那就更喜上加喜了。妹喜意乱神迷地想到这里，便开始精心细致地打扮起来。她把头发梳成当时最流行的式样，把花朵一般的脸庞打扮得更加光艳照人，还穿上了昨天晚上才缝制的最漂亮的衣裳。衣裳的裙带巧妙地缠在腰间，凸现出她苗条秀丽的胴体。她想：这样的女人会有哪个男人不为她神魂颠倒呢？桀王啊，桀王啊，我一定要让你重新投入我的怀抱之中。妹喜站在穿衣镜前仔细地端详着流光溢彩、妖娆美艳的自己。刚到午时，宫奴、大臣十余人从洛河妹喜"别墅"回到夏朝王宫——斟寻。此时，夏桀宫中正熏风阵阵，酒肉狼藉，桀王醉眼迷离，面带微笑，在寝宫中等候怀孕的"妻子"归来。不一会儿工夫，只见"孕妇"妹喜娇躯微动，缓步由宫女搀扶着来到宫中，桀王一见，虽是半年过去，妹喜仍是俊秀佳丽，纤细十指，犹如春笋，杏脸桃腮，牡丹初绽，真是"琼瑶玉宇神仙降，不亚嫦娥下世间"。况且这时妹喜还作出千种风情万种媚态，秋波流转中的风流放荡比从前更加勾人魂魄。尤其令夏桀注目的是妹喜的腹部，桀王的眼睛不时地注视着妹喜的小腹，许是盼儿女心切，眼神恍惚。妹喜的小腹微鼓，行走缓慢，不便弯腰，此状真令夏桀喜上眉梢。难道真是要大喜临门，这一切是真的吗？这妃子腹中真的有贵子在躁动？吾辈真的有了后人？

"大王，阔别 5 月有余，奴婢好苦，几个月来，觉得腹部胀大，好像内有胎孕，这实属大王之喜……"

此时，夏桀回忆起历历往事，心中顿时涌出了无限爱意。自己为求子冷落疏远了妹喜，一心扑在琬、琰两人身上，怎奈这两名如花似玉的美女仍是柔腹平平，不见丝毫起色。而原本对妹喜大失所望，不想上苍有眼，自己出猎洛河岸边，在妹喜那里偶住两夜，竟喜结珠胎。妹喜，妹喜，真乃吾爱妻也。夏桀一时欢喜得发了疯，不知对妹喜怎样才好，他实在是忘乎所以了！尽情地抚摸着妹喜诱人的腹部，兴奋至极，搀过妹喜，搂在怀中，置于膝上。从此，那夏桀又更加"听用妹喜之言，昏乱失道"。也真个是："桀王无道乐温柔，日夜秽淫兴未休。养成暴虐仁义绝，酿就刀戕万姓愁。"

从此，妹喜又开始生活在倾宫。夏桀令宫女们照料妹喜，以保证胎儿健康成长，如期顺利降生。伊尹则仍是终日为夏桀做菜肴，妹喜与伊尹仍继续履行前君子协定：妹喜用姿色迷惑夏桀，进一步使其凶残暴虐地统治人民，乱其朝政；伊尹主要从妹喜处了解夏的情况，及时给商汤通风报信，助商汤灭夏。

妹喜慢慢有一种畸形的快乐，是功还是过？她也很困惑。

十二、囚禁商汤

后来，妹喜为了灭口，进谗言让桀王杀了自己的侍卫长良，免除了自己通奸的恶名。

商国一天比一天强，桀心中也有点害怕。此时有一位佞臣赵梁献计，说："大王，我观天下，见汤领导的商国异军突起，不断地讨伐弱小，大有取大王而代之势。大王不能不有所提防啊，依臣子之见，不如找个借口将汤召至都邑，而后将其软禁起来，整日以美女和佳肴拴住他，使他与他的臣民分离开来，这样他和商国也就成不了大气候了。您看如何？"夏桀一听，正中下怀，忙称赞赵梁道："爱卿真是本王的亲近之臣，能够为本王出良策、分解忧愁。我升你为上大夫，以后你要更加竭力为我分忧。"赵梁激动得热泪盈眶，忙叩头不迭地说："多谢大王，多谢大王栽培，臣肝脑涂地也在所不惜！"夏桀哈哈大笑，说："真是忠臣。"随即下令去召汤来朝，把商汤幽囚在夏台（今河南省禹县南）。那夏台便是钧台，当年夏启曾在此地大飨诸侯。

夏桀自把商汤作为人质囚禁起来以后，暗暗自喜。他想，商汤是个非常聪明有才能的人，而商地又兵强地广、物产丰富。如果能让商汤归附于我，商地成为我的附属国，不仅我能获得一个能干的臣下辅佐，大夏国的疆域也会更加巩固扩大，这是多好的事情啊！于是，他就在宫廷里用贵宾的礼仪召见了商汤，并且委婉客气地向汤说明了自己的想法。他还向汤许诺："如果您能答应与我共兴夏朝，那么我绝不会亏待您，并且还会有许多具体的优厚待遇。"但夏桀没有想到，刚直不阿的商汤却当面揭穿了他的把戏，并且痛斥桀王的昏庸淫乱、祸国殃民、言而无信、卑鄙下流。夏桀当时恼羞成怒，二话没说，喝令左右将商汤推进牢房，重刑拷打。可怜这商汤，作为万民之尊，在国内受到国民的景仰、爱戴，在夏的监狱里却受尽了种种非人的折磨。桀王手下的刽子手使用最残酷的刑罚摧残商汤的身体，弄得他全身上下血肉模糊，那惨状连心肠最狠的人都不忍目睹。刚强的商汤咬紧牙关，丝毫没有被桀王的淫威所吓倒，他更加痛恨夏桀王的暴虐无道。心想："这样的国君不会坐稳江山，这样的国家不会长久下去。"想到这里，商汤更加坚定了要想尽一切办法灭掉夏桀的决心。商汤被关进监牢很长时间以后，桀王手下的大臣待桀王的怒气平息下来时，劝谏桀王说："汤是大国商的国君，如果不顾此事在各诸侯国中的影响，或杀或剐都由我们自己决定，势必会引起天下不满，若那时全天下群起而攻之，则悔之晚矣！依臣之见，不如暂时把汤软禁，供给他足够的衣食，不用刑罚，不让他与外界有任何联系，再从长计议，方为上策。"桀王听了臣下的建议，将着胡须思考了一阵，认为道理确是如此。从此以后，汤就在夏台过起了囚禁生活。他内心的忧愁、焦虑与日俱增。每天凭窗望着日出日落、晨昏更替，一方面惦记自己的国家、自己的百姓；另一方面考虑自己陷入虎口，不能与臣下共商灭夏大计。"昏君存一日，则百姓无一日安宁，无一日安乐，我商汤活一日，则一日思灭夏之事。"想到这些，更激起他的刻骨仇恨。

十三、伊尹谋划

汤既然被囚，商国无君，自然着急。伊尹见此情景，忙偷偷回去与商的大臣们商议营救汤的计策。于是便搜索国内珍宝、文绣百件，美女百人，青铜精制的器皿，白玉雕刻的玩好，派了能言善辩的大臣送到夏桀那里。预先又用金玉宝贝贿赂赵梁，请赵梁替汤说点好话。那赵梁劝夏桀囚禁了汤，不过献媚讨好，并不是真的替夏桀打算，现在一见金玉，自然眉开眼笑，满口应允，带着商派来的大臣见了夏桀。夏桀看见许多美女宝物，心也软了，很快把商汤放回国去。

各国看见夏桀无故把汤幽囚起来，又收了人家许多东西，都替汤鸣不平，对汤更信服。汤的势力更加大了。汤便把不服的小国渐渐吞并，然后起兵去打南边的豕韦。豕韦本是强大的伯国，一向也欺压人民，只知自己享受，仗着兵强国大，无恶不作。商兵一到，豕韦国君便打点起人马迎敌。谁知人民受他虐待，早已怨恨不堪，哪肯替他打仗，反而把汤认作来解除苦难的救星，都说："我们只等商汤的贤君到来。贤君一来我们就有好日子过了。"商兵一到，如入无人之境，当时便平定了这个小国，把虐待人民的豕韦国国君杀了。汤的计划原是一贯的，只抽取农民收成的十分之一，并不掳掠屠杀，得了豕韦这个地方，便把各种暴虐刑法除去。人民都安宁得和没有打过仗一般，照样种田的种田，做买卖的做买卖。大家欢欢喜喜拿了竹箪盛的饭，陶壶盛的浆，来迎接汤的军队，都说："这好比把我们从水火里救了出来。这样贤明的国君我们才拥护。""苍天有眼，成汤当立"的口号很快在各地传遍，夏桀吓得心惊肉跳，忙召集兵力备战。

第二年，汤又整顿军队去打东边的顾国。顾国人民已经知道汤对豕韦的宽大，也照样接了汤兵进来。这时商兵已经天下无敌，只剩北方的昆吾还在和夏桀一鼻孔出气。

按理说，夏桀到了这个时候，应该知道好歹了。谁知夏桀不但不知道悔过迁善，反而兴起浩大的工程，把山凿穿一个洞，来引通河水。当时的生产工具十分简陋，生产力水平很低。百姓平民、奴隶会集在一起，成千上万的人，挥舞着简单的劳动工具不停地挖凿石山，夏桀派的监工又时刻克扣挖洞者的粮食。奴隶们又饥又累，不久，伤病而死者不计其数。工程进度越来越缓慢，而监工者却不顾劳役者的死活，拼命地加班加点，强迫人们干活，最后参加劳役的人仅剩十之一二。

伊尹见夏人怨声载道，国家命运危在旦夕，一天天衰落下去，而东方的商正一天天兴旺起来，他心中思念和向往贤明的汤王，便毅然离开夏桀，回到汤王那里去了。

传说伊尹五次入夏，但最终归附于商。临行前，伊尹与妹喜进一步研究了灭夏之计，他们感到，目前桀已快到惶惶不可终日的时候了，怎样才能使汤的力量进一步强大，并能率领大军灭夏呢？最后，妹喜想了个主意，她对伊尹说："我们要造一个谣言，就说夏桀曾经做了一个梦，梦见西方有个太阳，东边又出现了一个太阳，两个太阳争斗，东方的太阳胜利了（商在夏的东方），西边的太阳陨落了。这样既可以令天下诸侯归附汤，又可以使人认为汤必胜。"伊尹连连称好。夏之诸侯很快听到了这个传说，他们非常迷信，便大加宣传。第三天，伊尹回到了商，商也马上传播这个谣言，不久天下人全部信以为真，广泛传播，四海皆晓。

汤看见时机成熟，便和伊尹计议起兵伐夏桀。伊尹说："我们先不去朝贡，看他如何。"原来那时夏桀的花费都是向人民和各国搜刮来的。如有一国不贡，夏桀的收入便少了许多。商本是个大国，贡品十分丰富，一旦不朝，夏桀自然动怒，便召集九夷的军队，来讨伐商汤。那九夷是许多夷族的国，一向服属夏朝，接到夏桀的命令，便会立即起兵。伊尹说："桀还能号召九夷的兵，可见还有势力，不能攻他。桀王起兵却不打仗，一定会引起九夷军队的不满，这对分裂他们的关系非常有利。这是我们的错，应该向他谢罪。"汤便赶快备好贡品，进献谢罪。夏桀见汤贡物已到，自然罢兵。

到了次年，汤又不进贡。夏桀又动怒，再召九夷起兵。九夷觉得夏桀忽然起兵、罢兵，喜怒无常，便不听他命令，不再发兵。伊尹见九夷的兵不再听夏桀召唤，说："现在行了，夏桀已经没有号召力了。"便辅佐商汤起兵伐夏桀。

第四章

商汤率师伐残夏

桀王妹喜客南巢

一、先攻打昆吾

商汤经过多年的准备和扩张，实力大增，他率军开始了讨伐夏桀的决战阶段。

据说，这时候商汤的军队已经开始使用战车。战车上，当中一个御者，专管控制马的进退奔驰；车上左边站着一个将军；右边立着一个勇士，叫作车右。车右要勇力出众的，平时帮助将军交战，若是战车遇到泥潭险阻地方，不能前进，车右便需跳下车来，推动车轮。车前的马开始是用两匹，后来加到四匹，车后跟随许多步兵。据说这次汤出兵攻夏桀，用了70辆战车和5000名步兵。所用的兵器都是青铜精铸，长戈、短剑、利矛、锐刀，无一不备。为了节省马力，战车用牛革来做，又轻便又坚固，钉上铜钉，灿烂夺目，马身上的皮带，也都挂上铜铃。车上的人也穿着铜的甲胄，左手拿着牛皮做的盾，遮蔽身体，右手拿着矛，进攻敌人。这样的装备，在当时的确威武无比。

商汤站在阅兵台上，检阅着自己这支攻无不克、战无不胜的精锐之师，心中十分高兴。他大声对将士们说："上天赐予我们征伐无道昏君的神圣使命，我们的将士在战斗中一定要英勇骁战，所向披靡，奋力向前，以展示我们商的三军人马之雄风。"将士们听了他的话，欢声雷动，士气高涨。

商汤点齐兵马，便打算去斟寻攻打夏桀。伊尹献计说："我们要是去打夏桀，那北方的昆吾一定会来救援，岂不是腹背受敌？不如先去打昆吾，待到把昆吾灭了，只剩下一个光杆的夏，就容易收拾了。"汤说："依照你的说法，先打昆吾，夏要是来救，岂不也是腹背受敌？"伊尹说："这不用怕。夏桀以为自己是个天子，轻易不肯动兵，哪里肯为昆吾跋涉千里救援？昆吾自以为是个霸国，向来瞧不起我们，决不会向夏请救。所以昆吾能去救夏，而夏不会去救昆吾的。"汤听了伊尹的话，果然移兵先去打昆吾。

昆吾是夏时北方强国，被称为霸主，许多小国都听他的命令，其军队也很强盛，一听商兵来犯，急忙点起兵马迎敌。昆吾军队的数量很多，附近的小国也都被召集前来参加战斗。昆吾的君主一见商的军队没有自己一方多，不禁大笑道："成汤，你也太自不量力了，夏王对你是恩宠有加，你不思图报，反而四处攻伐，动摇夏的江山基业，你这不是犯上之罪吗？我昆吾平时与你是井水不犯河水，为什么你率军来攻伐我？"成汤微微一笑，说道："我起兵是为了吊民伐罪，你平素里追随夏桀，欺压黎民百姓，做尽坏事，你的臣民对你痛恨已极。如今上苍有命，你的末日也快到了。"

商汤一见昆吾兵多，急忙扎下兵营，和伊尹商议迎敌方法。伊尹说："昆吾做了多年霸主，欺压小国惯了。他的兵马、器械虽然精良，却久不临阵，没有见过大敌，只消一个小挫，马上就会溃散。兵马虽然很多，丝毫不足惧怕。"这时候，汤的另外一个足智多谋的臣下仲虺献计说："昆吾的兵，在中军迎敌，却把小国的兵分派在左、右两军，这是一个很好的机会。那些小国都是受他压迫的国家，哪里肯替他们出力，勉强来到这里，不过是因为惧怕昆吾，不敢不从。我们可先把左右两军打败，昆吾的中军自然就不得不走了。这些小国都是乌合之众，不堪一击，要打败他们，太容易了。"汤听了大喜，便依他俩的计策办了。汤自己率领中军，让伊尹率领右军，仲虺率领左军，先行攻打昆吾的左、右两翼。

本来服牛乘马都是商祖先发明的。商人在车战中驾起马来十分精娴，铸青铜又是商人专精的手艺。并且商人一向经营商业，经济充裕，军备自然格外精良。昆吾军队虽然兵马很多，但军备却都老旧笨拙。那些跟从的小国，更因受了多年的欺压，贫弱得可怜，勉强凑集起来前来应战。伊尹、仲虺猛力进攻，他们便都一哄而散，不管怎样弹压，也制止不住。昆吾国君见一些小国兵将逃走，忙命三军一齐奋勇向前迎敌，自己亲率中军与汤大战。不料，左、右两军受了小国兵将临阵脱逃的影响，军心摇动，个个都不肯出力战斗，只想像小国兵将那样相机逃走，被仲虺、伊尹痛击后，霎时逃得精光。伊尹、仲虺并不追赶，回军一齐包抄昆吾中军，三面夹攻，昆吾自然大败。汤获全胜，便准备回兵乘胜攻夏桀。夏桀正在与妹喜花天酒地尽情享乐的时候，忽然听说商汤已经打败了昆吾，就要进兵来犯，不由得又惊又怒，连忙吩咐点齐全部精锐兵马，带领勇猛将士，迎上去堵截商兵。

二、伐桀誓师

商汤联合了各路诸军兴师讨伐夏桀，一路上势如破竹，过关斩将，夏桀的许多将领都纷纷倒戈投到了商汤的麾下。讨伐夏桀大军逐渐逼近夏的都邑地带。

夏桀已享福多年，和从前年轻时候大不相同。他本来也不想亲自出马，却因商兵声势浩大，恐怕手下将士抵抗不住，又因在宫里玩腻了，也想出外游览一番。基于这两种原因，便亲自率领精兵，克日出发。一路上旗帜迎风，刀枪耀目，军容竟特别整肃。桀在中军，前后左右有无数的勇将护卫，还有宠妃妹喜，侍婢一群，琬、琰两个爱妃也随在左右，寸步不离。桀一路上有人做伴，说说笑笑，如同旅行游玩一般，赏玩着青山绿水、野草闲花，随意取乐，好不开怀，一点也不把商兵当回事。不觉来到鸣条地方（今河南省封丘县东），恰恰和商兵相遇。左右报知前面不远已是商汤兵马，夏桀才下令，暂时扎下队伍，预备明天大战，一面笑着对妹喜和琬、琰说："我向来用兵，所向无敌。怎奈商汤小子一定要来讨死，想是他活得不耐烦了。明天打起仗来，比打猎还要好看，我可以同你们在高的地方观看一番。"随后吩咐左右，在附近山上预先布置。桀自己带妹喜和琬、琰以及宫女侍婢在山上观战，又选了一支精兵，保护左右，以免商兵冲杀上山。安排完毕，命令全军，明日和商军交战。

是夜，桀王不与将领们商议第二天的战事，而是与妹喜及琬、琰尽情玩乐，这妹喜更是风骚忘形，桀王与她玩乐了半宿，她还不满足。她并不嫉妒琬、琰二妃，她想：夏桀身边如果爱姬多，那将会使他更加浑浑噩噩，自然加速他的灭亡。她恨不得商汤早日杀了夏桀，到那时，她完全可以投奔商汤，与伊尹靠拢。因为，她与伊尹早有交情，而且她十分相信，伊尹会收留她，使她活下去。

夏军的将领们见桀王浑浑噩噩，忘记了战事，无不怒气满腔。他们在心里叹问：莫非夏朝的末日就要来临了吗？

商汤得知夏桀亲自前来，自然格外小心，在距离夏军队 5 里的地方，将兵扎下，召集将士商议。伊尹说："夏兵虽多，久已不曾征战，没有什么可怕。只是我军士气还不旺盛，需要加以鼓励一番，方可以应战。"汤诧异地说："我军自从出发以来，战无不胜，攻无不克，为何还说士气不旺？"伊尹说："我军虽百战百胜，但是和我们交战的国，都是和我们经济、军事等方面平等的国。他们的国君暴虐，所以我兵一到，犹如摧枯拉朽一般。现在夏桀虽然十分暴虐，却是各国共同拥戴的天子。自从大禹以来，已经统治了 400 多年，一姓相传并无改变。我们和他们交战，要扭转军民的观念，不是简单的事。"商汤听了，觉得这话很有道理，便和伊尹商议了一番。临行前召集全军将士，由商汤发表伐桀誓师词，汤誓师词中说：

"你们诸位快来，都要好生听我讲话！我敢于发动叛乱，是因为有夏犯了许多罪行，上天命令我们前往诛灭它！

"现在你们大家有的说：'我们的君主不怜惜我们众人，使我们放下农事去征伐夏国。'我要告诉你们，有夏多罪，我怕违背上天的旨意，不敢不去讨伐夏国！

"现在你们将要问我：'夏桀的罪行究竟如何呢？'我要告诉你们，夏桀大兴徭役，耗尽了夏民的力量，把夏邑已剥削尽净。夏民对夏桀的暴行极其不满，全都怠于奉上，离心离德，他们说：'这个太阳何时落，我甘愿与他同归于尽！'夏桀的政治坏到这种地步，现在我一定去讨伐他！

"你们要好生辅佐'予一人'，执行上天对夏的惩罚。我将要大大地赏赐你们，你们不要不相信，我决不食言。如果你们不服从我的誓词，我就要严惩你们，决不宽赦！"

这篇传诵千古的《汤誓》言语铿锵，壮怀激烈，揭露了夏朝的黑暗，宣布代表上天执行对夏的惩罚，大大激发了士卒官兵的斗志。

誓师完毕，等到天亮，伊尹催动三军，直往夏桀军队扑来。

三、商汤大胜

夏桀早已带了妹喜和琬、琰等美女歌姬上山观战。夏军将士率领全军，与商军迎头大战。双方实力相当，战斗起来都不示弱，商汤和伊尹久经大敌，其军队装备精良，将士猛锐，自然不比寻常。夏军也是精锐部队，又有夏桀在山上督战，将士不敢后退，直杀得天昏地暗，日月无光，人人奋勇，个个争先。坐在山上的夏桀，看得眼花缭乱，只顾与妹喜和琬、琰指指点点，犹如看戏一般觉得有趣。

想不到，战到半酣的时候，忽然狂风大起，飞沙走石，接着雷声隆隆，大雨倾盆而下。商汤军队毕竟久经战阵，仍然苦战不休。夏桀军队却有点张皇，勉强招架，很是吃力。不料那山上的夏桀向来养尊处优，不曾吃苦，碰上这般狂风暴雨，山越高，风越大，确实难耐。妹喜早已被风雨打得花憔柳悴，遍体淋漓，琬、琰也狼狈不堪。虽然左右侍卫小卒张伞遮盖，无奈风势猛烈雨又大，雨伞也被吹翻、刮裂，呼呼乱响，无法遮雨。妹喜心想："这么大的风雨，对面看不清人，现在夏桀军队很快会被俘，到最后交锋时，说不定伊尹已认不出我是何人，况且夏桀身边还有琬、琰二位。"妹喜根本没有想到夏桀的军队以及夏桀本人性命如何，她心中恨不得夏朝快些覆灭才好。但此时，她也是胆战心惊，万一商汤的军队乱箭大刀将她杀死，也毫无办法。

夏桀见商汤军队声势浩大，将士勇猛顽强，感到夏军难以取胜，连忙吩咐侍卫们急速护卫他和妹喜与琬、琰等美女下山，逃回都邑——斟寻。夏军将士们发现夏桀与妹喜等人由山上退下，便无心恋战，当时混乱起来。商汤乘势麾军大进，命将士们高喊"讨伐暴君，为民除害""苍天有令，夏亡商兴"。声如惊雷，吓得夏桀胆寒魂散。双方厮杀激烈，商汤军队士气更加激奋，直逼山下，欲捉拿夏桀。夏桀见势不妙，命将士鸣金收兵，中军、左军护卫他们退回斟寻，右军在后面阻止商汤军队向斟寻进发。

商汤大胜，缴获了许多军装、武器，但商汤并没有因这场战斗获胜而沾沾自喜，他命军队在山下避雨休息一日，然后进逼斟寻直捣夏桀老巢。

此时，妹喜心里十分矛盾，她想了许多：夏朝灭亡，指日可待；随夏桀退回斟寻，过不多久，将会与夏桀一道束手被擒，下场可悲，命运难以预测；当初与伊尹有过交情，并曾相互沟通，定立攻夏计谋，如今跳下战车，投奔商汤，也许会遇上伊尹，另有新生之路；可又难以寻到机遇，万一夏桀挥剑斩了她，就成了个短命鬼；况且，此次与夏桀出征，是观战看热闹来了。所以，宫室里那么多珍珠财宝、衣物等，一样没带，扔在那里实在可惜，心疼。她也回忆起许许多多的往事：夏桀多次讨伐生她养她的故乡——有施国，给黎民百姓带来严重灾难；自己为有施国的国泰民安，也为享尽荣华富贵，来到夏都；夏桀得了琬、琰美女后把她弃之洛河岸边，使她过了很久凄凉、孤苦的生活；如不是伊尹来夏当厨师，她难以二次进宫；多年来与夏桀的荒淫奢侈生活、纵容桀王暴虐、自己对夏桀的仇恨、自己肩负的为有施国报仇的重任。女人啊！女人……在车上，她不时地回头张望。

四、夏桀被俘

夏桀同妹喜和琬、琰及侍从卫士们坐的战车距商汤的军队越来越远，离夏都邑越来越近。夏桀见商汤军队没有跟踪追击，心里安定了不少，神色也不那么慌张了。

夏桀军队回到都邑后，没进行整训，像没有战事一样，各自休息了。夏桀本人也觉得十分疲劳，头昏脑涨，便宽衣解带睡下了，身边左有美女琬妃陪伴，右有美女琰陪伴。妹喜毕竟经验丰富，她谎称患病，头痛发烧，在侍女陪奉下入倾宫了。然而，妹喜有自己的"心事"和"活动"安排。这一夜，她也没睡多少觉，翻箱倒柜，折腾了半宿，把所积攒的金银财宝、珠玉翡翠，全部收拾好，一旦商汤灭夏，凭身上带有这些财宝，到哪里都可以谋生。如若商汤能留她活命，也完全可以贡献一批给商汤和伊尹等人，只能说她想得过于天真、烂漫。守着身边这些光彩耀眼的宝物，她又似乎什么都忘却了。侍女见此情景忙提示她说："王妃，小奴婢多言了，不过，这话实在为您好。您收拾这些财宝，应该多装几个布袋，缝在上下贴身衬衣上。不然，都在一个口袋里，万一被琬、琰夺去，岂不白得了吗？依小人看，商汤军队来攻打都邑时，那桀王肯定拉您与他一同逃走，如您不把财宝隐藏一些，到头来，不会全由您自己享用。况且桀王贪财好色，一旦商军突围，慌乱之中，身上分文不带，而您又有这么多积攒，他定会向您'掠夺'，请王妃多留心，细思量，以免后患。"妹喜听了侍女这番话，很受启发，十分感动，当即送给了侍女几件财物，以示留念与答谢侍女的提醒之恩；然后按侍女的说法，收拾财宝，忙了好长时间。

商汤军队与夏桀军队交战后，休息一日，将士们锐气大增，军容严整。次日，商汤命令：继续战斗，向夏桀都邑——斟寻进发。将士们纷纷响应，进攻斟寻。

第二天，都邑守门小臣来急报："商汤军队，旗帜高扬，杀声震天，疾速奔来，如不抵挡，将很快灭了我们。"夏桀急忙命左军、右军准备战斗，保住都邑；命中军将士做好护卫他与妹喜和琬、琰以及其他几位美女逃跑的准备。

说时迟，那时快，商汤军队很快杀到斟寻，夏军只好迎敌而战，两军厮杀几个回合，商军获胜。夏军被杀得四下逃窜，商汤军队占领都邑。

夏桀得知军队抵挡不住，被商军击败，自己大势已去，便在中军将士掩护下慌忙坐上战车，只想逃命，根本顾不上妹喜和琬、琰了；妹喜见商汤军队气势汹汹，已杀红了眼，无论都邑文武大臣，还是附近平民百姓，或被乱箭射死，或被挥剑一刀两断，哭泣声中，一片混乱不堪，哪里去找伊尹。于是，她匆匆忙忙地带上收拾好的珍珠财宝，爬上桀王乘坐的战车，与桀王一道，从都邑东门走出，向鸣条（今河南省封丘县东）一带逃命。而此时的琬、琰二位美女，如梦方醒，才想起要收拾些财宝带在身边，殊不知，为时已晚。正当她们俩往布袋里装财物时，杀进宫殿的商汤大兵一拥而上，挥剑齐斩，每人被裁为三载。商汤见夏桀逃跑，乘胜追击，向鸣条方向追去。

夏桀同妹喜逃至鸣条后，得知商汤军队仍在紧追不舍，便从鸣条逃到三嵕（今山东省定陶一带）。商汤军队又向三嵕方向杀奔。

这时候，夏桀军队早已兵马散尽，无力抵抗，夏桀和妹喜及几名侍卫在三嵕就地被俘。商汤大获全胜，鸣金收兵。

商汤面对夏桀与妹喜，他怒不可遏，气愤地手指夏桀："昏君！你荒淫无度，宠爱妹喜，杀害贤臣，祸及百姓，致天下大乱，你知罪么？本待斩你示众，念以往君臣的分上，饶你一条性命！"商汤派人把夏桀、妹喜囚禁起来，将驱车保护夏桀逃亡的小臣和侍卫们当场释放。

商人歌颂成汤代夏的战争时，说：

> 武王载旆，（旌旗挥舞，汤王伐桀，）
>
> 有虔秉钺，（威武勇猛，手执斧钺，）
>
> 如火烈烈，（军威雄壮，如火烈烈，）
>
> 则莫我敢曷。（燃遍四方，谁敢抵挡？！）
>
> 苞有三蘖，（余孽有三，祸根夏桀，）
>
> 莫遂莫达，（莫使蔓延，彻底消灭，）
>
> 九有九截。（九州混同，天下一统。）
>
> 韦顾既伐，（韦、顾二孽，已经消灭，）
>
> 昆吾夏桀！（顺序铲除，三孽昆吾，夏桀孤立，瓮中之鳖！）
>
> ——《商颂·长发》

这是描写商汤灭夏战争的激烈壮阔的场面。可见这场大规模的灭夏战争，大快人心。在夏桀的暴政下备受煎熬的人民，早盼望着夏朝的灭亡。因此，商汤的军队所向披靡，"十一征而无敌于天下"（《孟子·滕文公》下）。

五、诸侯皆归汤

夏朝到了这般地步，夏桀则好像还是浑浑噩噩，他仍不明白自己的罪过，反而叹气说："我真后悔，当初为什么不把商汤杀死，以致今日遭到他的攻击、囚禁。"其昏庸如此。可见，一个暴君是永远也不会从自己的惨败中吸取教训的。

而妹喜呢？虽然已享尽了天伦之乐，珍宝尽有，但面对囚禁的生活，心中倍觉空荡荡的。闲暇之余，她多数是回忆往事，聊以自慰。她觉得，她终于完成了自己的使命，为有施国人民报了仇。可以说在夏朝走向灭亡的关头，她起到了推波助澜的作用，为商汤灭夏创造了良好的条件。作为女人，她是眷恋桀王的，毕竟夏桀给予她无限的男人之爱，使她得到了天下女人谁也无法得到的宠爱。

但是，夏桀对妹喜的宠爱，在客观上给夏朝的人民带来了无穷的灾难。在这一点上，不能不说妹喜是一个历史的罪人。夏桀的荒淫残暴理当受惩罚，而夏朝的人民则是无辜的。

对妹喜，复仇—人民的苦难—囚禁，这便是她的生命轨迹了，一个弱女子为了复仇又能做些什么呢？此时，妹喜在反复地回顾着自己这些年所走过的道路，心绪难平，思维混乱。作为一个女人，她的命运是由不得自己支配的，她在历史上充当的角色是不光彩的。无论是作为亡国昏君之后，还是为有施国复仇的美女，她造成的恶果是无法抹除的。

对昏庸残暴的夏桀王，可以说把他斩首示众对也不解民恨。商汤最后只是囚禁他，因为夏桀毕竟是一朝君王。商汤对妹喜也做出囚禁的决定，则说明商汤对她也有怜悯之意，但这种处罚也并不过重。

商汤兴兵伐夏，获得全胜，在三朡抓住夏桀囚禁，宣告了夏朝彻底灭亡。

商汤为了收买各路随自己兴兵伐夏桀的诸侯的心，将夏桀、妹喜囚禁后，便召集诸侯们一起在殿上议事，他说："现在，无道的夏桀已被推翻了，为了天下的百姓安居乐业，我们大家得选出一位德高望重的贤侯来做新的国王，你们看选谁合适呢？"各路诸侯一听，心想：现在能称王的，只有强大的商汤，我们这些人国小力微，纵然有人被推举为王，也难以驾驭其他诸侯。于是，大家一致说：请商主汤公为新的国王再合适不过了。商汤假意推辞不受，诸侯则跪地不起，商汤只得接受了。至此，汤即位，建立商朝。一年之后，汤在亳邑（今河南商丘北）建立宏大都邑，拜伊尹为右相，掌理国政。

六、流放而死

夏桀和妹喜被囚禁了一个月后，商汤派士兵，押送他们去到流放地点——南巢山下（今安徽省巢县）。

夏桀和妹喜在南巢过了3年流放生活。

亡国之君和妃子的境遇是悲惨的，真可谓"胜则王侯败则贼"。

夏桀和妹喜在去往被流放南巢的路上，历尽艰辛。因不堪驱使劳顿，病魔缠住了他们的身体，妹喜更是拖着她笨重的身躯，行走不便。一日，在翻越一座山梁时，妹喜忽觉小腹剧痛，撕心揪肝一般，十分难忍。伴随着时时的痉挛，下身也渗出了血。她自己明白，这是要生孩子了。此时，她想起了往日被夏桀抛弃洛河岸边时的情景，不觉落下了两行泪水。再想起身怀有孕后二次回倾宫的情景，更是心酸。如今，胎儿到了日期，就要临产，却在这般窘迫的环境下度日。想到这里，她大哭起来。

桀王早知妹喜怀孕，但不知准确临产日期，他有些慌了。

小腹的剧痛令妹喜不堪忍受，她哭天喊地，在地上翻滚，双手不停地乱抓，自己的头发都被抓下了一缕，夏桀见此忙上前抱住妹喜，她双手死死地扣住桀王的胳膊，指甲深深地陷入了桀王的肉里，可还是忍受不住这种痛楚，这痛楚把她折腾得昏过去了数次。终于婴儿落地了，没有一声啼哭，夏桀用随身佩带的小刀割断了胎儿的脐带，将婴孩轻轻地抱起来仔细看，却原来是一死去的男婴，桀王不禁双眼一黑，昏厥过去。待押解他们的士兵上前将他弄醒，他不由得仰天长叹："天绝我也！"妹喜见此更是哭得死去活来。生产于多风的山路上，妹喜就此落下了不可医治的病根，身体愈加虚弱了。

当他们来到流放之地——南巢，时间已过去3个月有余。至此，桀王与妹喜开始了流放生活。

一代君王后妃，过惯了荒淫奢侈的宫廷享乐生活，转眼间沦为阶下之囚，要自谋生路，其内心的痛楚甭提了。每日里二人起早贪晚，忙碌一天，居然不能温饱，每日食糠咽菜，其状如狼吞虎咽，日子就这样过去了。

鸟的鸣叫声越来越弱，太阳在秋风中不得不收敛它那金灿灿灼人的光芒，于是四周变得宁静和暗淡起来。唉，又一个夜晚降临了，又一个秋天要过去了！夏桀呆滞地望着自然的变化，无可奈何地被妹喜搀扶着走入他们的屋中。这时的夏桀早已没有了昔日的威风，生活的煎熬使他的皮肤起了皱纹，他的双手粗糙起来，他再也没有心思去想淫乐，一切都那么无味。妹喜脸色蜡黄，岁月无情的折磨夺走了她娇美的容貌，丧子的悲痛更加让她彻骨寒心，她已没有任何希望可求了，终日里只能陪伴这个僵尸般的丈夫。

昏暗的火光中，夏桀的头脑里一片空白，痴望着妹喜在火光中忙这忙那。痴想之中他抱着妹喜进入了梦乡。梦中，他仿佛回到从前，那昔日的生活又浮现在眼前。"我喜欢谁，谁就得归我，快，快点去把那妹喜给我弄来。"哦！她太美了，夏桀忘记了一切，他总忘不了她，她的脸，她的眼睛，她的唇……哈哈，真是太美了。可妹喜在他面前却总大笑不起来，一脸的哀怨重重，于是夏桀以他从未有过的温柔去爱护她，讨她的欢心。为她筑倾宫，挖酒池造肉林，夜扯丝帛，还有，那瑶池上站着的琬、琰二妃，她们在向我招手吗？真是太好了，太令人迷醉了。这时正在花天酒地的夏桀看见关龙逄面有愠色地走进来："大王，边境又发生危机了。""给我滚出去！"夏桀大喊起来，"滚，滚——滚。""大王，大王，你醒醒。"依旧在忙碌着的妹喜听到夏桀的叫声，忙上前推醒他。夏桀惊醒过来，眼前的美景烟消云散，只剩下清冷的月光和淡淡的凉意，还有未燃尽的灰烬。"完了，一切都完了，那不落的太阳并不是我啊！"夏桀在这无奈的夜中惨淡凄凉地自语着。

伴随着鸡鸣狗吠声，一缕阳光从窗户的破洞中斜射进来，给幽暗的小屋涂上一抹金色。新的一天又降临了。为了生存，他不得不踏着霜露去劳动，最艰难的时候他曾经硬着头皮去沿街乞讨。有时他看着妹喜那日渐消瘦失去红润的脸颊，那不伦不类仅能遮羞的衣着，心里就一阵阵悲哀，流放中艰难的生活，使夏桀越来越意识到自己的过错。每当他看到南巢人艰难困顿的生活，看到他们愁眉苦脸唉声叹气的愁态，他就想到了自己，想到了自己当国王时的横征暴敛，这使得百姓如何生活呢？杀害关龙逄是一个错误，我应该听他的话，我不该……不管怎么说，我犯了一个最不可饶恕的错误。

南巢温暖而潮湿的天气，生活上的衣食无着、颠沛流离，使他们二人的身体日益衰弱，岁月的风尘留给他们的除了无可奈何，便是一片叹息。唯一使二人欢心的是彼此间那种生死相依、倍加爱护的爱意和温存。这位荒淫残暴的君王感到了人间的温情，妹喜也得到了情感上的满足，此时的情话已不再是往昔的打情骂俏、肉麻娇柔，彼此眼里竟有了体贴与爱护。夏桀为妹喜给自己倒一杯水激动不已，妹喜为夏桀给自己摘一朵小花而欢呼雀跃。夏桀很奇怪，为什么从前未体会到这种心情呢？他疼爱地询问妹喜，妹喜莞尔一笑说："那时你是国王啊。"夏桀闻听此言顿时呆立了许久。他在思忖，原来国王并不是什么都能得到，有时，国王是很穷的，穷得不如普通人，如此说来帝王之尊也不过是一个虚幻的影子罢了。

日子如流水一样渐渐地流向远方，夏桀和妹喜的岁月也渐渐流向远方，在一个凄苦的夜晚，妹喜撒手人寰先夏桀而走，夏桀也因此卧床不起，不久一缕亡魂也追随妹喜而去，一代君王、后妃便这样客死南巢。无论是荒淫无度、残忍暴虐的称王时代，还是流放中那种清苦无奈、充满悔恨的清贫生活，都已随着岁月的风轻拂而去，留下的，只有南巢人关于夏桀和妹喜那段凄凉酸楚又罪有应得的谈资。

夏朝的败亡，不能完全归于个人的因素。事实上，夏代多少年来阶级斗争的酝酿，必然会造成这个结果。夏代是我国早期奴隶社会，阶级斗争一直尖锐复杂，在其前期，就有过太康失国的教训；少康中兴后，统治才稍有稳定，国势逐渐增强。但到了第13世国王孔甲以后，各种错综的矛盾又尖锐起来。"孔甲好方鬼神，事淫乱"，骄奢淫逸引起了人民强烈反抗，诸侯各国也纷纷叛离。从此，这种败局一发而不可收，整个夏朝处于风雨飘摇之中，时势所趋，不可挽回，夏桀的淫乱不过加速了它的灭亡而已。史书称"孔甲乱夏，四世而陨"，道出了夏桀覆亡的历史因素。

如果要在夏朝灭亡问题上寻找个人因素的话，那么，主要该由荒淫无道、暴虐残忍的夏桀负责，而不应该去骂妹喜为祸水尤物，把罪责完全加在这个女人身上，仿佛夏桀的纵欲好色、国家的灭亡，都是妹喜的过错，这显然是片面的。因为夏桀是始作俑者和实际掌权者，怎能把罪责全加在妹喜这个女子头上，而借此为夏桀开脱呢？

但是夏朝灭亡中，妹喜无疑起了助桀为虐、推波助澜的作用，因此说，妹喜作为亡国之后，也应负一定的历史责任。

助纣为虐的蛇蝎妖后

妲己

第一章

纣王继位思淫奢

妲己入宫救父族

一、大厦将倾

自公元前 17 世纪初商族首领成汤讨伐暴君桀王灭掉夏之后，他建立了中国历史上第二个奴隶制王朝——商。商族是黄河下游的一个古老的部落。关于商族的起源，从古代流传下来一个美好的神话传说：商族的祖先契，是帝喾（上古时代的五帝之一，黄帝的曾孙）的儿子，其母是帝喾的次妃，名叫简狄，品德贞静，性柔贤淑。一次，简狄等三人出宫游春，她们放眼望去，千山吐翠，万木竞秀，奇花争艳，异草溢香，不觉心旷神怡。她们来到繁花掩映的清池边，沐浴戏水。正当她们陶醉之时，一只奇特的玄鸟振翅啼鸣，落在附近的一棵桃树上，坠下一枚晶莹赛珍珠的卵蛋，简狄上岸拾起后衔入口中，顿觉悦目神爽，竟直落腹中，因此怀孕生下了契。"天命玄鸟，降而生商"（见《诗经·商颂·玄鸟》）就是这一神话传说。后来，商契的子孙后代都把玄鸟作为本族的图腾标志。

从契之后，传十四世至成汤。成汤威猛骁勇，善谋略，任贤使能，"汤行仁义，敬鬼神，天下皆一心归之"，"诸侯八译来朝者六国"（见《书钞》十引《尚书大传》），人心所向。成汤联合其他诸侯，合力灭掉了夏。成汤建立商王朝后，宽仁大德，国家安泰，万民乐业，推动了社会历史的向前发展。

成汤之后，商朝共传 17 世 31 王，在这 600 余年的时间里（据卜辞记载），帝王更迭，烽烟连绵，历经了发展、中兴、衰落的阶段。到了商朝后期，奴隶主阶级的生活非常奢侈腐化，加重了对广大奴隶和平民的剥削，阶级矛盾激化，到处是一片"小民方兴，相为敌仇"（《尚书·微子》）、"如蜩如螗，如沸如羹"（《诗经·大雅·荡》）的景象。商自祖甲以后所立诸王，皆"生则逸，不知稼穑之艰难，不闻小人之劳，惟耽乐之从"（《尚书·无逸》），忘记前辈创业的艰辛，只顾及时行乐。商朝的贵族们亦无不"沉酗于酒""荒肆于酒"，达到"靡明靡晦，式号式呼，俾昼作夜"的地步，真可谓"金樽美酒千人血，玉盘佳肴万人膏"。统治阶级为了满足其荒淫享乐和贪婪欲壑，丧心病狂地压榨人民的血汗，激起了平民和奴隶的愤怒反抗，他们破坏奴隶主的农具，焚烧其仓库，消极怠工，直至逃亡。一些头脑较明智的贵族发出了"今殷其沦丧，若涉大水，其无津涯"的哀叹。

国势衰败，民声鼎沸，大厦将倾之际，公元前 1075 年，商朝最后一个王帝辛继位。

二、一睹女娲神像

帝辛是帝乙的小儿子，他还有个同父异母的哥哥微子启。因为微子启的生母是出身低贱的婢妾，所以启虽然是长子也不能继承王位；帝辛的生母则是帝乙的正妻，故帝辛得以继承了王位，天下人称其为"纣王"。

纣王这个人，长得身材魁伟，孔武有力，反应灵敏。在继承王位前，一次，他随父王帝乙及几位文武重臣到御花园观赏盛开的牡丹，正当君臣一行人在园中的飞云阁上怡然自得地观看雍容的牡丹时，突然阁中的一个支柱折倒了，阁顶的一条横梁飞速塌断，眼看就要砸落到帝乙的头上，纣眼疾手快，立即用手臂擎住了断梁，救下了父王，而后他自己托梁让跟从的卫士们重新换了支柱。帝乙高兴异常，不住地说："我王儿真乃神力！"几位大臣也都赞不绝口。纣的心里十分高兴，感到露了大脸。有一天，纣约了一位武将去王家苑囿打猎，两人射箭水平都十分精湛，每射一次必有所获。纣心里不大舒服，他眼珠一转，对那位将军说："射中得太多了，我提议，咱俩空手与野兽格斗怎样？"武将一听脸都白了，但王子的话又不能不从。结果，纣空手打死了一只老虎，可怜那武将则丧生在另一只老虎的口中。纣狂笑许久，心花怒放。后来，为了显示自己的神力，纣竟和拴在一起的九头牛较劲，把九牛拽得向后倒退。

纣还是个头脑聪明、能言善辩的人，他利用聪明能够拒绝别人对自己的劝谏，往往别人一指出他的不足和过失，他就百般辩驳，说得天花乱坠，把自己的错误掩饰得天衣无缝。久而久之，就养成了自以为是、刚愎自用的性格。

继承王位后，纣王时常向大臣们夸耀自己的能力，也常认为自己的声望威严天下第一，认定天下的一切都是属于自己的。

他嗜酒如命，在祭祀祖先和神时也是酒气冲天。他到女娲神庙进香拜谒时的銮驾气派异常，旌旄瑞色映簪缨，赤羽幢摇日月精。满朝文武大臣追随，沿途百姓家家焚香设火，铺毡结彩。观此盛景，纣王饮着美酒，醉得更加厉害。

在大臣们的簇拥下，纣王脚步踉跄地登上了女娲神庙大殿。焚香于炉中后，他观看起来，只见殿内摆设华丽，五彩金妆。女娲神像在幔帐中朦胧而坐，左边有一对金童执幡幢，右边一对玉女捧如意，圣洁异常。按商朝的规定，拜谒进香时，不能卷起女娲圣像前的幔帐。可是酒壮纣王胆，他早就想一睹女娲的"芳容"，于是，在臣下们的惊惧目光中大步上前，他用手掀开了幔帐。现出的女娲神像，真是容貌端庄艳丽，风采翩跹，国色天姿，婉然如生。纣王一见，眼直耳热心急跳，神魂飘荡，陡起淫心。心想，我宫中美女如云，却没有一个能比得上女娲艳色，可惜可叹。纣王醉中生念，命侍官取笔砚来，在墙壁上题诗，百般戏弄，竟含有女娲若能神变人，他定娶回宫中嬉戏共眠之意。臣下们和百姓心中虽有愤恨，但慑于纣王威势，敢怒而不敢言。

纣王从神庙回王宫后，脑中尽是女娲丽影，弄得茶饭不思，难以入眠，整日唉声叹气，脾气越发暴戾。

宠臣费仲见此，忙献计：举国选美女入宫，不愁没有绝色的美女。纣王一听，正中下怀，忙下诏进行大规模的选美活动。

三、费仲荐妲己

纣王派宠臣费仲等人到各地去挑选二八妙龄处女，不论出身富贵贫贱，凡是容貌端庄、天生丽质、性情和婉、礼度贤淑、举止大方的一律拘于王宫供纣王役使，满足其荒淫无耻的欲求。一时间，无数的良家少女纷纷被掳选进宫，使得许多人家骨肉分离，民怨载道。一些奴隶主贵族的"千金"小姐也纷纷接"诏"入宫，奴隶主贵族对此很不满意，一方面是他们的个人利益受到了损害，另一方面是担心纣王沉湎于女色而疏于朝政大事。

一次，在朝议之时，首相（第一宰相）商容出列启奏纣王说："古代的贤君治理国家讲求道理，黎民百姓才能安居乐业。现在，大王您的后宫已会聚了千余名美丽女子，再花大气力去选美女，这会使民众失望的。我听过'乐民之乐者，民亦乐其乐；忧民之忧者，民亦忧其忧'的诗句，日前，水旱灾频繁，在这种形势下再沉溺于女色，这实在是您的过失啊。您应该向上古时期的贤明君主尧、舜学习，以仁德来感化天下民众，求得国家兴隆。这种'选美'，怎么能得到真正的欢乐呢？臣下劝您修行仁义，通达道德，则和气贯于天下，自然民富财丰，天下太平，四海雍熙，与百姓共享无穷之福。请您三思。"纣王听完后，心中很不高兴，但他又不得不硬着头皮听完。商容位居当朝文武百官之首，德高望重。纣王之父帝乙临终前拜商容为托孤大臣，令其辅佐纣王。因此纣王虽专断，但对商容也有几分顾忌。纣王对商容说："你说的话有道理，我会停止这件事的。"商容与文武百官称谢下朝。

纣王回到后宫，心情郁闷。一是听了商容的劝谏，另外入选进宫的美女们虽然身形貌美，却大多属于缺乏风情、雅寡少趣之辈，不会献媚，只会畏王如虎狼，逆来顺受。纣王淫乐久了，感到乏味无比，精神萎靡不振。

纣王忽然想到了费仲，"选美"就是他的高见，还是他能"体谅"自己的淫奢之心。于是纣王忙宣诏命费仲进宫来见。费仲时任中谏大夫，此人工于心计，善于谄媚，整日里对纣王察言观色，揣测其心事，投其所好。纣王对费仲极为欣赏和恩宠，视他为近臣。

费仲接诏后，匆匆整衣正冠入宫来见纣王。纣王在后宫的一张宽大豪华的床上半倚半躺着，两名穿着薄如蝉翼衣裙的美丽宫女正为他捶背和按摩，他见费仲进来，忙挥手让两名宫女回避。费仲忙上前跪倒参见，纣王下床拉起费仲，说："这又不是在朝上，爱卿随便坐。"费仲看了纣王一副愁眉苦脸的表情，俯身轻声问道："大王有什么不顺心的事吗？"纣王重重地叹了一口气，说："卿有所不知，后宫嫔妃美人虽多，但可心者甚少，惊俗骇世的美女竟不见有一人。当初，卿的'选美'之举很好，只是至今没有选来一位绝色如天仙，且善悦我心的美人。卿能否再想法寻觅，以慰我心？"费仲听罢，时而眼珠急转，时而凝神而思，时而眉头紧蹙，最后满脸堆笑地说："大王，我忽然想起一个人来，只要他肯听话，大王的心病定除啊。"

纣王一听，立刻来了精神头，急问："是谁？你快说！"费仲故意放长声音说道："大王，他就是有苏氏首领苏——侯。"纣王听了，脸色一沉，很不高兴地说："费卿，你知不知道，那苏侯对我的'选美'活动大加反对，他同首相商容、我王叔亚相比干几次上书劝谏，言辞激烈，令我好不难堪，一提他，我就心烦。"

费仲嘻嘻一笑说："大王，我还没说完呢，苏侯这老头虽倔，可他有个掌上明珠妲己，听说他这女儿天生丽质而妖媚动人，聪明伶俐又善解人意。我也是最近才知晓的，准备向您告知，刚巧，您召我来。"其实，费仲在为纣王张罗"选美"之事时，就知道苏侯有一个绝色女儿妲己。苏侯统领的有苏氏是商朝的一个属国（位居今河南省武陟县东）。苏侯为人刚烈正直，嫉恶如仇，他对纣王的独断专行早有不满。当初费仲到有苏氏来选美，被他斥责一番。费仲劝他把妲己进献给纣王，不仅妲己会受宠幸，且苏侯因是国戚也会官运亨通，苏侯勃然大怒，骂费仲身为纣王宠臣，却不思为辅佐纣王进忠言献良策，只会讨好奉承，竭力满足纣王的淫奢之欲，真是枉为臣子。费仲十分尴尬，于是打着哈哈说："侯爷息怒，我可以替你通融通融，只是我这个忙可不能白帮啊？"言下之意，苏侯得向他奉上些钱财珠宝。费仲是个贪图钱财的小人，趁这次"选美"，他向各属国诸侯和贵族搜刮了大笔财物，谁向他贿赂，他就不把谁家女儿列入"选美"之列。他见苏侯意下不献女儿，就想向苏侯敲敲竹杠，既足了腰包，又能给自己找个台阶下。哪料想，苏侯一听他的索要之意后，气炸了肺，命手下将费仲鞭轰出去。这一下，费仲便与苏侯结了仇。费仲总想找时机报复苏侯。这才有前面费仲向纣王献妲己之事。

四、苏侯献出妲己

纣王派费仲再入有苏氏境内，召妲己入宫侍王。苏侯将费仲暴打一顿放回，并上书纣王指责其昏庸无道，淫恶之至，不配为王。纣王看后，大怒，骂苏侯老儿不识抬举，随即命武将崇侯率军讨伐有苏氏"不敬"之罪。苏侯亦领兵迎敌，终因寡不敌众，三个儿子两个战死，一个被俘。崇侯是个嗜杀如命、凶残狠毒之人，他告诉苏侯，再不献出妲己，不仅杀死其被俘之子，而且要杀尽有苏氏族。万般无奈，苏侯为了保全有苏氏一族，忍痛割爱，答应献女儿妲己入宫。

苏侯满腹心事踱回家中，一进门，见女儿妲己正伫立在亭阁里微泣。妲己年方二八，娇艳胜似临凡仙女，双眸盈盈如水，说不尽的妩媚妖娆，一双金莲小巧玲珑，十分动人，朱唇桃腮，柳腰酥乳，亭亭玉立，可谓国色天香，艳美无双。"妲己，你过来，我有话想和你说。"听到苏侯的呼唤，妲己忙用衣袖拭去泪水，轻扭纤腰，似一抹轻云出岫，如一朵鲜花吐蕊绽香，急急碎步而来，飘逸如风动海棠。"这如祸水的东西，因为她，我族险灭！"苏侯在心里骂了妲己一句。妲己走到苏侯面前，盈盈下拜，一声"父亲唤我可有事吗？"犹如莺啭箫鸣，令人无限怜爱。苏侯长长地叹了一口气，心中的怨恨顿时消失得无影无踪。而后，他把纣王兴兵来伐欲"选"妲己进宫，父兄战败屈服以及准备送妲己入宫之事细细地述说了一遍。

妲己听后，脸上很平静，并没有出现悲伤欲绝之色。她早已料到了这一步，即使她反抗或自绝，也无济于事，反会殃及父亲和有苏氏族。她于是细语安抚了愁眉不展的父亲后，就默默地回到了自己的闺房。

降生在侯门家庭的妲己从小就深受父母和兄长们的喜爱，过着养尊处优的生活。她美艳超俗，智聪慧颖，谈吐不凡，苏侯一家都把她当成眼珠般珍惜疼爱。妲己在少女时代最开心的便是与三位哥哥一起骑马狩猎，她鬼点子多，使得骑射术皆高超的哥哥们也甘愿"拜"在这位机灵的小妹马下。每次出猎郊游，妲己都会事先声称：谁射的猎物最多，她就会给他缝制一顶华丽帽子或一条腰带。帽子和腰带在那个时候是男人们最为喜爱的装饰品。几个哥哥听后，都驾马勇猛捕射，猎获飞禽走兽后，把最美丽的鸟羽和珍贵的兽皮奉送给妹妹妲己。高兴中的妲己也就如约拿出"奖品"要给射猎的最佳"选手"佩戴上，另两位哥哥见此常常不服气，要求重新进行狩猎比赛，一决高低。就这样，妲己的一顶帽子或一条腰带总会换回很多的鸟羽和兽皮，最后，她见三位骁勇强悍的哥哥累得精疲力尽时，就会变戏法似的拿出三顶帽子和三条腰带，外加三块绣花的手绢，笑眯眯地说："不要争不要抢，人人有份。你们都是我的好哥哥，我怎么能偏向一人呢？"她的三位哥哥听完就会大笑说："咱们又被机灵的小妲己蒙骗了，值得，值得！"兄妹四人嬉笑一番，就席地而坐，升火烧烤猎物，喝酒吃肉，妲己还抚弹琴弦，吟唱助酒兴，大家都开心极了。三位哥哥一天若是见不到妲己，都感到生活缺少很多快乐。

　　家庭的溺爱，使妲己养成了既活泼浪漫又任性虚荣的性格。凡是她喜爱的，她都会想法得到，甚至动用一些坏心眼。她的嫉妒心很强，在有苏氏族里，若是哪个女子在容貌上或是才智方面受到族人的赞扬，她就气得连饭都吃不下去，就悄悄地四处散布那个女子的坏话，把人家搞臭。这时，她就会时时在族人面前出现，展露自己艳丽的风姿，言语柔和，笑意媚人。族人们就会大加赞赏说："苏侯爷的小姐真是个才貌双全的好姑娘，将来定会大富大贵啊！"每每听了这些话，妲己就会装作娇羞的样子，越发动人，秀色可餐，在人们的怜爱的目光中，款款而去，心中比吃蜜都甜，由此也渐渐形成了自大的禀性，听不得违背自己意愿的良言。

　　历史上传说，苏侯女妲己原是知书达礼、幽闲淑性、艳色天姿的大家闺秀。因女祸神恼怒纣王在神庙上所题的轻薄羞辱之诗，故派遣修炼千年的粉面狐狸精，魅死妲己，借用她的形躯，迷惑纣王，使其更加淫奢残暴，亲奸佞远忠良，腐化堕落，耗尽了国力，最后众叛亲离，被周武王所灭。这些在明朝许仲琳所编著的长篇神话小说《封神演义》中得以全面叙说。其实这是迷信说法，根本不可信。世上本来就没有妖魔鬼怪。种种历史传说只能体现当时的人们及后人对妲己助纣为虐的愤恨和诅咒。

临入朝的前几天，苏妲己情绪如常，没有悲伤，没有欢乐，只是将自己关在雅致、素淡的闺房中，整日弹奏自己那张心爱的古琴。琴声萦绕，时而清新悠长，时而激越铿锵；时而幽怨凄切，时而缠绵诱人。妲己是以琴声来诉说自己错综复杂的心情啊。

苏侯的心里是痛苦而无奈的。他虽然憎恶纣王的荒淫腐败，甚至上书责之，后又兵戎相见，但他是个忠良之臣，把君臣之义看得很重，况且他又是个爱民如子的大贤。他喜爱自己的女儿，但若不献纳女儿入朝，自己所统领的这一方百姓就会立即遭到屠灭。他劝慰着泣哭的夫人，自己也不觉潸然泪下。他几次走到女儿的闺房门口，想进去劝慰安抚，最终又长吁短叹地离去。女儿那无休止的琴声几乎把他那颗苍老的心都撕碎了。

五、不亚仙女下凡

入朝的日子终于来临了。苏侯点起3000人马，置备装饰了毡车，命丫鬟给小姐妲己梳妆，打扮一新，准备启程。面对老泪纵横的父母、痛哭的兄长，妲己心中顿时涌上一种预感：这次离家，是祸是福，都永远不会回来了。苏侯强忍住泪，催促妲己登车上路。妲己泪如雨下，拜别了慈母和爱兄，婉转悲啼，真如笼烟芍药、带雨梨花，哀泣中掩盖不住天然的娇媚。

有苏氏族的百姓闻讯后，纷纷在路的两旁焚香拜送。妲己从车中见此情景，心里增添了几分悲壮。她想：舍我一人而救全族。人都说女人似祸水，我看女人更如福星。

苏侯护女入朝的队伍一路上饥餐渴饮，朝登紫陌，暮践红尘，日夜兼程，逢州过县，涉水登山，风尘仆仆，不觉离都城朝歌仅有百里之途。连日的颠簸并没有使妲己变得憔悴不堪，反使她精神倍增，风采益发迷人。在行进的路上，她看到了许多新鲜的、以前在有苏氏族生活地区没有遇到的风土人情，令她惊讶、好奇，不觉心里有几分莫名的兴奋。苏侯对女儿照顾得细致入微。他不停地叮嘱妲己入宫后，只能自己照顾自己，关键一条是善恶要分清……父亲的唠叨，妲己听了只是点头但没有应声。眼看到朝歌了，妲己的心绪不宁起来。她在想，人们都说纣王残暴淫奢，尤其是对女人，无论多么美貌的女子，他也只是三天新鲜，玩弄之后即弃之不理。对自己呢？妲己实在不敢再往下想，但又不能不想，她要以美和媚抓住纣王的心。苏侯见妲己眉头皱紧，一副愁容，就劝慰她说："孩儿，我知道你对今后的宫中生活顾虑重重，不过凭你的聪明伶俐和美貌，纣王会喜欢你的。你要自重自尊。"见妲己似乎无动于衷，苏侯也不再说什么了。

苏侯一行人来到朝歌城外，安下营寨，差官入城交进赎罪文书，费仲见苏侯又没有送礼物给他，心里骂道："这老匹夫，你虽然献女来赎罪，但大王的好恶喜怒，全都听我的唆使。你不敬我，定有你好瞧的！"

次日，苏侯奉诏令携妲己上殿见纣王。苏侯身穿犯罪官员的衣服，发髻散乱，来到殿下台阶前俯伏说道："犯臣死罪，求大王开恩！"纣王见此，心里很舒服。哼，你也有服软认罪的时候。纣王怒斥苏侯一番，费仲趁机说苏侯目无君臣之礼，即使献女入宫也不能免死。纣王于是命人将苏侯押出宫外枭首以正国法，商容忙出班劝谏为苏侯求情。纣王犹豫不决，费仲也只好说："大王可先将苏妲己宣来朝见，如果容貌出众，礼度幽闲，可充后宫，并赦其父之罪；如不称大王意，可将他们父女一起处斩。"纣王点头称善，宣妲己上殿朝见。

妲己进入宫门，来到殿下依阶跪拜，说道："罪臣之女苏妲己拜见大王。"纣王定睛观看，只见妲己高簪珠翠，秀发叠鬓，眉如翠羽，脸若桃花，秋波湛湛妖娆，娇柔柳腰，秀指纤纤如春笋，真似海棠醉日、梨花带雨，不亚于九天仙女下瑶池，月宫嫦娥降人间。纣王眼都直了。妲己见纣王久不回音，忙轻启朱唇再呼万岁，暗转秋波打量着纣王，只见他头戴金色的王冠，身材魁梧，气势威武，王霸风度十足。妲己心中暗喜：纣王原来是个英猛男人。虚荣的妲己原先以为纣王一定是个长相凶恶蛮横之人，今日一见，才识庐山真面目，不觉心情畅快了不少。

纣王见妲己频频送来万种风情，说的话又悦耳动听，竟乐得魂游天外，魄散九霄，骨软筋酥，耳热眼跳，一时间竟不知如何是好。定了定神，纣王忙说："美人平身。"回身令左右宫娥搀扶妲己入寿仙宫候王，又忙叫驾官传旨：赦苏侯满门无罪，官还旧职，国戚谱上加名，每月加俸禄3000石米。文武百官到显庆殿陪宴。苏侯称谢，住了三日后，荣归故里。

六、获得恩宠

纣王下朝后，往寿仙宫急赶。妲己换上了晚装，红烛辉映下，娇嫩的脸上挂满了诱人的微笑，薄绸的衣裙下衬出窈窕的女人身姿，纤腰扭动如杨似柳般婀娜。见纣王进来，妲己忙迎上前去恭候。纣王乐得一把搂住了妲己就想温玉满怀，却被妲己轻轻一推，娇嗔地说："大王别急嘛，咱俩的交杯酒还没喝呢。"在娇美而善于取媚的妲己面前，平素在朝臣面前一贯能言善辩的纣王竟欢喜得笨嘴拙腮，只是咧着大嘴不停地说："美人说得有理，我听美人的。"

纣王和妲己灯下推杯换盏，喝了交杯酒后，又饮同心共乐酒。俗话说：酒为色媒。两人中宵酒酣。纣王醉眼惺忪，心炽欲盛。妲己初解风情，芳心大动，忐忑不安。纣王毕竟是风流场上能征惯战的老将，颇能怜香惜玉，微言抚慰，携妲己就寝，成就鸾凤之交，海誓山盟不已。

纣王精疲力尽，带着无限的新鲜和满足感昏昏睡去。妲己却是一点睡意都没有，连续的折腾使她娇懒酥软。她的心中既有珍贵的少女时代骤然结束的痛楚，也有因为纣王对自己怜爱备至的愉快。她深为自己的取媚手段而得意。

做女人难，尤其是成为嫔妃的女人就更不幸。人无千日好，花无百日红，年轻貌美之时，定会承受帝王的宠爱，年老色衰之际，帝王则会避之若虎。帝王可以天天做新郎，睡花枝；而嫔妃只能做一次新娘，佳辰美景一过，只能孤望明月空守冷床。

　　妲己聪慧的头脑自然早已想到了这些，因此虽乏而无眠。她想，一定要趁纣王对她的"新鲜感"没退之前抓住他的心，使他离不开自己，既要奉承取悦他，还要让纣王品味到"多刺诱人的玫瑰"的滋味。心念至此，妲己再次将目光投到了纣王身上，这个英武剽悍的帝王，确实有男人的雄风和气质，又拥有普天之下的权力和财富，今生把自己托付给他，也值得。只是他对自己的眷恋会不会始热终冷呢？我一定要独享他的爱。

　　在后来的几天里，纣王夜夜来寿仙宫临幸妲己，百般抚爱。妲己亦身心并用，尽展献媚撒娇的解数，吸引取悦纣王。红罗帐内，妲己千娇百媚，纣王身心迷醉。两人恣意享乐，只恨欢娱夜短。

　　纣王喜欢妲己善解风情人意，从她身上能够获得取之不竭的快乐。在情爱之外，纣王对妲己又多了珍爱的成分。

七、许诺封后

　　妲己在纣王面前时而变得很任性：纣王说东，她偏说西；纣王说好，她偏说孬。一次，纣王携带妲己去郊外打猎。纣王很想在妲己面前卖弄一下自己的神箭手技艺，他命御林军的士卒们将动物轰赶起来，自己拈弓拉箭，对妲己说："爱妃，你看我能一箭射中前面百米之内的那只黄羊。"说罢就要射出。妲己却摇头笑着说："我更希望您射中北面的那只白色山羊。"纣王转身欲射时，谁知白山羊在树丛中一闪消失踪影。纣王很败兴。再回头欲射那只黄羊，也无踪迹。妲己哈哈大笑，说大王好久没开弓了吧。纣王再三说明自己射术高明，猎获的动物不计其数，甚至射死过许多老虎和豹子。妲己假装一百个不相信，说连只羊都射不中，怎么能射中过虎豹呢？一来二去，两人顶起牛来。纣王气极了，就喊叫要严惩妲己。而妲己则索性席地闭目而坐，嚷着哭着闹着要泼撒娇，直弄得纣王哭笑不得，左也不是右也不是。这时候，妲己就会站起身来，一改顽皮任性的样子，甜甜地笑着，挎着纣王的臂膀亲昵地说："尊敬的至高无上的大王，我是体谅您理政的辛苦，给您寻寻开心，换下脑筋，您一定会大人不记小人过吧？"说完，秋波源源献给纣王。纣王哪还有什么气呀，相反，倒因妲己的"胡搅"而轻松下来，闲情顿生，尽情和妲己游玩一番。纣王轻舒猿臂将妲己从地上揽至马鞍上，两人共骑一马，在风光旖旎的郊外，驰骋踏青，流连忘返，狩猎也变成了猎艳。

妲己在进宫不久即被纣王册封为"美人"，这在嫔妃中是地位很高的封号，足见纣王对她的喜爱。可妲己对此并不满足，因为宫里的嫔妃中得封"美人"者有十余人。自己若是"独占"纣王久了，这些"美人"岂能心甘？弄不好自己会成为她们的众矢之的，得想办法再提高自己的地位。

纣王在下朝后，照例来到了寿仙宫。宫女向他跪拜说：苏美人病了。纣王一听，急忙奔进妲己的寝帐。只见妲己卧在床上，眉头微蹙，面容娇怯含愁，泪光点点，娇喘轻吟，更有一番病美人的妩媚风韵。纣王关切地询问。妲己让纣王把手放在自己的胸脯上，幽幽地说："大王，入宫后，您对我真是恩情并施，令我感激涕零。可您整日沉湎于我这里，其他的美人嫔妃会怎么想，时间一长，她们对您会有怨言的，那时您会受到她们的指责。我实在不忍心使您因此痛苦。况且我也只是个'美人'，您不宜长久迷恋我而冷淡了其他嫔妃。我想了很多，心情郁闷才致病的。"纣王听后，心里越发赞叹，妲己真是个通情达理的贤淑女人，他感动地抚摸着妲己如云的秀发，轻声说："爱妃勿念这些，你这样的贤惠女人，是上天赐给我的福哇。我明天就下诏晋封你为王后，以绝他人的闲话嫉语。"妲己差点从床上蹦起来，其实，她的病完全是装的，目的就是让纣王更加器重她，依恋她。结果，骗过纣王，得到纣王的加封许诺，妲己心中甭提多高兴了。

妲己凭借天生丽质的绝色和聪颖伶俐高超多样的献媚手段，赢得了纣王的宠爱，淑女和荡妇的双重形象，使纣王沉湎其中，乐而不疲。

纣王对妲己的恩宠逐渐达到了其所言皆从之，所好皆贵之，所憎皆诛之的地步。见纣王对己如此痴爱，妲己陶醉不已，她也从"敬"王变为了"爱"

王，献出了一个女人的真实感情。若仅仅从爱情角度说，纣王和妲己的爱可以说是真的，达到心心相印的程度，但从历史的角度看，这种爱又是亡族灭国的祸根。

妲己因爱而习惯了纣王的暴戾劣行，纣王因为爱而纵容了妲己无法无天的任性。为了追求这种爱，他们可以把快乐建立在别人的痛苦之上，纣王变得更加残暴、淫奢和昏庸。妲己亦由浪漫活泼的少女而"变质"为贪图享乐、追求权力的淫恶荡妇。他们的爱在后来导致一幕又一幕令人发指、惨不忍睹的人间悲剧。

第二章

横征暴敛筑鹿台
酒池肉林奏靡音

一、封为王后

纣王不顾商容、比干等老臣的劝阻，执意下诏晋封苏妲己为王后，这时正值妲己入宫 3 年整。妲己由此身价倍增，可以跟随纣王上朝接受文武百官的参拜，在后宫受到嫔妃宫娥的跪迎。妲己也从寿仙宫搬到了更为华丽的摘星楼居住。这摘星楼是商朝后宫中很有名的建筑，楼内雕金饰玉，绮罗锦席，丝竹管弦齐全，正是寻欢作乐的好场所。

纣王与妲己醉乐温柔乡，经常是日夜宣淫兴未休，可谓月色已西重进酒，清歌才罢奏箜篌。纣王贪恋妲己娇柔多媚，妲己独承纣王爱之雨露。两人百般作乐，无限欢娱。

妲己在酒酣耳热之时，于笙簧箫管的齐鸣中，翩翩起舞吟唱，以助纣王酒兴。只见妲己霓裳摆动，绣带飘扬，轻轻裙卷不沾尘，袅袅腰肢风折柳。歌喉清脆，犹如月里奏仙音；一点朱唇，却好似樱桃逢雨湿。尖纤十指，恰如春笋；小巧金莲，更显出别样风韵。优美异常的歌舞使纣王沉迷不已，百看千听都不倦。有时谯楼（商代的钟楼）上鼓敲二更，乐声仍不息止。

贪恋荒淫之乐，不理朝政，纣王有时竟一个月都不上朝与大臣商议国家要事，也不批阅各地报来的奏章。时间一长，奏本蒙灰，堆积如山。商容、比干等大臣见此忧虑不安，他们鸣钟击鼓，齐集文武百官，请纣王大驾朝政议事大殿内，与臣下共商国是。

纣王听到上朝的急促钟声，不得已离开了摘星楼，临殿登座。文武百官参拜后，纣王发现商容、比干两位相国和几位文武重臣皆抱奏本出班陈述。纣王连日酒色昏迷，情绪厌倦，一见奏本的人太多，就有退朝之意。商容、比干急忙俯伏上奏说："各地诸侯的奏本已经厚积如山，不知大王为什么一个多月不上朝听取和批阅？请大王还是以国事为重，切勿如以前那样高居深宫，废弛国事，使臣民百姓失望。如果今后大王能够勤政恤民，就能国泰民安，天下平稳。"纣王听完他俩的话，打了个哈欠，说："诸侯之事纯属小问题，不必挂虑。你们两位说得在理。但朝廷中的大事小情，都由你俩代劳，我也只是偶尔过问一下。哪有什么壅滞呢？既然这样，就不必再说了吧。"纣王只是草草地敷衍一番，袖展龙袍，驾起还宫，令文武百官退朝。商容、比干等见此，只能摇头叹息不已。

纣王推辞掉朝臣们的奏章，即坐辇来到了摘星楼，见妲己又没接驾，纣王向宫女询问，宫女称妲己王后正在浴房沐浴。纣王一听，欲心大动，他喝退了宫女，来到浴房。此时的妲己正泡在温暖香洁的浴池里，她星眼迷蒙，如同一条诱人的美人鱼在池水中徜徉。刚入浴房的纣王见此情景，眼都直了。老实说，自妲己入宫后，他还是第一次这样观视她。他没有惊动妲己，只是睁大了一双贪婪的攫取的眼睛，盯住不放。

妲己慢慢地从池水中站了起来，在朦胧的水汽中，显得愈发美丽动人。她轻柔地踏上出池的白玉阶梯，静立中如同一尊完美的天然人体雕像。她潇洒地甩甩头发上的水珠，然后在浴池边沿上坐了下来。浴后的她，如云的发髻松散地拖了下来，如丝般的晶亮，羽毛一样柔软，在雪白的柔肌上衬托得更加乌黑。椭圆形的脸，清丽异常，长长的弯眉，浴后的那双俊目显得更加迷人，亮如星，柔若水，媚如火。厚薄适度的嘴唇更加红艳丰润，被秀发遮掩的细腻的颈洁净质嫩。莲藕般的手臂圆润，十指纤纤，可爱之至……浴后的妲己更显出新鲜的魅力，变得越发体轻气馥，绰约窈窕，光彩照人。直把纣王看得如痴如醉，仿佛突入瑶池撞玉女，误进月殿遇嫦娥，不觉魄散魂飞，不觉失声叫道："我有如此美女，别无他求！"听到喊声，妲己惊叫一声跳入池水中，定睛一看，见是纣王，方娇嗔地责怪他吓人一跳。纣王咧嘴大笑，一把揽过妲己。

待纣王气喘心平下来后，妲己用手轻柔地抚着纣王的胡子，说道："大王，我近来发觉您常常精神恍惚，力不从心。是不是为国事太操心了，外出游玩的时间太少？我想向您出一个好主意，只是……"纣王见妲己话说半截即支吾不语，就一边抚摸她的腴背，一边催她说完。

"大王，我觉得应建筑一个大的游乐场所，这才能体现'王驾'之气。现在的居室实在太狭小了，我都快闷出病了，更何况大王呢！"姐己的话也确实说中了纣王的心病。

原来，纣王一登上王位宝座，就大兴土木，把都城从安阳向南扩大到朝歌（今河南淇县，纣王将此地作为议政之处），向北扩大到邯郸、沙丘（今河北平乡东北），在这广大地区内大建离宫别馆，供他恣意取乐。为此，受到朝中许多大臣的劝谏，他有所收敛，很长时间没敢再扩建。现在，姐己提此要求，一时间他犹豫起来。

见纣王面呈难色，姐己小嘴噘了起来，不住地央求，其音润如鸟鸣，其声婉转似莺，纣王终于痛下决心答应了姐己所求。

姐己欣喜若狂，随即命宫女摆上酒宴，与纣王推杯换盏起来。饮至半酣，姐己说："应把费仲大夫召来，一起商议兴建事宜。"纣王点头称是。费仲原本在选姐己进宫时与姐己的父亲苏侯结下仇怨，后来费仲见姐己受宠，身价倍增，于是一改从前，竭力巴结讨好姐己，而姐己也感到在大臣中应扶植一些忠于自己的"帮手"，建立自己的"势力"，于是姐己与费仲狼狈为奸，串通一气，姐己将费仲视为自己的心腹。

二、劳民伤财建鹿台

费仲应诏进宫，参见纣王和姐己，知晓旨意后，他低头想了一会儿，卑恭地说："大王、王后，我看可以在朝歌郊外建筑一大游乐平台，上面设置殿阁，居于上而饮酒观四方，其乐无穷无尽。"

费仲的话大顺纣王和姐己心。不久，他画就了一幅蓝图，呈给纣王和姐己观看，只见：上画一台，标高数丈，方圆三里，殿阁巍峨，琼楼玉宇，玛瑙砌就栏杆，明珠妆成梁栋。

纣王和姐己审看后，大喜，连连称好。姐己说："大王贵为天子，富有四海，建此台，可以壮王威。大王早晚在这台上欢宴，接受臣民顶礼膜拜，定能圣心大悦，延年益寿。我和大王共叨福庇，永享人间富贵。"

几句话把昏庸的纣王说得心花怒放。他说："此台神妙无比，就叫它鹿台吧，鹿是我们崇爱的动物，富于神韵之气。爱妃和费大夫意下如何？"妲己和费仲又恭维一番。

筹划已定，纣王和妲己又生苦恼，如此巨大的工程，必须得找一个可靠的大臣精心监工，左思右想，决定派崇侯来担当这一重任。

崇侯是纣王宠信的诸侯，他和纣王在禀性上有很多相似之处，武功高超，膂力过人，更是一个残暴贪婪之徒。前些年，他奉纣王之命讨伐有苏氏族得胜，迫使苏侯送妲己入宫，得到纣王的厚赏，视其为股肱之臣，常驻朝歌。

崇侯接受纣王的旨意后，心里亦喜亦忧。喜的是纣王如此信任自己，把鹿台建好了，纣王龙心大悦，自己会有更多的封赏，能够升官晋爵；忧的是这鹿台若建砸了，自己颈上这颗脑袋也就得搬家了，说不定还要灭九族。

崇侯忙找好友费仲商议。两人是臭味相投，在大臣中声名狼藉，却因为会拍纣王的马屁而得到昏王纣的青睐和重用。费仲听完崇侯的苦衷，哈哈一笑，说："你找妲己王后做靠山，金山银山都能搬来，大王也会不眨眼的。"费仲一提到妲己，崇侯冷汗直冒，当初自己不领大军攻打苏侯，妲己也不会进宫。费仲看他这副惊惧之容，劝他不必害怕，妲己王后很赏识他这样的人才，就是她向大王推荐他来做监工的。崇侯一听感激涕零，忙和费仲一起去拜见妲己。

妲己见崇侯来见，心悦颜开，对崇侯好生抚慰，并许诺给予他全力支持。

崇侯心中托底后，便动工监造。这项工程浩大，动用了无数的钱粮，搬运木材、石料、砖瓦、泥土全靠人力，平民百姓苦不堪言。

鹿台的基底全部用的是河里的鹅卵石，成千上万的百姓被崇侯驱赶到河水里不停地挖取，夏季河水暴涨亦不停止，许多人被水冲走淹没；寒冷季节河水冰冷刺骨，冻饿而死的人难以计数。地基铺建完后，上面再用巨大的圆石雕了猛兽做柱础，采石时被砸死累死的人比比皆是，雕刻的工匠在完成任务后也大都吐血而死。在施工中，崇侯还克扣粮食，窃为己有；将死去的平民、工匠们就地掩埋，所以后来人都称鹿台是用人骨建起的。

由于施工中人员死伤过多，工程建设进入下个阶段时，总是新抓来的平民。每户人家都达到"三丁抽二，独丁赴役"，弄得万民惊恐，日夜不安，嗟怨不止。不少人家逃奔偏僻山中躲避劳役。

商的国库日益空虚，鹿台的进程也缓慢下来，崇侯忙向妲己求救告急。妲己向纣王急吹"枕边风"。于是纣王一次又一次下诏令加大赋税，奴隶主贵族们在赋税的重压下也叫苦不迭，奴隶、平民百姓的负担更重了，上下一片抱怨声。许多大臣私下叹道：如此劳民伤财，商的末日也快到来了。

鹿台终于竣工。崇侯忙向纣王和妲己报喜。纣王和妲己心花怒放，在崇侯的领引下，乘辇来到了鹿台。纣王和妲己在无数的宫人侍女的簇拥下，登上鹿台。这鹿台果真华丽无比，真如瑶池紫府，玉阙珠楼，可谓楼阁重重，雕檐碧瓦，亭台叠叠，皆兽马金环，真是个金碧辉煌、琳琅满目。鹿台的正室叫琼室，室的四周全为白玉砌成，室中顶壁上镶着明珠，夜放光华，室内随处是美玉良金，地铺锦茵。纣王乐得忘形，忙传令重奖崇侯，官晋三阶。而后在鹿台上大摆宴筵，邀众臣前来同贺共乐。比干等老臣看罢鹿台，不胜嗟叹：这高耸入云的鹿台，就是断送我们商的祸根哪！万民膏血尽抛于此，却是为了纣王的恣情欢乐。

纣王和妲己在鹿台里日淫夜欢。

妲己后来又向纣王献媚说："鹿台之大，足壮王威，只是宫室空空，台的四周也无花香草馥和鸟鸣兽吼，应扩充之。"纣王听完又下令广征钱财，大选民间美女，充实到鹿台之中。同时又在鹿台旁修建了钜桥大仓库，囤积粮食以供挥霍；在鹿台的周围又广建苑囿，搜集奇花异草，置珍禽猛兽于其中。一时间，鹿台"热闹"非凡，人乐兽欢，乌烟瘴气，真是内荒于色外荒禽，嘈嘈四海沸呻吟。

三、沙丘兴建"酒池""肉林"

　　妲己终日在鹿台与纣王纵欲行欢，时间久了，不觉生出厌倦来，在她看来，鹿台之欢好比美味，日日食之，不免最后味如嚼蜡。她看到如狼似虎龙马精神的纣王也因单调的行乐而日趋憔悴，情绪也时露烦躁之气。对此，妲己不免又心忧被弃。性格喜怒无常的纣王是什么都会干得出来的。

　　妲己头脑急转，又生一奇招。一天，趁纣王高兴，妲己叹了口气说："大王，咱俩整日在此玩乐，真如神仙逍遥。但久居鹿台宫中，空气不新鲜，我建议大王到沙丘那边的别宫去消遣轻松一下，况且那儿离朝歌这里很远，免得一些大臣总来管劝您，可以放任自己，寻求一些新鲜的乐趣。"

　　纣王这色鬼一听有新鲜之乐，精神一振，忙问下文。

　　妲己妩媚一笑，说："你我宫中之乐，已至极峰，难以再有新招。但咱们可以在沙丘那里兴建'酒池''肉林'，享受一下清新蛮野的自然之乐，一定别有风味。"

　　纣王称赞妲己真是奇思妙想之仙子，会享乐人生之趣。随即下旨，在沙丘兴建"酒池""肉林"。

　　沙丘之地，并非真是一片荒寂的沙漠，反而是景色秀丽、气候宜人的休闲乐地。只见万株翠杨柔柳啭黄莺，桃李海棠梨花飞彩蝶，更有百卉争芳斗妍吐幽香，当中一条小溪缓流逶迤，却冲刷出大片细腻平坦的沙滩，近有一座小山，名糟丘，曲径通幽。人临其境，恍如仙界。纣王初继位时，就在这沙丘之地建筑了不少亭阁台榭。但他嫌这里过于清幽，很少光顾。经妲己怂恿在此地建"酒池""肉林"，纣王也感到这确实是个自然风光浓郁、不被朝臣劝谏阻拦的寻欢好去处。

　　依照妲己的方案，纣王命人在沙丘小溪旁稍远的沙滩上凿挖了方圆百余丈的池子，搬来了成千上万罐酒倾注于池中，酒香飘过，醅美醉人，这个溢满酒的池子就是所谓的"酒池"。而后又在沙丘的糟丘山中的树枝上遍挂大片的熟肉，香气诱人，称之为"肉林"。为建"酒池""肉林"，不知用去了多少酒和肉。王宫仓库的"库存"全部拿出来还远远不够。纣王就命各诸侯"进贡"，大诸侯每位要献百头牛、千只羊、千卣（盛酒器）酒，小诸侯贡品减半。

诸侯们心中不满，但王命难违，只得大肆盘剥属下的平民和奴隶。商代的农业作物种类已较丰富，能够种植禾（谷子）、黍（黄米）、来（麦）、水稻等。诸侯和奴隶主们都有储藏粮食的"窖穴"仓库。商人的造酒技术很高超，可以制造出许多有名的精酿好酒，如鬯（chàng），是用黑黍加上郁金草而酿制的香酒。醴，是用当时很珍贵的稻米酿制的甜酒。

当时的生产力还是很低下的，粮食产量并不高，奴隶、平民一年辛苦下来收获的粮食绝大部分都要上交奴隶主贵族，仅能剩一小部分留下糊口，维持生存。

纣王为满足自己的奢侈淫乐之需，加大赋税，最终负担还是落在处于社会最底层的贫苦奴隶和平民身上。奴隶、平民弃田逃亡的现象日趋增多，荒芜的土地也日益增加。

诸侯们要督促奴隶、平民不停地耕作，不停地酿酒，无休止地宰杀牛羊，以供王室之需。

妲己见"酒池""肉林"已修成，无数的美酒倾入池中，成堆的肉被挂在糟丘山的树枝上，心里高兴异常。小时候她只是从父亲苏侯的嘴中得知夏末桀王和妃子妹喜好像搞过类似的享乐之所。今日自己向纣王提出的"蓝图"终于化为现实，她心里怎能不狂喜呢？

人生短促，及时行乐，这是人生最美妙的乐趣所在，妲己认为这就是最好的人生目标。她爱纣王的王权威势，更喜他作为男人的勇力，但妲己光享有这些还不够，她要不断提高自己的享乐水平，基于这样的心理，她献媚纣王，修了鹿台，又兴建了"酒池""肉林"。

纣王和妲己荡起轻舟第一次在"酒池"中游玩。时值初春，绿芊芊的芳草，碧丝丝的杨柳，微风柔拂，春景宜人。纣王和妲己已是春心荡漾。纣王搂着这位别具丰姿的美人，根本无心赏什么异草奇花的清幽景色，只是不住地饮酒观姐己。那眼中的含意姐己是再熟悉不过了。姐己冲纣王妩媚一笑，举杯共饮，你一杯，我一盏，喝得醉眼惺忪。两人你贪我爱，恣意地快活了一个时辰，醒来已是夕阳残照，"酒池""肉林"已是灯火点点。两人好梦初醒，不觉余味无穷。纣王兴致挺足，还要到"肉林"中去品尝一番，姐己自是乐意去。

两人一前一后来到糟丘山下，阵阵肉香扑鼻而来。宫娥们见纣王和姐己来到沙丘，早已取来许多新煮熟的肉片挂在枝头，肉尚温热。纣王和姐己相挽沿小径上山，不时随手摘取枝头肉片品尝，纣王不住地点头称好。他得意地说："此处这丰盛的美酒佳肴，恐仙宫也不敢相比啊！"姐己则说："人们都说神仙好，我看也不如咱们活得自在。伸杯可饮，抬手可食，我们是人间的活神仙。"纣王哈哈大笑，捧住姐己的粉腮亲吻了一下，说她讲得在理。

这"肉林"别有一番景致。只见这糟丘山上：遍地野花香艳艳，满旁兰蕙密森森。伸手可及的枝丫上挂满了牛羊肉片。每隔一段距离即修筑一座精致的凉亭，亭内红锦铺地，上置酒桌，美酒琼浆盛满于酒器中。

糟丘山脚排列着上百口大青铜鼎，鼎中煮着牛羊肉。千余名奴佣终日不停地剔肉，切肉，烧煮。火光融融，香味四溢。

姐己身在"肉林"中，十分得意。纣王喜得神魂飘荡，纣王与姐己朝欢暮乐，在鹿台和"酒池""肉林"之间肆无忌惮地享乐，沉浸温柔乡，恣意逞风流。

四、惊动朝野

两人你来我往，淫乐久了又感到有些乏味，因为他们都觉得在这几个占地面积都很大的"乐园"里，总是他们两人寻欢作乐，未免显得太冷清了。

姐己眼珠转了几圈后，娇声央求纣王说："大王，光咱俩在这里玩是有些单调了，我看不如从诸侯贵族家抽选些年轻力壮的少爷公子们到这里助兴，再从宫中选出一些貌美的宫娥与公子少爷相娱同乐，这样，既能显示出您的'王'恩浩大，又能给您和我增添新的乐趣，您意下如何？"荒淫无耻的纣王一听有"乐"可玩，就马上应允。

几百名诸侯贵族的年轻子弟奉"诏"来到了"酒池""肉林"，这些子弟正值血气方刚之龄，身体强壮，英俊威武，潇洒倜傥。纣王一见这些少年公子，不禁赞道：英俊皆在少年时。心中难免有些黯然。他命赐给每个少年一件帛袍，以示恩宠。

妲己命侍官挑选了数百名豆蔻之年的宫娥，只见她们个个长得姿容艳丽，仪态妖娆，体态轻盈，标致异常。

纣王对这些少年公子和宫娥说道："本王欲使你们同享欢乐，体验人生之趣。你们可以自由放松，随便结伴，'酒池'任你们游，'肉林'任你们穿，我的孩子们！"

荒淫无耻之乐，惊动朝野群臣，商容、比干等忠贞大臣拼死力谏，并以辞官相挟，纣王才不得不收场，心中也多了对商容、比干等人的忌恨。

纣王被大臣们逼着开始理朝。妲己的日子也冷清了许多，不免觉得索然寡味，于是整天在后宫里游来荡去，吆三喝四，宫娥们胆战心惊，唯恐侍候不周。

五、与喜媚结拜

妲己偶然结识一个叫喜媚的宫女，见她聪明伶俐、容貌美丽，在气质禀性上与自己有很多相似之处，心中很是喜欢，于是与喜媚结为姊妹，并命侍官将喜媚调至鹿台宫中，随侍自己。从地位上说，妲己贵为王后，按理是不会跟地位低下的宫女喜媚结拜姊妹的，但妲己依仗自己受纣王宠爱，在后宫可以随心所欲，再者她见喜媚对自己崇拜至极，一心投靠，有心让喜媚成为自己最亲近的心腹，用以更好地取悦和左右纣王。

于是妲己让喜媚穿上自己的华丽裙衫，精心化妆一番，侍立在自己的身旁。纣王下朝回来，妲己跪迎。两人坐下闲谈，喜媚上前向纣王献酒，纣王抬头一见，不觉一怔，只见喜媚长得肌如瑞雪，脸似朝霞，粉脸桃腮，光莹娇媚，色色动人。"如此美人，从哪里来？"纣王问妲己，眼睛却死盯住喜媚不放。

妲己故意噘起了嘴巴，娇嗔地说："大王，新人来了，就把旧人忘却了。"纣王大笑不止，用手点着妲己那光洁的额头，说："你这个醋坛子，我还没怎么样，你就冒酸气了。"

"请大王饮酒。"喜媚的声音宛如悦耳动听的百灵鸟啼，听得纣王心里麻酥酥的，他忙接过喜媚奉上的酒杯，一饮而尽。

妲己拉着喜媚，对纣王说："大王，这是我在官中新结拜的妹子，她叫喜媚。我们姐妹相处十分投机，她的歌唱得好听极了。若大王不嫌弃的话，我想让她今后随侍在我们身边。"纣王巴不得有这句话。

而后，他们三人传杯叙话。灯光之下，喜媚越发妖艳：红唇鲜嫩动人，吐出来的是美滋滋一团和气；转秋波，如双湾活水，送出的是娇滴滴万种风情；玉臂时露，饱满丰腴。此时的纣王早已心猿难捺，意马驰骋，坐立不安，手脚也不老实起来。妲己瞧在眼里，心中涌喜。她用手拉拉喜媚，使个眼色，然后对纣王说今晚身体不爽，难于陪寝，去另一官殿中安歇。纣王感激地应允了妲己的"请求"。

妲己一走，纣王斟满了两杯酒，一杯端在手，一杯递送到喜媚面前，说："美人，良宵羊景，正当痛饮纵情，来，你陪本土喝一杯。"一杯酒喝下去，喜媚越发变得秀色可餐。此时，窗外月色朗朗，纣王心动，便邀她户外共赏明月。月下的喜媚别有一番朦胧之美，纣王忍不住搂定她的香肩，顿觉柔软无比，月色中偎依，情意甚浓。纣王把喜媚抱回寝宫榻上，几番云雨。纣王遂封喜媚为"美人"。

知恩图报，喜媚从心里感激妲己，更加唯妲己言行是从。

纣王和妲己、喜媚终日在鹿台上共饮欢歌，朝朝云雨，夜夜共寝。纣王又开始不理朝政国事，荒淫内阙，与外廷隔绝，忘却社稷二字之重。众臣纵有丹心，也无可奈何，只能长叹不已。

六、靡靡之乐

一日，纣王与妲己、喜媚正在"肉林"里饮酒品肉嬉闹之时，侍官来报，鹿台外御花园中的牡丹尽皆盛开。纣王大喜，传旨命后宫的嫔妃宫娥随他同往，共赏牡丹。

御花园内长满了奇花异草，只见诸般花木结成串，桃李绽红吐芬芳，翠杨绿柳风中摇曳。还有君子竹、大夫松、海棠……真是数也数不清。最惹人注目的无疑就是盛开的红白牡丹花，这华贵艳丽的"花中之王"是妲己最欣赏和喜爱的花，她每每自比为"花中之王""后宫嫔妃之王"。

纣王见株株牡丹花竞相绽放，心情畅快，又见牡丹花丛里聚在一起观花的上千名美丽的嫔妃宫娥，真是牡丹丛中美女多，名花映美人，忙命人传乐师师涓来作曲演奏。

师涓是商朝晚期著名的大乐师。据传说，他创作乐曲和弹奏的水平十分高超，能够达到"拊一弦琴，则地祇皆开；吹玉律，则天神俱降"的绝伦程度。

接到王命后，师涓就带领着一班乐人来到御花园，按照纣王和妲己的旨意，作了一首《牡丹曲》吹奏起来，真是悠长绵远，萦绕动听，鸾箫凤笛，象板笙簧。鼓乐动，帝王欢。

妲己也听得心旌神荡，感到乐曲美妙，回味无穷，就建议纣王留师涓于宫中供侍奏。师涓就带着那一班乐人整日陪侍在纣王和妲己的身边，随叫随到，演奏着当时商朝流行的曲子。

在动听的乐曲中，纣王与妲己寻欢作乐别有一番新感受，真是神荡意迷，情飞心逸，如醉如痴。鹿台之上，奏乐不停，纣王等酒酣耳热。妲己在乐曲声里离座下场。她命宫娥取来一对舞杆，杆上系着一条丈余的丝帛彩带，杆下面悬了几个金铃。妲己双手持杆，慢慢地舞动，那彩带随其身进退盘旋，飘舞自如，铃声阵阵响动。刚开始的舞势舒缓，而后渐渐由缓到急，耳中只听见铃声响，眼前但见一团彩色。观看的人眼花缭乱，齐声喝彩。乐曲一停，只见两条彩带展开，妲己娇躯一侧，抛出舞杆，亭亭回座。纣王乐得忙给妲己斟上一杯酒，说道："爱妃的舞姿又大有长进，可喜可贺，看你跳的舞，令我飘飘欲仙哪。"

妲己抿嘴一笑，说："我妹妹喜媚的长剑舞更是富有韵味。"纣王忙请妲己旁边坐着的喜媚下场舞剑以助酒兴。

喜媚款款站起，只见她身着一件粉红衫子，似彩云剪就，下系一条银色帛裙，如白玉裁成，乌黑浓发披散在肩头，丹脂点唇，鲜润动人，俏眉儿又含三分飒爽之气，体态丰腴而不失窈窕，别具风情。喜媚从殿上的兵器架上取下两口青铜宝剑，下殿立定，然后便轻轻地舞动起来，真是翩若惊鸿，矫若游龙。忽而如蜻蜓点水，燕子穿帘，忽而像两条白龙上下盘旋。舞到妙处，宝剑与人俱已不见，只觉银光闪闪，冷气飕飕，只见一团白雪在阶下滚动。最后蓦地一道白光，直扑上殿，纣王和妲己大吃一惊，定神一看，喜媚面带笑容，抱剑俏立面前，面不改色，气不急喘。喜媚下拜说："大王和王后见笑了。"纣王和妲己均心喜神服。他们三人重新落座，举杯互赞，畅饮起来。

不觉星河惨淡，已过了午夜。纣王已喝得八九分醉了，醉眼又不住地向喜媚身上睃视。妲己见此情景，忙命师涓与乐工们退殿歇息，而后对纣王戏谑地说："月落星稀，更深夜阑了，大王又该铺设鹊桥安渡银河，龙施雨露育新欢了。"说完笑个不停，拉起喜媚就往纣工跟前推。喜媚虽已承受纣王临幸，但毕竟初解男女风情之味，一见妲己这般"大方"和"慷慨"，也难免低垂粉颈，万分娇羞，愈加丰艳诱人。纣王在妲己和喜媚的拥扶下，同入寝帐，共架鹊桥，同渡银河。欢长夜短，又到天明。纣王一见早朝时间已到，就起身欲上朝，妲己和喜媚四条玉臂又把他拉躺于被中，撒娇献媚，什么朝政大事早已经抛在脑后。

朝欢暮乐，醉生梦死，日子久了，纣王和妲己又感到了厌倦，尤其是对师涓演奏的"清商流徵涤角"之音乐，听得久了，仿佛"嘈杂之音"。妲己说："这样的淳古之乐演奏次数太多了，已失去了当初的魅力。应该让师涓再作些为我和大王寻欢时演奏的乐曲，以助兴。"纣王忙命师涓依妲己王后之意而作。师涓是个正直的人，早对妲己心存不满。他对纣王："为臣才疏学浅，实难创作出那样的曲子。"纣王不觉生怒，指责师涓是"抗旨"不遵威吓师涓说如果不按"意"作曲的话，那就先请他尝尝"五刑"的滋味。所谓五刑，就是黥刑，在人的脸上刻纹填墨；劓刑，割去鼻子；宫刑，割去生殖器官；刖刑，断去一条下肢；大辟，砍头。

师涓听罢，冷汗直冒。砍头不要紧，一死了之倒轻松自由了，可"五刑"中的前四种刑罚实在太可怕了，即使不死，也弄得人不人鬼不鬼的了。

师涓被迫屈服于纣王和妲己的淫威，遵照妲己的意旨，创作了"北鄙之音""靡靡之乐"。

据说，这两种乐曲，人一旦听后，即沉湎其中，欲念大兴，风骚惑人，精神颓萎，骨软筋酥，只想寻欢作乐。这也许就是后人所说的"靡靡之音"的最早的出处。

纣王一伙听了师涓创作的新曲后，顿时大为受用，厚赏了师涓等人，并令其率乐工昼吹夜奏，轮流不停。

妲己狂荡一段时间后，又根据"北鄙之音""靡靡之乐"所展示的情境和内涵，编排了一种丑恶的淫秽舞蹈——北里之舞，以供纣王取乐消遣。

昏淫无比的纣王，温柔乡里逞尽风流事，荒废朝政，国势亦趋于颓危。臣下们怒谏不止，纣王又惊又惧，心中发狠，要惩罚忠谏之臣。助纣为虐的妲己自然又是诡计百出，令人发指。

第三章

滥施酷刑拒良谏

妒杀情敌殃忠贤

一、铸"炮烙"刑具

纣王终日携妲己淫乐于鹿台、"酒池"和"肉林"之中，大肆挥霍，暴敛强征，不断加重人民的负担。民怨载道，民间流传着许多斥责纣王荒淫无耻的民谣。各地的平民和奴隶的反抗行为愈演愈烈，引起一些诸侯和朝中大臣的恐慌和不安，他们接连上奏劝谏纣王及早醒悟，勤政爱民，振兴社稷，以复国泰民安之盛世。

面对如山的劝谏奏章，纣王虽也曾动容地读了许多，但他又实在难以从淫奢的欲海中自拔，看过大臣们的劝谏奏章后，仍我行我素，无动于衷。

由于眷恋后宫淫乐，纣王连祭祀祖先和神庙这样的重大王事活动都荒疏了。

商朝时期，每年都要举行几次大型的祭祀活动，商王在此期间，拜祭自己的祖先，向上苍神灵祈求国家太平兴盛，百姓安居乐业。商朝的文武大臣和各地诸侯都要跟随商王一起拜祭和祈祷。而后，诸侯们要向商王请安并汇报各自所在封地的"国计民生"情况。商王要根据这些情况对诸侯们训导，奖励勤勉爱民者，惩罚荒庸无绩者，以显"王威"。由此可见，祭祀是商朝的极其重要的朝政议事活动，而纣王却对祭祀根本不当一回事，后来甚至达到了不管不问的程度。个别诸侯见有机可乘，也越发肆无忌惮起来，醉生梦死，拼命压榨百姓和奴隶，矛盾日趋尖锐。

商朝中的许多耿直忠贞的大臣纷纷上书斥责纣王。

执掌司天台（主管祭祀事务）的官员杜元铣硬闯鹿台来见纣王。他激愤地对纣王说道："大王，您终日沉湎于此，不理朝政，朝欢暮乐，天愁民怨，眼看国家衰败。从妲己入宫后，您贪恋美色，朝纲无纪，御案生尘，再这样下去，国家希望又何在呢？臣下冒死请您早日痛改前非，励精图治，以展英明君主之雄风！"纣王听后，感到杜元铣说得在理，但又一想，这大胆狂徒，竟敢闯进后宫，当面斥责我，成何体统。杜元铣继续劝谏不停，言辞越发激烈。纣王已心中不悦，索性低头不语。立在纣王身后的妲己见此情景忙上前对纣王耳语道："此人目无君王，危言耸听，当大王的面都敢如此不敬，背后一定说了您很多坏话，对您影响很坏，应该杀无赦！"一席话挑起纣王心中万丈怒火，平素就狂妄自满的他怎能咽下这口气。于是他命卫士把杜元铣绳缠索绑，推出朝门外枭首示众。首相商容闻讯赶来，替杜元铣求情，对纣王说："杜元铣身为三世老臣，忠直贤良，一心为国，披肝沥胆。现在就因他向您面陈直谏而将他处死，朝臣们会因此心寒，请大王三思。"纣王哪里肯听，执意处死了杜元铣。

　　纣王余怒未消，酗酒不已，还用剑刺死了两名侍候不周的小宫娥。妲己轻轻地走到纣王身边，用手夺下酒杯，扭身坐在了纣王的大腿上，搂住纣王的脖子说："大王息怒，别伤了您的身体。像杜元铣这样詈语侮君、大逆不道的臣子，砍头太便宜他们了。我倒有一法，既能让大王解恨，又能威慑那些胆大妄为的臣民。"纣王急问何法有如此奇效。妲己停顿了片刻，慢悠悠地说："不施酷刑，则不足以威慑。可以令人铸制青铜斗一只，内放炭火将斗烧红，对冒犯大王圣颜者，用斗烙其两手。十指连心，烙得筋断皮焦后，定不敢再犯。还要铸制一个丈余的空心大青铜柱，外涂桐油，里面容满炭火，烧红铜柱，把那些妖言惑众、无事安生奏章指责朝政和君王的人，用锁链绑在柱上，可使骨销成灰，受尽炮烙之苦。这就叫作'炮烙'之刑。此刑虽有些残忍，但可使那些自诩忠贞报国实则奸猾沽名者知道厉害，不敢轻易来找大王无理取闹。"纣王听完拍手称好，把妲己夸奖一番，命人依法诔制。

　　妲己为何出此毒计呢？原来她早已从费仲等心腹那里探知了许多文武大臣及诸侯对她有不满诅咒之辞，妲己对此十分恐惧和忌恨。她唯恐纣王听信大臣诸侯的良言劝谏，冷落甚至抛弃自己。一想到自己将失去这种胜如天堂的奢华生活，妲己怎能心甘！所以她咬牙切齿向纣王献出这个灭绝人性的"炮烙"之刑，以绝众臣的劝谏之道，永远保全自己在纣王心目中的"女神"地位。妲己之心已毒过蛇蝎。

不日，"炮烙"刑具已制铸成。纣王和妲己接到禀告后，心中欢喜。妲己阴阴地一笑，恨恨地想：哼！我倒要看看哪个轻视老娘的狂妄之徒来第一个品尝"炮烙"之味。

二、梅伯受"炮烙"之刑

这日，纣王又与妲己通宵寻欢作乐，已是红日东升，该上早朝了，妲己仍缠住纣王不放。

忽听后宫门外有人在咆哮不止："君王无道，听信恶女之言，残害贤良，天理不容！天理不容……"纣王忽地坐起，忙命侍者出去看看是谁如此大胆。侍者看后回来禀告说，是大夫梅伯在抱怨杜元铣之死。

梅伯是商朝末期的一位有名的耿烈忠直之臣。杜元铣被斩时，他奉纣王命去各诸侯国巡视访察。回来上朝见杜元铣已惨遭杀害，心中燃起冲天怒火。他问商容："请问首相，杜元铣有什么事触犯了大王，而遭其杀戮呢？"商容重重地叹了一口气答道："元铣本为朝廷国事着想，当面指责大王，而大王则听信苏王后之言，以不敬君王之罪而诛杀之。我等苦谏，大王不听，又有什么办法呢？"梅伯是性如烈火之人，一听完商容的话，就埋怨道："您身为首相，君王不勤政就应该直言相谏。现在大王无辜杀害大臣，而您却劝阻不力，这虽是无奈，但也是由于您重视自己的功名，忽视了对朝中股肱之臣的爱护。您贪生怕死，只顾保全自己，畏惧大王的淫威，这不是一个英明宰相所应该做的呀！"商容一下子羞愧不已，痛苦地低下了头。梅伯却不依不饶，他抓住商容的袍袖就往后宫里闯来，到了纣王寝宫之外。纣王忙叫宫娥给赤裸如粉团一般的妲己穿好衣服，自己也胡乱地穿上，来到寝宫门外，商容、梅伯上前俯伏。纣王问他们有何事奏报。梅伯说："大王，杜元铣因何被赐死呢？"纣王说："杜元铣目无尊长，不懂臣礼，谣惑平民百姓，扰乱朝政，污蔑朝廷。身为大臣，他却不思报效酬恩，而蒙蔽侮君，律法当诛，除灭奸佞之臣是没有过错的。"

梅伯一见纣王在狡辩，不觉厉声说道："我听说远古时代的贤王尧治理天下，顺应天时而听从正当的良谏，言听于文官，计从于武将，每天都实行一次大型朝廷议事活动，与大臣共谈安民治国之道，去谗远色，与臣民共享太平。现在大王几年来疏于朝政，乐于后宫，朝朝饮宴，夜夜欢娱，不理朝政，更听不进去大臣们的良谏。我曾听说'君王如腹心，臣下如手足'，心正则手足正，心不正则手足歪邪。古人语：臣正君邪，国患难治。大王您听信艳妃的话，诛杀杜元铣这样德高望重的治世忠良大臣，伤害国家之栋梁，令臣下们寒心，大王必须立即痛改前非，否则，社稷危矣！"

纣王气得脸色铁青，闷坐了好长时间，下令："梅伯违法进宫，不分内外，按律当斩。姑念其侍王有功，免罪，削去上大夫之职，永不续用！"而后命侍卫轰打梅伯，欲赶出后宫。

梅伯高声吼骂道："昏君！你听信宠妃姐己之言，不顾君臣之义，民心丧尽。撤我的职，我视之如灰尘，没有什么顾惜。我实不忍看君祖成汤 600 年的基业断送在你这个荒淫无耻的昏君之手！你听信谗佞之臣的谬语，与姐己在深宫日夜淫乐，眼见天下变乱，我即使死了也无颜见先君啊！"

"住口！侍卫快用金瓜击顶！"纣王气得口吐白沫，跳脚狂喝。"大王且慢，对梅伯这样的大忠臣，金瓜击顶未免太轻慢他了。"姐己不知何时已悄悄地站在纣王身后了，她见纣王令侍卫击杀梅伯，忙请暂停。此刻的姐己打扮得雍容华贵、落落大方，只见她乌发卷起云卷鬐，上插金簪玉钗，上身穿一件金黄丝帛大翻领开云衫，下着拖地红裙，腰中玉带，浑身缀满翠玉珍珠，举止全无往日内宫淫荡狂放之态。纣王见姐己"求情"，不悦地问她："爱妃想宽恕这恶徒吗？"姐己微微一笑，她轻盈地走到梅伯面前。"梅大夫，您好厉害的嘴呀，浑身铁骨铮铮。了不起，大忠臣。"梅伯闭眼不理。见此，姐己又笑着说："哟，连正眼都不肯看我，好正经的男人。别着急，我最近劝大王做了两样能使您尽忠的工具，您不用谁还有资格用。"姐己又转身对纣王说，"大王，这'炮烙'之具就首先赏赐给梅伯享用吧。"纣王这才恍然大悟，点头应允。

商容听此，忙跪倒求情，饶恕梅伯。纣王冷笑不允，命侍卫架扶商容回府。

纣王命人将梅伯押至朝政殿前，又令将炮烙的铜斗、铜柱推来，内放炭火，用大扇狂扇，片刻铜斗、铜柱被烧得通红。纣王走到梅伯面前，哈哈大笑，问："你可知这物做什么用？"梅伯答不知。纣王阴险地说道："你在后宫里利口侮我，诬言毁骂。我制新刑，名叫'炮烙'，一会儿就给你品尝，教你筋骨成灰。"梅伯听后大骂不止。

纣王传令将梅伯的双手硬按在铜斗上，只听见"嗞啦"一声，梅伯的双手霎时化为焦炭状，梅伯一下子昏迷过去。纣王让人用冷水浇醒了梅伯。苏醒的梅伯痛心欲绝。纣王用荆条挑起梅伯的头："怎么样？滋味不错吧，我看你嘴还硬不硬，低头认罪，我还可以考虑赦免你。"梅伯一听，怒不可遏："呸，昏君！我视死轻如鸿毛，毫不吝惜。我官居上大夫，乃三朝老臣，我有什么罪，遭此惨刑？国家将亡，全由你和妲己所致！"纣王惊恐恼怒万分，亲自动手剥去梅伯衣服，将其用索链绑缚于通红的铜柱上。梅伯大叫一声，气绝身亡，筋骨皮肉，不一会儿化为灰烬。

纣王抚须狂笑。

朝中文武大臣观此惨刑，无不恐惧心酸。不少人有退缩之心，欲不为官。此事慢慢地传扬四方，诸侯们闻听此事，疑虑重重，人心亦开始散了。

自从炮烙了梅伯后，忠臣良将的谏诤之口被暂时地封住了。不少大臣告"老"还乡，称"病"休养，纣王一一准奏。

三、九侯女入宫

几个月无朝事，纣王乐得逍遥，与妲己纵乐无度，称妲己所献的炮烙之刑是治理国家的奇特法宝，能使众臣都不敢出头强谏，钳口结舌，唯唯而退。妲己心里也是欢悦无比。

一想起梅伯受炮烙时的哀呼凄叫，纣王又感到颇为"有趣"。不由在酒桌

116

上或床前多次向妲己渲染描绘此事。妲己撇撇嘴，说："大王说得天花乱坠，为什么不抓几个罪人来试试看呢？"纣王连声称好。将内宫中几个私通的男侍和宫女处以炮烙，携妲己观其受刑经过。妲己乐得手舞足蹈，连说："好玩，真好玩。"

就这样，妲己一感到心里空虚，便怂恿纣王大开"炮烙"刑，观看受刑者的哀号以寻开心。

后来，妲己又让纣王铸制了20余根铜柱，排列在殿下，时常玩炮烙游戏，草菅人命。有时实在抓不着"罪人"，就任意抓几十个稍有不满情绪的奴隶，炮之烙之。人体受刑后的焦臭气味久久不散。

有的忠心耿耿的大臣悲愤地说："大王炮烙的不仅是臣民，更是成汤创下的社稷江山啊。妲己蛊惑圣聪，引诱君王，肆行不道，天理难容。"

光阴瞬息，岁月如流，景致广多，宜当多取乐。纣王追求这种昏庸无为的人生之道为乐而不思国家之盛衰，只是整日荒淫酒色，穷奢极欲，听谗信佞，残杀忠良，驱逐正直之士，播弃黎民百姓。商朝的衰败迹象已越发明显了。纣王却仍大肆挥霍享乐，与妲己吃的是山珍海味，穿的是挂满珍珠宝玉的衣服，盖的是金丝被，今朝有酒今朝醉，哪管社稷将倾碎。裸戏于"酒池""肉林"，不断花样翻新，群淫奸宿。尊为一国之君，却堕落成为采花浪蝶，与禽兽无异。妲己自然不甘落后，除与纣王同乐之外，还偶尔"野"几次，追求新鲜刺激。

尝遍后宫佳丽之后，纣王仍不满足，再次下诏"选美"，以充"王宫"之需。成百上千正值芳龄的貌美少女被征召入工宫，供给纣王"临幸"。妲己对"选美"之事起初是很不热情的，她怕纣王有了众多的新欢之后，自己的受宠地位会一落千丈，便闷闷不乐好久。一次费仲应召来后宫进见纣王，发现妲己眉宇间的愁云。他借机悄悄问妲己何故如此。听完妲己的诉说，费仲眼珠急转片刻，对妲己说："王后放心，此事包在小臣身上，我是负责'选美'的主要官员之一，我想只选平民小户的美女，不选诸侯大臣家的千金小姐，王后不就没有竞争的对手了吗？"妲己大喜称谢，厚赏了费仲一番，对"选美"也就没有畏惧了。

民间年少佳人美女纷纷入宫来，纣王怎能不喜。他命内宫侍官将她们分批带到鹿台和"酒池""肉林"候驾，令其歌舞。纣王整日往来穿梭，通宵夜战，云浓雨密，愈战愈勇，沉醉于交欢之乐中。数月下来，纣王却渐渐感到缺少点什么，这些新入宫的美女举止、言语有点"土"，竟没一个能使自己倾心动情的，没有一个能够晋封"美人"档次的。每每猎艳力竭而息时，纣王都感到不能尽兴。纣王百思不得其解。他将费仲召来，狠狠训斥一顿，责备费仲越来越不会办事，"选美"选上来的只是些粗俗女子，久之毫无韵味。费仲像吃了苦瓜，脸色难看，口中欲说又止。纣王何等精明，厉声喝道："费仲，本王一向视你为股肱之臣，你却欺骗本王，莫非你也想尝尝'炮烙'之刑吗？"费仲吓得浑身筛糠一般，冷汗直冒，他赶紧给纣王磕头，道出事情的原委。

纣王听罢愣了半天，心里也复杂起来。最终，他吐了一口长气，命费仲以代王巡慰诸侯为由察看诸侯们有无绝色的女子。

不久，费仲回来禀报：九侯之女国色天香。

九侯是商朝末年赐封的"三公"之一。当时商朝是方国诸侯林立的国家，据传说有上千个方国诸侯，在其中有三位影响力最大，即西伯姬昌、鄂侯和九侯，他们德高望重，受到其他方国诸侯的尊敬和爱戴。正因为他们具有这种领袖作用和地位，商王加封他们为"三公"，统领各方国诸侯。

纣王听完费仲的"密报"，乐不可支，忙命人持御旨到九侯的方国，召其女儿进宫侍王。九侯接旨后，无奈将女儿送进宫中。

九侯女是个绝色女子，且心地善良，称得上秀外慧中的大家闺秀。她从小就跟随骁勇善战的父亲学习骑射之术，练就一身好武艺和健美异常的好身材，同时她又从知书达理的母亲那里学得正直善良的好品格。她可谓艳如天仙之丽，性如须眉般刚烈正直。

王命难违。九侯女进了后宫。

四、九侯女受宠

纣王早就想一睹九侯女的芳容，在后宫殿上已等候多时。见九侯女登上殿来，定睛观看，见她如花似玉，貌美天成；白如凝脂的俏脸落落大方，两只深邃明亮的大眼睛，透出毫无惧意的英武之光，具有一种特殊的摄魄勾魂的魅力；纤腰虽如杨柳般美，却显现出一种内在的韧性和强劲，给人一种力度美。饱满的乳峰高顶绸帛衣裳，呼之欲出；向前举步之时，修长的玉腿丰满而有弹力，如傲雪盛开的红梅，格外夺目。

纣王心中赞道：果真如女神般美丽。当即便心痒口馋，暗压已按捺不住的欲火。如此动人心魄的美女，使纣王魂不守舍。

九侯女回答纣王的问话时不卑不亢，吐字圆润文雅，充满了高贵之气。纣王与之交谈起来，顿觉有股涤荡身心的感觉。纣王心中的邪火也在无形中消逝了许多。他没有马上携九侯女入红绡帐，而是轻言抚慰让其安歇。纣王破例了。

一连几天，纣王和九侯女策马驰骋，切磋马术，互相比箭技。纣王顿觉精力旺盛无比。九侯女也对虎背熊腰、能言善辩的纣王慢慢失去了畏惧和敌意。

临幸那夜，红烛耀眼，帷幔低垂，香气沁人心脾。灯下的九侯女显得更加娇楚动人：一袭薄如蝉翼、轻如淡云的白丝帛长裙，隐约透出她那修长健秀且曲线动人的胴体，肤如嫩藕，满面羞红，恰如含苞待放，没有一丝一毫的挑逗放荡的眼神。

纣王虽色心大起，但在这个冰清玉洁的美女面前，竟有点自惭形秽的感觉。他轻轻地把九侯女扶入帐中……纣王御幸美女无数，却还未曾见过这样健美娇嫩、清香醉人的玉体。纣王感到一种新鲜的清朗，仿佛一个久食大鱼大肉者偶食瓜果蔬菜般舒畅愉悦。

朝夕不离，夜夜相伴，不觉一月有余。纣王醉于九侯女那洁如出水芙蓉之体，尽情风流，久幸不厌。

看到美艳绝伦、性情高雅的九侯女独承纣王雨露，妲己恨得牙根直痒痒，几次派宫女去"请"纣王，都被以各种借口推诿了。妲己无奈之中，暗找几个"小后生"泄泄心中欲火。但这终究不是解决心病的良方。

好不容易，纣王一日驾临，妲己如受了天大的委屈，缠住纣王不放，使出浑身解数，分外讨好、巴结。妲己一个月来的孤寂顷刻尽除，纣王对妲己说："爱妻，我今生很幸运的是得到了媚丽无穷的你，还有冰清玉洁的九侯女，女人的全部优点在你们两人身上都能找到。本王今生足矣。"妲己听后勉强笑了笑，没有说一句话。纣王酣然睡熟。

五、恶来献计害九侯

妲己的心沉重得像压了块巨石，她担心的事终于发生了。

她恨死了九侯女。想和我共享大王的宠爱，休想。她在心里咬牙切齿地骂了无数遍。

恼人的是，她不敢对九侯女直接动硬，因为九侯位尊势大，连纣王在一些朝政大事上都让他三分。妲己若无故陷害其女，九侯定会入朝责难，说不定妲己会被永远打入冷宫饱受劫难。妲己一连几天愁眉不展，茶饭不思，索性躺在床上借故生"病"。纣王自然放心不下，几次前来探望温存，都被妲己"劝"到九侯女那里，说病躯不胜王驾之力，别因自己而败了大王的兴致。纣王抚须长叹，赞许妲己为贤良之后，每次离开妲己时都有些依恋不舍之意。

其实，妲己使的是"以退为进"的诡计，她的心中早已怒火燃烧，恨不得撕碎了受宠的九侯女。妲己绞尽脑汁，思谋使九侯女失宠之计。思来想去，心乱如麻，最后她派心腹侍者将费仲悄悄召请入宫。费仲走进妲己的寝宫时，妲己发现他身后又跟来一个人。妲己一见此人的相貌，心里顿涌上一股不舒服的感觉。这个人长得獐头鼠目，身材粗壮，两片薄薄的嘴唇显得特别引人注目。

妲己不悦地问费仲："我请你来是商量机密大事，你怎么带了个外人来呢？真是越来越不会办事了！"费仲忙携那人跪拜，连声说"王后恕罪"。而后费仲跪行到妲己跟前，谄笑着说："王后心事，小臣早已知晓，盼想有良策为王后分忧解愁，怎奈为臣愚钝，闭目冥思良久终无妙计。我给您找来一位能手，商议谋划，以除王后心病。"随即他把身后那人叫过来拜见妲己："王后，此人叫恶来，他是我的救命恩人。"恶来满脸赔笑向妲己施礼。

妲己初见恶来的丑陋之容，心生烦厌之意，但听费仲称此人是足智多谋者，又不觉对他有了些好感。

恶来，本是个鸡鸣狗盗之徒，坑蒙拐骗偷，无恶不作，屡次犯律当诛，只因他善于颠倒黑白、混淆是非，所以每次都从刀下逃出。一次费仲在某诸侯国代王巡察时，突遇一些平民和奴隶的围攻，许久脱身不得，费仲急如热锅上的蚂蚁。恰巧，游逛无聊的恶来从此路过，见此情景，问怎么回事，人们一见恶来，忙避之。费仲不明底细，以为恶来是小官吏，平民和奴隶怕受官府惩罚才让路的。实际上，是平民百姓深知他的恶名，才像躲苍蝇一样避开他。费仲下马向恶来称谢，并拍胸允诺恶来有事来找自己。恶来跪地表示愿追随费仲。就这样，恶来成了费仲的门客，为费仲出了许多鬼点子，深得费仲赏识。其貌不扬的恶来成了费仲的知己，两人臭味相投，狼狈为奸。

费仲原曾向妲己许诺不选诸侯贵族之女入宫，后迫于纣王的威慑，最后选了九侯女进宫。他见纣王日夜宠幸九侯女，心中暗暗叫苦，妲己一定会很不满意自己的，若九侯女取代妲己的地位，该怎么办呢？

恶来见费仲忧心忡忡，忙问是何缘故。费仲向他说出事情的原委，恶来乐了，说王后召您入宫，请带我去见她，我自有好办法。

妲己简要向费仲、恶来介绍了纣王欲以九侯女取而代之的意图，自己束手无策，请他们出奇谋。

听完妲己的诉说后，恶来静思片刻，说："欲要九侯女失宠，首先要在她父亲九侯身上做文章。"妲己一听心凉了半截："你这主意太差，谁不知九侯是'三公'之一，势力强大，并且是咱们大王所器重的忠臣。你怎么敢在九侯身上打主意呢？""王后，无论是谁，只要抓住个谋反的罪名，大王定会诛杀之。九侯也不可能例外。大王若是相信九侯有谋反的企图，九侯女自然不会受宠了。"恶来脸上堆满阴险的冷笑。妲己又问："此计虽好，但如何让大王相信呢？"恶来转向费仲，说："这就有劳费大夫了。他可以找机会借大王名义到九侯封地那里巡视一番，回来自有话说，大王一定会相信。"妲己忙命费仲立即着手办理此事。她又对恶来说："先生如此多谋，我一定在大王面前保举你。"恶来大喜，忙跪倒拜谢不已。

六、九侯女受折磨

妲己的心稍微安定了一些。她主动到九侯女的居住处去问候，衣食冷暖无不涉及，并且还一个劲儿地夸九侯女俊俏艳丽赛天仙，妹妹长妹妹短地叫个不停。九侯女见妲己这般亲热，心里也很受感动，对妲己的印象亦有所好转。纣王看到妲己与九侯女亲如姐妹，交谈投机，感到特别高兴，深为妲己的善解人意、大度胸怀所钦佩。

其实，这都是妲己在"演戏"，迷惑纣王和九侯女，伺机迫害九侯女。

一天，纣王忙中偷闲从九侯女那里来到妲己寝宫，妲己笑脸相迎，摆上丰盛酒菜与纣王共食。纣王几杯酒下肚后，忽然叹了一口重气。妲己见状忙小心询问。纣王说："近来，我听大臣们议论说下面的方国诸侯之中，有反叛情绪，我本想出巡一次，无奈身体虚弱，恐难如愿。这样的大事得派一得力人去调查和暗访，思前想后，人选难定。"妲己不由得眼睛一亮，心想：机会来了。她装作沉思冥想，而后，对纣王说："这事还是交给费仲大夫去办妥当，他是大王器重的人，对大王忠心耿耿，每件事交给他去办不是都很圆满吗？"纣王点点头，说就依爱妻所言。妲己又建议应给费仲派个帮手。她向纣王推荐了恶来，并极力渲染此人如何机谋善辩、沉着老练。一席话说得纣王对恶来也有了好感，于是纣王派他俩去方国巡察。

　　当晚，酒酣耳热的纣王就在妲己这里安歇，妲己那欢快的回应使他无限沉醉。这是在九侯女那永远得不到的。九侯女总是那么庄重温顺；而妲己却是这样的热烈风骚。纣王忽然认识到自己在九侯女面前像个亵渎神灵的叛逆者，而在妲己面前才真正是个男人。他对妲己说："我在你身上真正体味到女人的可爱，在九侯女身上则品味出女人的典雅和高贵，你们两人真是各有千秋啊！"

　　妲己听了无动于衷，心说：过不了几天，你就会讨厌九侯女的。

　　纣王准备选个良辰吉日晋封九侯女为"随身美人"。消息传来，妲己心急如焚，盼望费仲和恶来早日归朝。

　　费仲和恶来终于回来了。他们将探听到的诸侯"反叛"情况先向妲己做了详细汇报，妲己明知是假的，但这意味着可以找到陷害九侯的借口。

　　费仲和恶来向纣王陈奏此次巡察的经过。费仲说道："我们在巡察中，发现确有少数诸侯心存不满，有谋反情绪，这其中有一位势大的诸侯已在大规模操练人马，有起事的迹象。"纣王惊问："快说！是哪个敢如此胆大妄为？""这……"费仲面露为难之色，欲说还休，迟疑不决。纣王大喝之，费仲这才低低地说："是九侯。"纣王一听却哈哈大笑起来，向费仲直摆手，摇头说："九侯为人忠直，断不会做这种犯上作乱的傻事。"这时，在一旁沉默好久的恶来开了腔，他说："画龙画虎难画骨，知人知面不知心。在九侯的封地里百姓到处传唱着憎恨诬陷大王的民谣；冶炼青铜的地方堆满了许多新铸成的斧钺兵器；更有许多人说九侯将女儿晋献给大王，是为了取悦您，使您丧失警惕，被此女所惑，他好率兵乘虚而入，来夺大王神圣的权力宝座。尊贵的大王，您可千万要当心哪！"恶来的这一席颠倒黑白的话，确实使纣王对九侯生疑。

　　他来到九侯女的寝宫，决定对其施以"火力侦察"。两人交谈了一会儿后，纣王说："我想在近日晋封你为我的随身美人，你觉得怎么样？"九侯女十分高兴地说："谢谢大王的厚爱，我深感荣幸您能给予这么高的封号。"纣王听了她的话却疑心大起，心想：这个女人平素总是恬淡文雅、心静如水，为什么今天我说出要给她晋封，她异乎寻常地兴奋呢？莫非真的像费仲、恶来两人所说的那样……纣王实在不敢再往下想了。

其实，他的疑虑是多余的。九侯女虽性情高雅，不慕名位，但她正值芳心绽开之年，见纣王如此热恋自己，久而久之，从心中也生发了一股对纣王依恋的感情。纣王欲给九侯女晋封，使她感到，纣王对自己的爱宠更加深了一步，她心里自然十分高兴，言语中难免一反常态，却被纣王理解反了。

纣王心中气恼不已。他又问："封号高了，意味着权力地位也大了。你想不想当王后呢？"九侯女正深深陶醉在爱的意境里，以为纣王与自己开玩笑，便说："当然想，我早就盼望能尽快戴上王后的桂冠，好尽心陪伴大王。"纣王心中怒火顿生，认为她果然是心存歹意入宫来（其实九侯女是他硬给"选"进宫中）。于是纣王问她想当王后是不是九侯的主意，九侯是不是已经做好了登基的准备，先让她来宫中迷惑自己。言语中火气十足，还夹杂着对九侯的嘲讽和谩骂的语句。九侯女先是一愣，随后是惊讶、委屈和愤恨。她第一次认识到纣王的多疑和粗鲁无礼。她奋起争辩，称纣王之辞纯系无稽之谈，冤枉好人，实在太糊涂了。纣王听了暴跳如雷，普天之下，他为尊长，哪个人敢如此羞辱他。九侯女则斥骂纣王昏庸无道，听信谗言，诬陷忠良，早晚殷商的江山要葬送在他的手里。纣王最忌讳的就是这些话。他发疯地折磨九侯女。

妲己闻讯赶来，见此情景，假装大吃一惊，忙向纣王询问事情原因，听后又不禁叹惜说："真想不到，如花似玉的九侯女竟包含这样的歹毒之心。多亏大王及时发现她的阴谋，否则后果真不敢想象。"纣王听完妲己的话恨恨地说："我绝不能简单地处死她，而要她饱受折磨。"纣王挥手命侍卫叫来糟丘山下十余个煮肉的奴佣。令这些奴佣污辱九侯女。刚烈的九侯女双目如火，痛楚欲绝，口中大骂纣王："你这个丧尽廉耻、毫无心肝的昏君，你的恶行天理难容……"

纣王又命侍卫悉数砍下这些奴佣的头颅，悬挂在"肉林"之中。而后，他又笑嘻嘻地对妲己说："我的爱妻，只有你与我真心。我想把这贱人拖到朝政殿前，让她饱尝'炮烙'的惩罚。你看如何？"妲己见九侯女正凄婉地注视她，就对纣王说："大王，何必如此呢，应该给九侯女一个悔过机会，她会醒悟的。"纣王一听这话似乎不对劲儿，刚要问妲己，忽见妲己冲他使眼色，就说："先把这贱人抬回去调养。"宫娥们将九侯女抬走后。妲己这才对纣王说："炮烙之刑，咱们已观赏过多遍，没啥兴致。不如在'酒池'旁边挖个深坑，里面放进万千条毒蛇，叫'蛊虫'坑。将九侯女放入此坑内，让毒蛇咬噬，使她慢慢死去，我们在坑边观赏，一定很有趣，这样可以彻底消除大王心中的怨恨之气。"纣王竖起大拇指，点头说好。

七、设计除掉九侯

纣王遂传旨命殷都城的黎民百姓每一户交纳毒蛇四条。民众四处抓蛇，都城没有这么多蛇，就纷纷到城外捕捉购买，一时间蛇成金贵之物。络绎不断的百姓到沙丘交纳毒蛇。这成千上万条的毒蛇被投放到酒池旁边的一个方圆十余丈、深两丈的大坑里。这就是妲己所说的"蛊盆"。

纣王和妲己得知"蛊盆"已完成的消息后，忙乘辇前来观看。只见"蛊盆"坑内，无数条毒蛇蠕动怒啸，昂头吐出蛇芯，上下飞舞，令人毛骨悚然。

九侯女被押至"蛊盆"边，纣王让人将她剥去衣裳。虽饱受摧残，但九侯女仍艳丽无比、楚楚动人。纣王不觉在心里稍微犹豫了一下，他对九侯女说："我真舍不得杀你，怎奈我听人说你父亲要谋反篡位，派你来卧底以美色迷惑我，不杀你国法难容。你若是把你父亲的谋反情况详细交代出来，或许能免一死。"九侯女冷漠地注视着纣王，脸上充满鄙视和痛恨的表情，没有说一句话。妲己一见这情景，索性彻底撕下了自己伪装的面纱，指着九侯女骂道："你这贱人妖妇，企图以美色来害大王，好毒的心啊，你快到'蛊盆'里去和毒蛇比比谁更毒吧！"九侯女听到妲己的这番话后，心里全明白了，她逼视着妲己，冷笑着说："妲己，这一定是你的主意了，你丧尽天良，心如蛇蝎，你才是倾覆江山的祸水呀……"妲己不等她说完，便恶狠狠地将她推入"蛊盆"之中。万蛇尽咬，九侯女哀呼凄惨，受尽折磨，香魂尽灭，只留下一堆白骨。

　　妲己见九侯女已被万蛇吞噬，心里欢喜发疯，忽听不远处传来一阵哭声，她定睛一看，原来是九侯女进宫时带来的十多位婢女，见小姐遭受如此残害，心中悲痛万分，不觉泣哭出声。妲己于是对纣王说："兔死狐悲，九侯女带来的这些婢女留下来也终究是祸害，不如让她们一起死殉女主人。"纣王正感到余兴未尽，连忙答应。十余位无辜少女也一道被投入到"虿盆"之中受尽毒蛇吞咬皮肤、钻入肚腹的痛苦，呼号不止。纣王和妲己饮酒观看，兴致勃勃。纣王称赞说："爱妻这'虿盆'之刑真是妙不可言，可以剔除宫中反叛恶根。"可怜、无辜的九侯女死不瞑目。

　　专门为纣王起草文件的上大夫胶鬲闻讯赶到"虿盆"旁，见此惨景，他悲泣地劝纣王说："大王用这等酷刑残害后宫嫔妃，她们有什么大罪吗？前些时候我看到百姓交纳毒蛇时，许多人都有怨言，不少人到离都城百里以外的地方去抢购，民不安生。大王不修仁政，滥施酷刑，民遭荼毒，君臣暌隔，这是盘古至今没有的，请问大王，以前哪一个朝代的君王设过这样的酷刑？大王还以观受刑者痛苦为乐，您于心何忍呢？况且妃娥们都曾在宫中朝夕侍候您，如此对待亲近之人，未免太冷酷无情了。"纣王尴尬地说："我因听说九侯送女儿入宫是为谋叛'卧底'之后才下令将九侯女处死的，后宫之患，恰如肘腋之疾，来不及发觉，况且九侯女阴谋险毒，所以才设'虿盆'之刑惩罚她，也以此对其他嫔妃宫娥达到警鉴作用。"胶鬲痛心地说："九侯是大王最器重的'三公'之一，他对大王亦忠心耿耿可昭日月。现在大王竟听佞信谗，残害无辜，忍心丧德，罔有悛（quān）心，势必会引起四方诸侯贵族的抱怨，百姓也将滋生反意。大王深居宫中，荒淫酗酒，恣意纵欲挥霍，一点也不想着国家的安危，这样的情形再蔓延下去，国将不国，大王也要遭受灭顶之灾。臣下敬请大王立即迷途知返，改恶从善，近忠良远奸诈，方可保国家康泰，万民安居乐业……"纣王怒从心头起，气自胆边生，他吼道："胶鬲，我身为君王，用不着你来教训，你竟敢胆大包天侮谤神圣的君主，罪不可赦！"纣王挥手叫人把胶鬲也推进了"虿盆"之中喂了毒蛇。又一个忠诤铁骨之臣死于纣王的暴刑之下。

　　妲己陪纣王饱鉴了蛇吞活人的游戏后，挽着纣王回到了鹿台宫，在富丽堂皇的琼室与纣王共品美酒佳肴，而后百般取媚，纣王沉醉于这个迷人的港湾里。

纣王却忽然浑身激灵打了一个冷战。他意识到仓促地处死九侯女有些太草率了。爱女惨死，骁勇善战、刚烈如火的九侯岂肯善罢甘休。若真像费仲、恶来所说的那样，九侯有谋反之心，其女一死，九侯不正找到了兴兵发难的借口吗？况且九侯和鄂侯、西伯并列"三公"之位，在各小诸侯和方国中号召力强，威信高，九侯一起事，难保其他诸侯不响应。杀了九侯女，这祸惹大了。纣王越想越害怕，心乱如麻，脸色惨白。

妲己见纣王这般模样，便问其何故如此恐惧。当纣王说出自己心中的顾虑后，妲己也一时呆愣起来，后怕万分。然而木已成舟，无法再挽回九侯女的生命。妲己的脑子急速运作起来，想了许久，仍无头绪，忽听纣王说："唉，也怪她太不解风情，如果献媚于我，即使她的父亲有叛逆之心，我也会饶她一命的。本来我已想选个吉日晋封她为'随身美人'的。"一席话使妲己眼前一亮，顿时计从心来。妲己心里想："三公"位尊势大，以九侯为重，纣王平时对其尚且退让三分，我这个妃子就更不会让他们放在眼里了。他们迟早会对我的奢华快乐生活不利，何况九侯若知其女是我设计所杀，他绝不会饶恕我，那时我就会落得呼天天不应，叫地地不灵的悲惨境地。妲己索性心一横，对纣王说："大王，'三公'平素就恃他们功高，对您傲慢无礼，有失您的王驾尊严。何不假称'封九侯女为随身美人'之由召'三公'进朝贺拜，趁机除掉九侯，大王岂不可以了却了这块心病吗？"纣王听了大喜，连称"妙计奇招"，遂命费仲等人具体办理召"三公"入朝之事。

八、九侯、鄂侯惨遭酷刑

九侯、鄂侯、西伯"三公"奉旨按期抵达朝歌。纣王派商容、比干等文武大臣到城门迎接，沿街张灯结彩，鼓乐齐鸣，黄土铺道。"三公"见此心中激动，自然升起一股感激之情。他们哪里知道，等待他们的只有厄运。

纣王早已叫来费仲、恶来等人吩咐如此这般。一切准备就绪，只等"三公"入瓮。

九侯、鄂侯、西伯姬昌到朝政殿来晋见纣王。拜见已毕，纣王眼睛盯住了九侯，喝道："九侯，本王待你恩重如山，你却派女儿前来诱惑本王，欲叛乱篡位，左右给我拿下这恶贼枭首示众！"如平地一声雷，不仅把九侯震呆了，连鄂侯、西伯两人也吓得惊诧不已。如狼似虎的侍卫把九侯绑住，欲推出朝门外，九侯厉吼一声："慢！大王的话无中生有，我死不瞑目。"纣王一挥手，费仲、恶来两人走上前来，历数九侯的"谋反行为"。胡说八道之言，气得九侯斥骂恶贼不止。纣王阴险一笑，说道："九侯，我早已将你的女儿推入'虿盆'中喂了毒蛇。念你曾经立过战功，我只将你斩首示众，对你已是很宽宏的了。"九侯听到爱女已惨死于暴刑之下，顿时目眦欲裂，他大叱纣王："昏君！我坐镇边远的封地，奉公守法，自尽职责，这就是你所说的谋反吗？你听信谗言，灭绝人性，残杀我无辜的女儿，炮烙忠良，宠爱妲己，只知荒淫奢华度日，不理朝政，殷商的江山一定会在你的手上毁掉。现在你又要以莫须有的罪名杀掉我这样的先王老臣，你心狠如豺狼！"纣王被骂得又气又羞，脸变成猪肝色，他声嘶力竭地叫道："快把这倚老卖老的家伙推出斩首！"鄂侯、西伯见状忙跪倒求情，乞求纣王饶九侯一死。鄂侯说道："大王，九侯实属无辜，其女已被大王错杀，而今大王又要错上加错，再杀九侯，岂不大冤！臣下以为，圣明的君王治理国家，务勤实政，亲贤远奸，不沉湎于酒色淫乐，所以古时的尧舜才能垂拱而天下太平，万民乐业。而大王如今是怠荒朝政，信谗远贤，常常滥杀国家忠贤股肱大臣，设酷刑以阻忠谏之道。为了能使国家安泰，我请求大王贬掉费仲等人，整肃宫闱，勤政爱民，喜纳忠良之言，则国家可安，民心可回，否则，一场大危机马上就会到来，悔之晚矣。"西伯姬昌点头赞成鄂侯的话，劝请纣王三思。

纣王听了拍案而起，他怒吼着说："我自有治理国家的良策，不必听你们乱说。像你们这种逆臣，不杀则不足以平我心中之恨。来人，把鄂侯、西伯也绑起处死！"鄂侯大骂纣王昏庸无道。

妲己这时出现了。她见"三公"被绑，心中高兴得不行。她得意非常，暗想若把"三公"尽除，自己今后的随意淫乐享受又少了几个重臣的干涉，会更加自由自在地和纣王嬉戏。哼，得让这三人品尝品尝我的手段！

妲己装出吃惊的样子，问纣王："大王，刚才不是张灯结彩迎'三公'，怎么现在'三公'都被绑起来了呢？他们犯了什么罪？"

纣王回答说："他们触犯本王的君威，属于犯上作乱，罪不可赦。九侯有使其女诱惑本王，欲弑君夺位之罪；鄂侯有叱骂君主之罪；姬昌利口侮君。这些罪过理应按律斩头。"

商容、比干等大臣跪满了朝政殿，求纣王赦免"三公"，苦谏泪谏甚至血谏，以打动纣王的心。比干劝纣王说："大王，九侯、鄂侯、西伯'三公'是国家的栋梁，也是您最器重的诸侯。九侯昔日随先王征战夷邦，战功显赫，您听了传谣之言说他谋反，证据不充足；鄂侯镇守一方，保王安枕无忧，勤勉兢业无可挑剔，是国家的有功之臣，只因顶撞大王而杀他，实在难以让天下人信服；西伯姬昌耿耿忠义昭日月，仁结诸侯，义施文武，礼治邦家，智服反叛，政事严整，协调朝中文武大臣与诸侯的关系，匡扶国事政业，是治世能臣，若杀他，臣民难服，于大王不利呀！况且'三公'所属领地内，兵精粮足，强将如云，倘若知道他们的侯主无故遭到大王诛杀，恐怕真起叛心，惑众起兵来都城问罪，天下就大乱了，我朝始祖成汤所创下的数百年基业就会毁于一旦啊！"纣王听罢，说道："叔父说的有一定道理，我平时也常听说姬昌忠君爱民，但他不该附和九侯、鄂侯之流，本土觉宏，暂饶姬昌性命。但九侯、鄂侯两人属乱臣犯上造逆，恶党簧舌，我必杀之。众卿再要为他们求情，就是目无君王之尊，污蔑法纪。再劝阻者，与他们同罪！"群臣再劝，纣王怒叱不止。众臣含泪噤声退下。

九侯、鄂侯愤怒斥骂不绝。

妲己这时高叫道："大王，这样贼臣逆子之辈不施酷刑不足以严法纪和维护王驾的尊贵，请大王对九侯、鄂侯施以'醢''脯'之刑。"

费仲、崇侯等少数奸佞之臣齐声附和。

纣王抚须狂笑，令侍卫们对九侯施以"醢"刑，用巨大的青铜钉将九侯的手足钉在大圆木板上，然后乱刀剁碎，砍为肉酱；对鄂侯施以"脯"刑，把他钉在木架上，用锋利的短刀把他身上的肉一片一片地割下来，晒成肉干。酷刑惨状，令大臣们发指。

纣王却命人端上美酒琼浆，与妲己共饮，饶有兴趣地观赏九侯、鄂侯受刑之惨景，时而相视大笑不止，笑得众臣心中发冷，万念俱尽。

九、伯邑考入殷救父

西伯姬昌见状沉默不语，脸色平静如水。

纣王冷眼瞧了姬昌一会儿，见他不动声色，以为是酷刑镇住了他。纣王心想，"三公"一下去掉了两个，姬昌一个人断然兴不起风，作不起浪来，于是就命人引姬昌到馆驿休息，克日返回封地。

姬昌拜谢纣王退殿到馆驿安歇。在馆驿装饰豪华的客房里，姬昌夜不能寐，一想到九侯、鄂侯的凄惨结局，他忍不住叹息不已，泪如雨下。他们三人贵为商朝的"三公"，又是十分知近的朋友，九侯的骁勇善战，鄂侯的忠直刚烈，姬昌的多谋善算，世人闻名。如今九侯、鄂侯无辜身死，姬昌怎能不伤心悲叹。不料，姬昌的行为被崇侯听到了，这个自诩为纣王心腹的势利小人急忙到鹿台向纣王报告此事，并进谗言说姬昌被周族（即姬昌的领地周）人奉为"圣人""天神"，长此下去，大王王位不保。纣王立即火冒三丈，骂道："西伯姬昌胆大妄为，我已赦免了他，而他却不思报恩，同情叛逆。我一定要让他尝尽监牢的苦头。"于是，姬昌被纣王的侍卫押送进商朝的最大监狱羑里（河南汤阴县境内），关进了暗无天日的潮湿的牢房。姬昌是位意志坚强的有头脑的政治家，胸中富于韬略。囚禁期间，他认真地分析了当时商朝的内外形势，思索周族的未来发展方向，他还在闲暇时将伏羲八卦反复推绎，变成六十四卦，中分三百六十爻象，即后来的《周易》一书中的《易经》。其中阐述的阴阳理论即自然界和人类社会事物的多样性，后来被周族人奉为思想武器，在灭商的"武王革命"中发挥了重要作用。

纣王唯恐姬昌不安分，时常派崇侯等人到羑里监视。恶来被纣王封为上大夫，越发嚣张起来，他极善于玩弄颠倒是非的把戏，不知屈害了多少贤臣良将。恶来也自然得到了妲己的"厚爱"，只要是妲己痛恨的人，恶来一定会想方设法将其除掉，以宽妲己之心。妲己也常在纣王耳边吹风，夸奖费仲、恶来、崇侯等人，使纣王对他们越发宠爱和器重。一时间，朝廷中奸佞贼臣"春风得意"，忠直贤良的大臣只得"金口免开"。朝政荒废到了十分严峻的局面。

妲己和纣王仍如从前一样，醉卧温柔乡，蝶戏花丛，畅游巫山云雨间百千遍不厌。

上梁不正下梁歪，许多商朝贵族也纷纷效仿，嗜酒狎女，暴敛挥霍，一味追求奢淫之乐。平民百姓心中诅咒商亡，不断兴起反抗暴政的正义行动，商王朝败象丛生，摇摇欲坠了。

转眼西伯姬昌已在羑里被囚禁两年了，周族的臣子们焦急万分，他们筹划以计谋"赎"出姬昌。

闳夭、散宜生等人足智多谋，是姬昌所器重的谋士，他们与姬昌的长子伯邑考反复商议一番后，决定挑选美女、名马和稀世珍宝，入殷都献给纣王。

他们四处搜寻，最后挑选了艳丽无双的有莘氏（周族的一个分支）美女，五色斑斓、鬃毛通红、眼似铜铃的骊戎文马，有熊氏的九驷马车以及许多珍贵的奇珍异宝。

伯邑考亲自带着这些"礼品"赴商都向纣王进献纳贡。

纣王携妲己在朝政殿召见了伯邑考。

纣王见伯邑考长得丰姿秀雅，眉清目朗，谦恭有礼，颇有玉树临风般的潇洒，心中赞叹：姬昌竟有如此英俊的儿子，实乃福也。妲己一见伯邑考，顿觉春心荡漾，生出爱慕之意，要把这英俊少年弄到手，为己所用。

伯邑考跪拜参见纣王、妲己，敬献礼单，请求纣王释放父亲姬昌，伯邑考说："臣子父姬昌罪忤大王，承蒙大王宽宏施恩，让他暂居羑里闭门思过。臣子的一家老小无不感激大王的天高海阔之洪恩，敬仰大王地厚山高之大德。臣子请您赐姬昌再生，得赦归周，使臣子一家得以骨肉团聚。请大王恩准。"纣王见伯邑考一片孝心，极其恳切，一时良心发现，于是赐伯邑考站起来说话，而后又命伯邑考将贡礼献上殿来。纣王看见有莘氏的美女容貌端丽，天姿国色，秋水盈盈，脂香阵阵，意绪缠绵，顿时心醉神荡，不禁高兴地对伯邑考说："本王得此美人儿，就足以释放西伯，何况还有这些稀世珍奇异宝。"随即命人扶有莘氏美女入锦帐安歇。纣王的一双贪婪的眼睛一直盯着那风姿迷人的美女走出朝政殿。

妲己见状，心中酸溜溜的，表面上对纣王还得强作笑颜，恭贺他又得新娇。纣王大喜，大赞妲己贤德胸宽。

妲己眼珠一转，向纣王建议说："我小时候在家时听父母说，西伯大公子伯邑考博通音律，熟谙鼓琴，还通晓大雅之音，大王何不让他弹奏一番，以悦耳乎？"妲己又提议到鹿台饮酒并听伯邑考弹奏。纣王应允。

鹿台之上，摆满琼浆玉液、山珍美味。纣王与妲己桌前坐定，命伯邑考弹奏。伯邑考将琴放在面前，盘膝而坐，十指尖尖，拨动琴弦，弹奏起来，音韵悠扬，恰如夏玉鸣珠，万壑松涛，清婉欲绝，令人神志清爽，恍如仙境。纣王心中大为高兴，命人赐给伯邑考一杯美酒。妲己暗中观看伯邑考，见其面如满月，丰姿俊雅，风度翩翩。妲己心里寻思，若将伯邑考留侍身边，便能以传奏琴技为由，乘机挑逗，成就鸾凤，共效于飞之乐。妲己劝纣王将伯邑考暂留宫中，传授琴乐。纣王传旨应允。妲己将纣王灌醉，令宫女扶他休息。时已入夜，妲己却神采飞扬。

而后，妲己引伯邑考进入一个雅室内，让他单独传琴。妲己学弹琴是假，实为贪图伯邑考英俊之貌。她百般挑逗伯邑考，左右勾引，真是转秋波，送去娇滴滴情怀，启朱唇，吐出软温温悄语。怎奈伯邑考洁身自爱，心如铁石，意若坚钢，眼不斜视，一心只是传琴。妲己又令他陪酒，伯邑考正色说："王后位尊，臣子怎么敢与王后同饮。"坚辞不受。妲己见此法又失效，就说："我坐在上面，你在下面教授琴技音律，相隔距离太远，效果很差。今晚我若学不会，明天无法向大王交代。不如我坐在你怀里，你手握我手双拨琴弦，一会儿就能学好。"妲己边说边往伯邑考怀中靠，尽展淫媚之态，露出狂乱邪气。伯邑考"呼"地站起身来，大喝道："王后贵为国母，只为传琴而使我陷不忠不孝、不仁不义之地。您竟想些苟且恶行，纯属儿戏，体统何在！请您务必自重，否则以何面目见天下人。"

十、有莘美女香魂殒灭

妲己羞愧无言，传旨让伯邑考暂回馆驿。妲己恨死了伯邑考，心中暗骂他不识抬举，定教他碎尸万段，以解羞辱之仇。

次日天明，纣王醒来问妲己琴学得怎样。妲己目中垂泪，悔叹不止。纣王忙问她怎么了，妲己说："昨夜，伯邑考没有心思教我弹琴，而是用话调戏我，甚至还动手动脚，欲行无礼之行。大王，你可要为我做主哇！"妲己反咬一口。纣王气得发昏，命人将伯邑考从馆驿抓来，斥责他胆大恶为。伯邑考一听便知妲己在搬弄是非。他义正辞严地劝谏纣王摈弃淫乐酷刑，重用忠良，贬斥奸逆，振刷纲纪，否则社稷难以宁康。纣王大怒，欲把伯邑考投入到那"虿盆"中喂蛇。妲己却阻止了纣王，耳语了几句。妲己起身命人将伯邑考手足钉住，而后万刀剁割，剁成肉酱。望着那一堆已没有生命气息的碎肉酱，妲己恨道："你无情，我也无义！不知好歹的蠢货。"

妲己对纣王说："我听说人们都把姬昌视为圣人。作为圣人绝不会吃自己儿子的肉。大王可命厨师将伯邑考的肉做成肉饼送给姬昌，他如果吃了，说明他徒有虚名，可以赦免；他假若不吃，就应该将他杀掉，以绝后患！"纣王拍手说好。

纣王派一大臣到羑里给姬昌送去肉饼。这个大臣原是姬昌好友，他知晓这其中的秘密，他含泪向姬昌讲述了这件事的始末。姬昌欲哭无泪，他咬牙连续吞下三个子肉饼。这个大臣回禀了纣王关于姬昌吃子肉饼的经过。纣王和妲己觉得开心无比，笑了半天。纣王对妲己说："我原以为姬昌如何了不起，真的像他的族人所称的圣人。而现在他吃了三块用他儿子尸肉做的肉饼却没有一点觉察。以此看来，他也不过是一个凡夫俗子，不值得我去忧虑。"妲己也深以为然，一想到姬昌无奈地咀嚼着用自己儿子尸肉做成的肉饼，妲己感到无比解恨。

纣王通过姬昌食伯邑考肉饼这件事，从心里感到姬昌不过是平庸之辈，对自己的王位和江山根本构不上威胁，一时间从心理上放松了对姬昌的警戒。心中一感轻松，纣王的玩乐之心又不禁活跃起来。

他一下子又想起了伯邑考进献的有莘氏美女，就连忙让妲己派宫娥去召有莘氏美女来鹿台饮酒游乐。妲己心里暗骂纣王：哼，没良心的男人，一轻松下来，就想着猎艳采花，吃着盆里还望着锅里，贪得无厌。我一定要转移你的视线。妲己赔着笑脸说："大王，你看，今天风和日丽，正是野外踏青逛绿的好时候。晚上回来再与有莘氏美女同饮不迟。"说完，也不管纣王心里是否愿意，就挽着他走下了鹿台。鹿台旁边有一个很大的马厩，里面拴养着许多各地贡献给王室的良驹名马。其中伯邑考献来的骊戎文马和九驷马车也停拴在这里。纣王手抚着文马赞叹不止，他腾身上马，又命宫娥们将妲己扶上九驷马车，一前一后，在鹿台周围的广阔囿园里驰骋游逛。看到纣王骑在马上威风凛凛的样子，妲己打趣地说道："大王骑在文马身上，更显王者之雄风和威武。大王得此名马，要比得十名有莘氏美女都强吧！"纣王则咧嘴哈哈一笑，说："你不知我心哪，我宁要美女，也不要宝马。"坐在九驷马车上的妲己气得差点跌落车下，心说，我白费劲了。

临近傍晚，纣王和妲己重新回到鹿台上，摆下酒菜，召来有莘氏美女同饮共乐。酒酣之中，纣王想与有莘氏美女对饮一杯。妲己款款走来，强作笑颜，给纣王斟完酒后，又要给有莘氏美女斟，有莘氏美女见王后妲己如此厚待自己，心里诚惶诚恐起来，忙跪拜而受之。妲己却一把拉她起来，亲昵地说："你我同侍大王，当亲如姐妹一样，不必多礼。"妲己又询问了有莘氏美女的家世情况，言谈中她发现有莘氏美女是个直爽的女子。妲己心中暗喜，让有莘氏美女多喝几杯，不愁其不醉，一旦醉倒就好办了。纣王见有莘氏美女被妲己频频劝酒，喝来喝去已招架不住。纣王唯恐灌醉她，难成好事，便从有莘氏美女手中接过酒杯，一饮而尽。妲己心中恼怒，恨恨地说：大王可真会怜香惜玉啊。哼，我叫你烂醉如泥。妲己悄悄地命宫娥们端来两坛烈性酒，一杯接着一杯地奉献给纣王。嗜酒如命的纣王也难以抵住妲己的如此攻势，不一会儿就酩酊大醉，扑向有莘氏连声喊叫起来："美人儿，我的美人儿……"便沉醉不醒。出身平民家庭的有莘氏美女被吓呆了。

妲己见纣王如此痴恋有莘氏美女，心中顿生歹意。她冷笑一声，走近有莘氏美女，虚情假意地说："好妹妹，我送你出虎口！"有莘氏美女千恩万谢。妲己引着她向鹿台边上的栏杆处走去。到了栏杆处，心毒手辣的妲己乘其不备，从背后猛力一推，随着一声凄厉的惨叫，有莘氏美女跌落到鹿台之下，香魂殒灭。

纣王酒醒后，发现不见了有莘氏美女，忙向妲己询问究竟。妲己掩面哭泣起来，哀痛万分地说："有莘氏美女见大王对她那般粗鲁，一时想不开，就跳下鹿台了。"纣王此时也只有痛惜不止的份了。妲己真会演戏，纣王竟然信以为真。又一位美丽的女子被残忍成性的妲己害死了。

妲己还余恨未消，她想：大臣和诸侯贵族们都认为我是以色相取媚纣王，暗中骂我是妖媚王后。哼，从今以后，我要施展一下自己的手段，让他们见识见识，顺我者昌，逆我者亡。

纣王又几次派心腹到羑里暗中观察西伯姬昌的一举一动。他们回来向纣王禀报说，姬昌每日闭门思过，口中常喃喃自语说大王对他恩重如山，令他百身难谢。纣王听后，心中很是欣慰，觉得姬昌还算忠心耿耿。他命撤去监视姬昌的侍卫，让姬昌自由地出入，但仍让姬昌暂居羑里，以观后效。

第四章

费仲受贿劝纣王

姬昌纳贤兴周邦

一、散宜生献计

伯邑考被纣王和妲己残忍地杀害后，他的随从们得知了消息，悄悄溜出殷都，策马扬鞭，一路风餐露宿，日夜兼程赶回了周族所居地岐山脚下的周原（今陕西省的扶风、岐山、凤翔、武功等县），向姬昌的儿子姬发、姬旦等人报告此凶讯。姬发等听完，大哭不止，几乎昏绝。伯邑考平日里对他们体贴照料，尽到了作为兄长的责任，受到兄弟们的敬仰和爱戴。而今，大哥为救遭受囚禁之苦的父亲去殷都进贡"赎罪"，请求释放父亲，谁承想却被凶狠残暴的商纣王无端地杀害，醢为肉酱。天理何在！

周的谋臣闳夭、散宜生、辛甲、辛免、太颠、祁公、君积等和一班武将闻讯赶来。姬发强忍悲痛，向这些谋臣武将诉说伯邑考被纣王杀害的经过。众人也禁不住纷纷流泪，痛惜英才被摧。

忽然，一个武将大声叫喊着："纣王无道，残杀我们周族幼主。我们的主公西伯位尊'三公'之列，其德才闻名诸侯，深受爱戴，只因同情九侯、鄂侯被纣王无辜残杀而叹息了几声，纣王就将他囚禁到羑里潮湿的暗无天日的监牢，这哪里还有什么君臣之义啊！主公被囚禁，幼主又被害死，这是断送周族子民活路，既然这样，依我看，应该尽发我们的全部军队，向天下发出檄文，联合其他诸侯，一起杀向殷都，剿戮荒淫无道的昏君纣王，重新扶持英明的国王，铲除奸佞邪恶，重返政通人和、天下太平的盛世局面，这也是我们作为臣下应尽的义务和责任。"说话这人叫南宫适，是西伯麾下的勇将。

众人听了他的慷慨陈词，犹如一颗火星落入了干柴，顿时怒火燃烧，大部分人都握紧拳头，齐声吼叫着说："我们赞成南宫将军的话，反了，反了！姬发公子，主公现在被囚于羑里，大公子又遭杀害。周族掌舵人就是你啦！快领我们杀奔殷都吧！"姬发见众人摩拳擦掌、横眉立目、跃跃欲试，正值血气方刚之年的他也不禁热血沸腾，他拔出青铜宝剑，欲奋力一挥，响应此举。

突然身旁一人用手牢牢地按住了姬发的宝剑，大声喝叫："公子且慢，我有话要说！"姬发一看，是散宜生，就问："散先生有什么话要说？"

散宜生却回转头，向南宫适斥责说："南宫将军，你是想让我们周族早日被涂炭吗？你真是个有勇无谋的莽汉。"南宫适瞪着他那双大环眼，莫名其妙，不禁嘟哝着说："这老夫子，我没你心眼多，你有什么妙计快吐出来吧。"姬发也催他快说。

散宜生环顾了众人一下，说："诸位的心情是可以理解的，我也和大家一样。然而若像你们只知披甲执矛，贸然讨伐，杀奔殷都，恐怕在中途就会被纣王调集的大军围歼殆尽，这是其一；主公虽被囚禁在羑里，但纣王没有理由杀他，性命无虞，如果诸位发兵讨纣王，主公就会马上被纣王劫持到殷都作为人质，生命难保，出兵就等于把主公逼到了绝路，此为其二；出兵征伐商纣失败，那么我们周族将毁于一旦，这是其三。基于上述三个方面，我坚决反对现在兴师出兵去伐纣。天时地利人和都不具备，怎么能成功呢？请公子和诸位三思。"

姬发和众人听完后，认为散宜生的话十分有道理。姬发紧紧握住散宜生的手，感动得拜了又拜说："先生的话使我茅塞顿开，幡然醒悟。不然的话，父亲和周族的命运就危险至极了。我父亲已被纣王囚禁两年多了，先生可有好的计策营救他摆脱纣王的牢笼，使他早日回来？"

散宜生沉吟片刻，让姬发将闳夭、太颠留下，其余谋臣、武将退出去。

散宜生说："我听到从殷都来的人传言，纣王现在已经放松了对伯主的监视，开始允许伯主在羑里自由出入，这是个好机会，说明纣王有释放伯主的念头。如果朝中能有纣王最宠信的人为伯主说好话，伯主就会很快获释归来。"

姬发等人听后精神不觉一振。

散宜生继续说："在商的大臣中，纣王最宠信的是费仲、恶来两人，这两人的共同特点是贪财如命，喜欢听恭维话。我的计策是，先派人用贵重的礼物贿赂费仲、恶来两人；我再给他写上一封以周族名义致以敬仰之信函，恭维他们，哀求他们。两奸贼见到我们送去的重礼一定会喜笑颜开，在纣王面前为伯主说尽好话。伯主会很快回来。我们大家共同辅佐伯主修德行仁，扩大实力，壮大威望。等到纣王恶贯满盈，众叛亲离之时，再聚天下诸侯，一起讨伐无道的商纣王。这是兴吊民伐罪之举，那时天下诸侯百姓自然群起响应。废去昏庸荒淫的纣王，重整社稷，必将人心悦服，重创盛世。这不比鲁莽兴师，白白地遭受灭亡厄运要好得多吗？"

姬发真是喜出望外，他拉着散宜生的胳膊半天说不出话来，眼中涌出了激动喜悦的泪花。

随即姬发与散宜生等人商讨向费仲、恶来贿送礼物的具体事宜。

姬发表示愿倾尽国库以办成此事。散宜生说："可备下明珠、白璧、彩缎、丝帛、黄金、玉带等物，备厚礼两份，一份给费仲，一份送恶来。派人扮作经商的生意人，悄悄地进入殷都，向费仲、恶来献上厚礼，两个奸贼如果接受了礼物，伯主很快就会回来了。"

太颠、闳夭双双请求担当这项重任。

姬发大为高兴，按照散宜生所要求的那样，备齐了礼品，交给了太颠、闳夭两人，并再三叮嘱他们小心行事，早日归来。

二、费仲和恶来收下礼物

太颠、闳夭两人各带了三名随从，装上礼品，向殷商的都城连夜进发。

他们一连经过了商的几道关隘，毫无阻拦地抵达了殷都。

太颠、闳夭到了殷都后，因是白天，他们先找个小客店休息，收拾整理好礼物。到了天黑后，两人分头行动，太颠到费仲府下书送礼，闳夭则去了恶来府。

费仲这天很晚才回来，陪着纣王游玩了一天，身体疲乏得很，他懒散地坐在横桌前，一边品茶一边听着他的小爱妾弹奏古琴，寂寞无聊，进入了昏昏欲睡的状态。

"老爷，门外来人下书，一定要面见老爷。"守门仆人的禀告声惊醒了费仲，他定了定神，问："哪来的？""听门外那人说是周族谋士散宜生派来的。"费仲一听，很是惊讶。他让仆人放其进来。

太颠走上厅来，向费仲行大礼拜见。

费仲问："你是什么人，为什么在晚上来见我？"

太颠回答说："我是周国的一名文臣，受散宜生的委托，给您送上他写给您的信。散大夫对您十分敬仰，他时常和姬发公子谈起承蒙您的保全，伯主才得以活至今日。如此洪恩，无法报答，特备些薄礼略表寸心，以示感谢，还请费大夫今后多多关照。"

费仲听完后，心里很高兴，想不到西伯手下的臣官们会特地修书慰问他，还送来了礼品，这实在是令费仲高兴不已的事。

费仲连忙让太颠入座，自己拆开了散宜生写给他的信。

散宜生在信中说："久仰费公在朝中德高望重，深得商王的信赖和倚重，不愧为国家的股肱之臣。我作为晚生小辈，自愧愚弩，叹息没有机会能得到您的教诲，盼望将来能有这么一天。晚辈的伯主姬昌，犯下冒犯商王的大罪，多亏您鼎力相救，才保全了性命。虽然目前仍囚禁在羑里，但他一定会很庆幸自己，感激费公从刀下把他救了出来。我等作为伯主的臣下，在这偏僻的岐山脚下，日夜遥望都城方向祝愿商王和费公万寿无疆。今特意派遣太颠等人向您奉上微薄礼物，用来表达整个周国臣民对您的感激之情，万望屈阶笑纳。晚辈的伯主年事已高，长久地被囚困在羑里，也实在太可怜了，况且他家中还有年迈的母亲、幼小的孩子，连同我们这些臣下，都是日夜挂念，渴求他早日归来，这也是作为仁人君子共有的心情吧。恳请费公再给予恩惠，以您在商王面前一语回天的力量和地位，晚辈的伯主定会被商王宽恕赦免回到周国。如果得到您这样似海深的恩惠，我们周国的君臣百姓会代代感谢您的大恩大德。万请费公周全。遥盼之至。"

看完这封信，费仲的心情格外舒坦，被散宜生的信中"吹捧"之言弄得飘飘然了。

太颠一见费仲脸上露出得意之色，忙不失时机地向前递上了礼单。费仲接过看了一遍，见上面所列的礼品价值万金，不由得十分欢喜。费仲强抑住自己的喜悦，故作威严地说："我身为商王近臣，凡事必主张以公而论。你回去后，替我传达对散宜生先生的问候。请放心，等我方便的时候，一定会设法让你们的伯主平安归国，不会忘记你们对我的信任和托付之意。"太颠忙跪拜称谢说："请费公在商王面前多多美言，我们翘首企盼佳音。"说完告辞费仲回到客店。

不一会儿，闳夭也回来了。太颠忙问闳夭"事"办得怎么样。闳夭神秘地眨了眨眼睛，说恶来乐得差点把嘴都咧到腮帮上去，满口答应，并说今后有事及时沟通。太颠骂道："这两个奸贼是一丘之貉，见钱眼开。"两人又说笑一阵，命随从收拾妥当，匆匆上马回周国报告情况。

费仲和恶来各自收下了礼物后，互相心照不宣，只是等待机会到纣王面前替西伯姬昌说好话，以求纣王赦免姬昌。

三、释放姬昌

一天，纣王来了棋瘾，派宫奴请费仲和恶来轮流陪他下棋。费仲和恶来都下得一手好棋。纣王的棋艺比起他俩要差得很远，但他却十分有瘾。费仲、恶来倚仗是纣王的宠臣，因此每次下棋都是把纣王杀得大败，而后又吹捧纣王是藏威不露，以示王恩博大，纣王听了很顺耳，自己也就对棋盘上的输赢无所谓了。

这次费仲和纣王下棋却是三盘皆输，纣王兴致大增，对费仲"宽宏"地摆摆手，让他先下去歇息，恶来顶缺。纣王又赢得两盘。费仲和恶来竞相谄谀纣王，赞颂他棋高绝顶，令人心服口服。

纣王十分高兴，传令摆下酒宴，与费仲、恶来两人同饮共斟。费仲和恶来频频向纣王敬酒。酒酣耳热之时，纣王忽然叹息了一声。费仲忙问缘故。纣王说："前些日子，西伯姬昌的长子伯邑考入都进殿向本王献礼乞求赦免他的父亲。伯邑考弹得一手好琴，其音律可谓绝唱。本王原想将他留在王宫任侍乐官，不承想他竟对妲己王后起了非分之想，被本王杀了。他毕竟是个好琴师啊，可惜心术不正。"费仲和恶来听了也表现了愤恨和惋惜的神态。

酒喝得越多，纣王的话也就越多，费仲、恶来更是左右逢迎，尽讨纣王的欢心。纣王谈及姬昌吃了用他儿子伯邑考尸肉做的肉饼而浑然不知的情形，十分得意，称姬昌不是能有天命的圣人。"大王，我认为姬昌是个忠义之士。"费仲乘纣王高兴，说了这句话。纣王看了费仲半天，惊讶地问："你前些日子曾经说姬昌是'外表忠诚，内怀奸诈'，是包藏祸心的乱臣，是我必须防范的重点对象，怎么现在你又反而说他是忠臣呢？"

费仲不慌不忙地说："大王，莫急，听我慢慢说。我以前听许多人说姬昌存有叛逆作乱之心，所以我对他十分防备。前几天我又派心腹之人到羑里探明虚实，听羑里的官员和百姓讲，姬昌对大王能让他在羑里自由活动感激涕零，逢人便颂大王仁德如山。每月占卜祈祷的时候，姬昌总是焚香祈求祝愿大王，国泰民安，风调雨顺，百姓乐业，社稷永昌。听羑里的狱卒说，姬昌在被囚禁的时间里，从来没有过一句怨言。这正是'路遥知马力，日久见人心'，数载牢狱困苦，姬昌却仍忠心可昭日月，所以，我认为姬昌是忠良之臣。大王应考虑赦免他。借他以显示大王的宽宏博大的胸怀。请大王三思。"

纣王一听，感到费仲说的句句在理。他又问恶来的意见如何，恶来对纣王说："我认为费大夫说的一点不错，姬昌能在大王惩处他的时期里，只行忠孝节义的好事，没有胆大妄为的邪恶行为，可见他是十分忠于大王的，若不赦免他，恐怕有的大臣说您良莠不分，担上残害忠良侯臣的恶名啊！其他诸侯也会心寒的，从而滋长与您背心离合的念头，叛逆遍起，大王的麻烦可就大了。"

纣王经恶来一说，浑身激灵打了个冷战，酒也吓醒了，他默不作声地沉思了好一会儿，而后大手一挥，说道："好吧，就听你们两位的话，赦免姬昌！不过，这件事还需在明日上朝议政时和文武百官通报商讨一下。"费仲、恶来见纣王已决定赦免姬昌，心中的石头也就落了地，如释重负，拜辞纣王离宫回府。

　　纣王来到鹿台的琼室，但见烛光融红，酒肉绽放着诱人的香气，烛光下的琼室更显得金碧辉煌，五光十色的珠宝玉器镶嵌和悬挂在屋室的四壁和空间，令人俨然如临仙境。

　　妲己打扮得俏丽妖冶，在桌前轻抚一台古琴，呆痴异常。她近来总是心中惶恐。不知为什么，她的眼前时常浮现出伯邑考被乱刀砍剁的情景，尤其是他咽下最后一口气前骂出的那句话："妲己，你为何这样狠毒啊！"这句话像一根魔针似的，每当妲己静下心来独坐，就来刺砭着妲己的心，令她痛苦不堪。妲己永远也忘不了伯邑考那双明朗清透的眼睛。在伯邑考被宣布处死的时刻，他那双眼睛向妲己射出的是一股非常复杂的目光，含有哀怨、惊怒、怜悯，当然更多的是凛然大义、视死如归的血性男儿的豪迈和洒脱。这，使妲己的心受到了深深的震撼和刺激，令她惊慌失措。

　　从年方16岁的清纯少女时入宫，至今已是整整14年了，三十而立的妲己现已是个成熟的女人了。作为女人，她从外貌上称得上是艳若天仙；从地位上，她贵为王后，是天下女人中的至尊。纣王封她为王后那年，她年仅19岁，入宫才3年。纣王对她言听计从，在她入宫第5年修鹿台（3年才修成）；入宫第9年兴建"酒池""肉林"，令师涓奏"靡靡之乐"，妲己自编"北里之舞"，遍享人间的游玩和情欲之乐；入宫第10年为纣王设"炮烙"等酷刑；第11年挑唆纣王杀九侯女，又残杀九侯、鄂侯，囚禁西伯侯姬昌；第13年酷剁伯邑考。可以说，她的快乐和仇恨对商朝的大臣、诸侯方国及平民百姓来说，都是一次次的灾难和负担。但妲己却不以为然，她认为自己身为王后，必须要行使自我意志，顺我者生，逆我者死。

　　伯邑考本是可以不死的，只因为他不解风情，空有一副男人潇洒的身躯。妲己此时边抚琴边在心里暗暗惋惜地想着。

　　也许伯邑考太正经的缘故，妲己因此很长一段时间心中抹不去伯邑考的形象。与年已五旬的纣王相比，20余岁的伯邑考身上具有男人旺盛的活力和生气。妲己欲不顾王后的位尊而卑贱地引诱伯邑考，受斥骂后怒从芳心起，杀害了他。后来却又追悔不及，所以陷入了寡欢郁闷的情绪之中。抚琴思人，妲己不禁悔泪涟涟，无奈人早逝去，岂能复活。妲己心痛得如灼一般。

纣王在琼室已站立了好一会儿了，他见妲己抚琴痴思，后又泪珠滚落，心中很纳闷。他悄悄地移步到妲己身后，伸出双手搭在她的柔肩上，关切地问："我的爱妻，你又怎么了？有什么不顺心的事吗？"

妲己惊得心如鹿撞，差点跳了出来。随即她又镇定下来，对纣王说："没什么。大王对我是这样的宠爱，凡事都依从，怎么会有不顺心的事呢？我刚才仔细一算，到今天，我被大王恩选入宫已经整整14年了。这些年，我天天过着神仙般的生活，只是不知道在有苏方国我的父母双亲和哥哥现在是什么样的情况，心中不禁生出许多挂念之意，因此流出了相思之泪。"

纣王一听，大笑不止，他轻抚妲己的背，说："这有什么难的，明天我就下诏派人到有苏国去接你的父母和哥哥入都来小住，你就能与亲人团聚了。"妲己见假戏真做，只好顺坡下驴，起身拜谢纣王。

纣王扶妲己起身在酒桌旁就座，两人推杯换盏起来。纣王对妲己说："费仲、恶来两人今天在和我下棋时为西伯姬昌求情，说他是个忠义的侯臣，我已被他俩说动了心，准备赦免姬昌，爱妻你看放得放不得呢？"妲己呷了一口酒，又夹了块熊掌放在嘴里慢慢地咀嚼，没有立刻应声回答。

妲己心里很矛盾。虽然3年前的"三公骂殿"之时，西伯姬昌并没有直接斥责谩骂妲己"秽乱后宫"，只是随声附和，被囚禁在羑里的3年中，他也从没骂过妲己，但是他的儿子伯邑考却是为营救父亲入都晋见纣王期间，被妲己杀害的。妲己心中自问：我是同意放呢还是反对？唉，罢了，谁让我是真心喜欢伯邑考一场呢，他屈死在我的谎言下，至今还让我心有余悸，惶恐不安，索性看在死去的伯邑考的分上，我也不干涉了，让大王看着办吧。

"爱妻，你怎么不回答呀？"纣王催促着。"大王，费仲和恶来两位大夫是您最知近的大臣，如果以他们眼光认定西伯是忠义之人，那么我想是错不了的。您自己决定吧。"妲己巧妙地回避了自己对西伯的态度。

纣王见妲己不提出反对意见，也就下定了决心释放西伯姬昌。

酒足饭饱的纣王自然又想做些风流事，于是揽起妲己，寻欢作乐。真是良宵苦短，美梦易醒，又到天明。

纣王起身盥洗，用过早点，就乘辇离开了鹿台，来到朝政殿上，见首相商容、亚相比干已率文武百官跪拜迎接他。纣王在黄龙椅上坐定后，摆手让殿阶下的文武百官站起，分列两旁。纣王说："我今天和众位爱卿商议一件要事。西伯姬昌在羑里面壁思过3年之后，已知悔改。我有心释放他返回周地去，你们有什么意见吗？"商容、比干一听心中喜悦万分，两人忙出班跪奏说："这是英明之举！大王具有如此博大宽宏度量，国家昌盛就有希望了，西伯具有经天纬地之才、定国安邦之能，大王可重用。"文武百官齐声赞同并颂扬纣王恩德。

纣王大喜，命费仲到羑里传旨释放姬昌。

四、姬昌代纣王巡视方国

费仲领旨快马加鞭赶到了羑里。

姬昌闻讯出门迎接。费仲甩镫离鞍下了马，笑容可掬，拱手对姬昌说："伯侯，恭喜你呀！"姬昌还礼，问道："费大夫，喜从何来？"费仲从怀中拿出纣王御旨，说："西伯接旨。"姬昌跪拜接旨。费仲将纣王赦免姬昌的旨意宣读了一遍。

姬昌接过御旨，老泪纵横。3年了，总算又能重见天日了，可惜儿子伯邑考却为自己而丧失了生命，这是多大的代价啊。

费仲见姬昌泪水滚落，以为他高兴得失常，便转了转眼珠，在姬昌面前卖起好来，说自己对姬昌的正直忠义、多智善谋佩服得五体投地，费了许多口舌，才打动了纣王的心，下旨赦免姬昌。

听到费仲的这些话，姬昌心明如水。他装作感激涕零的样子向费仲连拜了三次，真诚地说："费大夫，我能有今天的好运，全凭你的周旋打点，大恩大德，定当厚报。今后请多照应。"一席话说得费仲喜笑颜开，忙说："不足为求，今后互相照应。"

两人你一言，我一语，谈得似乎十分投机，其实都是各揣心腹事，言不由衷，逢场作戏。

最后，费仲告诉姬昌：纣王率众文武大臣已在都城朝政殿里摆好筵宴，为他接风洗尘。

两人跨上骏马，从羑里北门出城。羑里的百姓父老听到了姬昌被赦回都城的消息后，扶老携幼，担酒牵羊，在路两边欢送，人群绵延二三里远。

姬昌前一阶段被允许自由出入期间，访贫问苦，深入百姓之中，听取他们对朝政的议论和看法；教给他们农牧业的知识和技术，收获颇多。他平易近人，丝毫不摆侯爷的架子，得到羑里百姓的爱戴和尊敬，许多人都成为他的朋友。

听到西伯被赦要离开了，人们真是恋恋不舍，不少人禁不住流下眼泪。姬昌也很激动，他对送行的人们说："我在这里并没有给予过你们什么恩惠，如此相送之景，我心里实在是愧领啊。祝你们辛勤劳作，多多保重，勿念我勿忘我！"费仲见到这个情景，心中也不觉敬佩不已。这样体贴百姓关心民众疾苦的官员实在不多，难怪老百姓都称西伯是圣人贤士呢。

姬昌和费仲一路上马不停蹄，很快就来到都城之外。只见黄土铺道，两边士兵列队致敬。当姬昌到达朝政殿时，只见大臣微子、箕子、商容、比干等一班人迎向马前。姬昌快身下马，环拜不止，高兴地说："我已有三年没见到你们啦，我现在重见天日，也多亏你们的鼎力相助。"

文武大臣们见姬昌虽然须发皆白，但精神十足，都为他感到高兴。

纣王传旨让姬昌上朝政殿叙谈，特赐他坐在近旁一桌后。姬昌跪拜说："臣犯下的罪行按律当斩，幸得大王从轻惩罚，令我面壁思过。如今又赦免了我，这样的大恩纵使我粉身碎骨，也是无法报答完的。今后，我一定安于职守，尽到臣下的义务，勤为王事，为国分忧解难。祝愿尊敬的大王和妲己王后康乐永年！"

纣王被姬昌奉承得欢喜异常，旁边的妲己也很高兴。纣王赐给姬昌帛袍一件，恩宠备至。

纣王传令开宴，与百官共请西伯。

宴席的场面宏大，美酒佳肴品种多得数不清，有鸭梨、青梅果等素淡类菜肴；还有兔肉丝、熊掌、猩唇、驼蹄等数十种荤菜；更有各种甜酒、香酒等等。这恐怕是纣王继位以来第一次与大臣们这样的亲密和融洽，只可惜不是在议政治国之时，而是在酒酣耳热、神志昏沉的豪饮中。

姬昌在酒宴之中异常活跃，他酒量奇大，从来没醉过。他一会儿与商容、比干等老臣同饮，叙旧话情；一会儿又与微子、箕子等王室贵族谈古论今，吟诗作为酒趣；随后又向费仲、恶来敬奉三杯，再三感激他们的"搭救"之恩，声称必有重报，乐得费仲、恶来昏了头脑，表示今后定将再次合作。

姬昌频频向纣王和妲己敬酒，说了无数颂扬的赞美之辞。纣王和妲己心中无比畅快。

纣王在欢宴之后，下旨晋封姬昌为监督诸侯的征讨使，赐予白旄、金钺等物，坐镇岐山，代纣王行使征伐权力，对敢于叛乱造反的诸侯实行征讨。

一时间，姬昌权倾朝野，令商朝的大小诸侯方国震惊不已。

姬昌在费仲的陪同下，到各诸侯方国巡视。所到之处，诸侯们都以迎商王的礼遇来欢迎他。姬昌巡视了周边方国后，处理了许多棘手问题，使自己的威望大增。

五、圣人之举

姬昌回到了离别 3 年的领地周国。

周国的文臣武将和百姓高兴得像过节一样。

姬昌和儿子及臣下重逢相见，环抱在一起，痛哭不止，将悲欢离合、苦辣酸甜全部倾诉出来。

一切安静下来后，姬昌对臣下们说："现在的形势对我们很有利。纣王残暴荒淫，民心丧失殆尽，各地叛逆情绪高涨，商国的败象已完全显露出来，并日趋严重，这对于我们来说是天时很好；我们周国所处的地域距商的中心地区很远，纣王对这里鞭长莫及，只得封我为征讨使以笼络我不起二心，这是地利；我们周国又多谋臣和骁将，上下一心，这是人和。这三个方面我们必须抓住和利用好。"

群臣听完姬昌这番话后，信心倍增，更加勤政，周国在很短的时间内国力大为加强。

有一天，姬昌在与群臣商议朝政时，突然宣布了一项决定：把周国在洛水附近的土地献给商国。

群臣不禁哗然，纷纷请姬昌千万不要将这块面积很大的肥沃土地贡送给商国，若给了商国，那不是让商国如虎添翼了吗？

姬昌没有反驳，只是宽厚地微笑着。

待群臣议论得差不多了，他开始阐述着"割让"这块沃土的理由。

原来周国的这片土地紧邻商国。周人种植的粮食常被商国人野蛮地掠走，商的军队又时常在这片土地上遛马踏毁庄稼。这块土地实质上已被商国人所占领，仅在名义上仍归属周国。

西伯姬昌要用这片"已失"的土地为自己挣回一些政治资本。

姬昌终于说服了群臣，上奏纣王愿献洛水之滨的沃土，请大王免除"炮烙"之刑。

纣王欣然应允了。因为对于土地，纣王总是贪得无厌。

除去"炮烙"之刑，在纣王看来，只不过是拆除销毁了几十根空心青铜柱子，少了一项刑罚的工具和寻欢作乐的一种形式。免除"炮烙"之刑，却获得一大块肥沃得流油的土地，纣王认为太合算了。纣王说明了道理，妲己也觉得这事很划算。

对姬昌来说，意义就大了。免除令诸侯和朝中大臣恐惧的"炮烙"之刑是大快人心的，人们早就盼望能有这一天。而在他们看来，西伯姬昌竟然能够甘愿献上属于自己的沃土去请求免除"炮烙"之刑，真是敢为天下先的大贤人。

为天下众人而自己无偿地做出牺牲，这是圣人之举。姬昌一下子成了天下众人眼中的英雄，德高望重。

纣王看到姬昌对自己这样忠心，又深得各方国诸侯的尊敬和爱戴，于是下令，加封姬昌为百公长，赐修8间殿议政。

商朝时期，宫殿（专供议政）是讲究等级的。商王是9间殿，其余诸侯方国是4—6间殿，原来的位尊"三公"的九侯、鄂侯、姬昌也只是7间殿。

姬昌施展的政治手段收效显著。他励精图治，求贤纳士，着手开始振兴周国。

六、古公迁岐

周族在当时主要生活在岐山附近的"周原"地区。"周原"位于黄土高原的西部，东依漆水，西傍汧河，北枕赋山山脉，南临渭水，主要包括今陕西省的扶风、岐山、凤翔、武功等县。

周族是一个古老的部落。相传周人和夏人都源于黄帝族，是轩辕氏的后裔。

弃是周族的始祖，有关他的降生留下了美好的传说。弃的母亲姜嫄是有邰（tái）氏女。有邰氏是从黄帝曾孙帝喾（zhōu）的部落中分出的一支氏族。姜嫄年轻时一次和同伴们到野外踏青游玩，忽然看到路上有一个奇异的大脚印。同伴们纷纷猜测说这一定是个大脚的怪物留下的。美嫄却想，一个人能有这样大的脚印，他的身材一定很高大英武，力擎千钧，不由得生出几分爱慕之情。她将脚放在了这个大脚印上，她顿时感到自己的肚子里有什么东西动了一下。她也并未在意，不料由此怀孕，10个月后，竟生下一个男孩。惊恐的姜嫄担心这个没有父亲的男孩给自己带来灾祸，便将他扔在野外，想让其悄然死去。过了一些日子，她去看结果，却发现孩子得到了马、牛和飞鸟的保护，很健康地活着。惊奇的姜嫄就把他抱回抚养，因为有这段弃扔的经历，就给他起名叫

"弃"。

从这个传说中，可以推测姜嫄千方百计想把不知父亲是何人的弃丢掉，其原因是姜嫄承受不了无丈夫而生子的社会舆论的谴责，由此可推断周族的诞生时期是父系氏族阶段。

弃从小就喜欢种植庄稼，长大后成为种田能手。他能够"相地之宜"，即根据观察土质的不同而种植各类庄稼，掌握除草、选种等先进的耕作技术，提高了农作物产量。他还曾协助大禹治水，受舜之命教百姓种植百谷，大大地促进了当时农业的发展。舜封弃为农官，并赐予封地，因近姬水，所以弃被称为姬氏。又由于他是管理农业种植的官员，人们称他为"后稷"。后代人将他视为农神。

夏朝时期，后稷之子不窋（zhú）继承了农官职务，夏王太康奢侈腐化，政教失修，忽视农业生产。失意的不窋率姬姓部落跑到边远的戎狄地区放牧牛羊去了。不窋死后，传位给儿子鞠。鞠死后，其子公刘继位。公刘一心想恢复曾祖父后稷的农业生产高潮，他率部落迁移到渭水之滨的豳地（今陕西邠县、旬邑县之间），整治土地，种植庄稼。经济的发展，促进氏族人口的繁衍。周族也有了自己的武装，"弓矢斯张，干戈戚扬"；公刘又兴建了宗庙，举行大型祭祀活动，这就是历史上所称的"周道之兴自此始"（《史纪·周本纪》）。周族进入了建立国家的初级阶段。

自公刘死后，又继传了八代，到公叔祖类时，正值商王朝武丁在位前后，周族的势力大增，成为商朝西部的强大方国。周人同商朝建立了密切联系，据古卜辞记载，周人曾向商王进贡龟甲、女子，受命从征服役，还参加商王组织的田猎活动。商朝先进经济和文化的融入加速了周族的发展进程。

公叔祖类死后，他的儿子亶父（古公）继位，他为人和善，善于理政，使周族的经济发展很快，逐渐富有起来。这些，引起豳地周围的戎狄等游牧部落的垂涎，不断侵扰周人，得寸进尺地勒索和掠夺。族人愤怒，他们请亶父统领众人迎战反击。仁慈的亶父思考再三，他对族人们说："戎狄等部落的大举进犯，无非是想要我们的土地和人民。如果他们能对民众仁政管理，那么部落的民众归我管还是归他们管是一样的。为了我一人，致使部落民众与戎狄血战，死伤很多人，我哪能忍心呢？"亶父坚决制止部族与戎狄拼死一战。后来，他领着部族成员从豳地离开，几经周折，跋山涉水，最后到达了岐山之下的周原地区。这里地势平坦，土壤肥沃，气候湿润，草木丰茂，十分宜人。亶父带领部族民众在这里建房定居下来，这就是历史上著名的"古公迁岐"。周族的历史也进入了崭新的一页。

定居周原后，亶父选定在岐山的向阳山麓建立了都邑，兴造了宗庙和太社。同时，亶父又设官分职，"五官有司"，加强了国家机器的建设。他还打破氏族血缘关系束缚，让周人修屋建房，"邑别居之"。亶父还组织起强大的武装，击退了混夷的骚扰，为周人的迅速崛起奠定了基础。可以说，周朝的王霸之业就是从亶父开始的。

亶父后被周武王尊谥为"太王"。后人曾有这样一首赞颂他功绩的诗："后稷之孙，实维太王，居岐之阳，实始翦商。"（《诗经·鲁颂·閟宫》）

亶父死后，他的小儿子季历继位。季历在位期间，对内继续执行亶公时的鼓励部族人民大力发展农业的政策，对外争取团结各方国诸侯，周族的力量又有了发展，在商王朝的支持下，对戎狄、鬼戎等部落进行反击，抓获了大量奴隶，占领了大片土地。商王文丁看到季历很有才干，就封他为商朝的牧师，管理整个商王国（包含各方国）的畜牧业。季历不断向外扩张，客观上对商王朝形成威胁。商王文丁后来找了个莫须有的罪名，杀死了季历。从此周族和商王朝结下了不共戴天的世仇。

季历死后，他的儿子姬昌继位。

据传说，姬昌在降生那天，一只红鸟落在了姬昌母亲太妊所居屋子的窗户上，其鸣悦耳动人。姬昌的爷爷亶父见此奇异情景，认为这是祥瑞征兆，心中欣喜，他高兴地对儿子季历说："由此看来，将来我们周族昌盛有望，能完成这项大业的人，一定会是我的宝贝孙子啊！"亶父给这个婴儿起了个名字，叫昌。正因姬昌的缘故，他爷爷没按惯例死后把王位传给大儿子太伯或次子虞仲，而是把王位让给姬昌的父亲季历，是想让姬昌的父亲先继承王位，而后再由姬昌正式当周国的君主。

姬昌是个很有作为的创业主，经过多年的努力，他的周国已在商王朝中的诸侯方国里处于举足轻重的地位。

姬昌整天勤于政事，田猎游乐很有节制。他表面上继续臣服于商朝，却在暗中加紧做灭商的准备。

七、愿者上钩

姬昌思贤若渴，广求天下人才。为了接待有本领的人，他常常耽误了吃饭。

出狱后的姬昌政治头脑更加成熟了。他表面上对商纣王忠心耿耿、唯命是从，可他内心里却充满了对商王朝的不共戴天之仇。姬昌的父亲季历就是被纣王的爷爷商王文丁杀害的；姬昌年轻多才的大儿子也被纣王和妲己酷杀；姬昌本人又遭受了纣王3年的牢狱之难。这些，姬昌是刻骨铭心的。

姬昌已在心里发誓，推翻殷商王朝，诛杀祸国殃民的纣王和妲己。

姬昌经常四处寻访，一心要找到一个能够辅佐他灭商的大贤，以成就自己的霸王之业。

一年春季的一天，柳舒花放，桃李争妍，景色明媚。姬昌游兴顿生，欲去郊外踏青行猎。出发前，他照例进行了占卜。占卜在商朝时期是项很重要的仪式，将龟甲和兽骨刻上向上苍和祖先祈求护佑的字句，而后将其放在火上烘烤，用那上面显出的字句来测定吉凶，决定一切行动。当然这种形式在今天看来纯属荒唐的迷信活动。

据传说姬昌从这次占卜中测知他会在出猎时遇到一位能辅佐他完成霸业的大贤。姬昌大喜，但又将信将疑。

姬昌率领着几名亲随，信马由缰坐车到了林木悠旷、风光迷人的渭水岸边。姬昌发现有位白发苍苍的老头在河边垂钓，只见他一手抚膝，一手拿着钓鱼竿，而且双目微闭。姬昌感到有些奇怪，就跳下车来，慢慢地踱到老人近前。老人全然不觉，用手不停地把鱼线提出或放入水中。姬昌惊奇地发现，老人的鱼钩竟是直的！

姬昌差点笑出声来，不禁问道："这位老人家，您的直钩怎么能钓上鱼来呢？"

老人答道："老朽钓鱼，愿者上钩！"

姬昌又问："世上又哪有愿上钩的鱼呢？"

老人哈哈大笑，说："先生说得在理，然而卓越英明的君主欲成霸业，在寻求贤才上亦直钩而钓，大贤大才之人能'钓'上来吗？"

姬昌闻听心中一动，忙施礼请教老者姓名。

老人说他叫姜尚，字子牙。姬昌大喜。

姬昌也报出自己的名字。

姜尚忙施礼说："原来是伯侯驾到，子民不知，还请见谅。"

姬昌用手拉住姜尚的衣袖深情地说："老先生是盖世奇才，今日相见，我特别高兴。"

姜尚的大名姬昌是早有耳闻，以前是没有机会相见。今日一见，姬昌忙讨教起来，当然也想试试姜尚的真实才学。

姜尚应答如流，纵观天下形势，分析精辟；又谈及周的今后发展，文韬武略无所不精。

西伯姬昌听得入神入迷，他叹服地说："姜老先生真是名不虚传。真是大德奇才之人！您老人家若能助周伐纣灭殷，天下平定，大事可成。我的老太公（爷爷亶父）生前曾经说：'只有才能出众的大贤来辅佐，周国才能强盛起来。'您大概就是我太公曾盼望已久的贤人吧。"后人由此又称姜尚为"太公望"。

姬昌亲自将姜尚扶上了车，自己则在车下扶车步行，一起回到周的中心岐邑。

周人听说西伯请到了老太公生前盼望多年的能振兴周国的能人，纷纷拥上街头，翘首以待，喜迎大贤。等到西伯陪着一个白发苍苍的老渔翁走至近前时，这些人的心里直嘀咕：伯主求贤是花了眼吧，怎么请来一个打鱼的老头呢？人们原来那种欣喜兴奋全没了。不一会儿，人群散去。

姜尚见此，则微微一笑，对姬昌说："伯主，人们是见我其貌不扬，认为我恐怕难以胜任兴国辅佐的重担吧？"

姬昌呵呵笑着说："那是我的子民们不了解先生心中的锦绣之智、定国兴邦之才。"

姜尚感动地说："伯主不以貌取人，实在使我心悦诚服。"

姬昌下令修建一座招贤亭。建成后，他请姜尚上坐在亭前，拜为军师。

姜尚对姬昌说："灭商必须从长计议，精心准备，绝对不能让纣王看出破绽。伯主应一方面整训军队，提高战斗力；另一方面要对纣王表面上十分遵从，迷惑住他，同时降服招抚商的其他方国诸侯，以此完全孤立商纣王，我们的力量就可以打败纣王了。"

西伯姬昌听后深为同意，着手准备和组织。

有了姜尚的辅佐，姬昌如虎添翼，周国实力增强，国泰民安，日趋昌盛，声威大振。

八、三分天下 周有其二

姬昌积极开展强大的政治攻势，分化瓦解附庸商的诸侯方国。不少小国纷纷脱离商的统治，来归附周国的统治。历史上称"西伯阴行善，诸侯皆来决平"。

当时的虞国（今山西平陆县）和芮国（今山西芮城）长久争夺田界而不能决，所以这两个国的国君来见西伯姬昌，请他帮助解决。两人一进入周国的境内，就发现周国人耕田时互相推让田界；一进入岐邑，看到幼老者被尊爱；一进入周的廷殿，言谈中又见周的官员不争权夺利。这两国的国君对此很惊奇，感慨地说："我们之间所争的，正是周人认为羞耻的事，我们还有什么脸面去拜见西伯呢？"于是两人各自返回，也互相谦让田界，重新和好，随即派使臣向周国上书，请求归顺，服从西伯的领导。其他诸侯听说这件事后，亦前来归附。他们把西伯敬为能取代商纣王的"受命之君"。

在虞、芮归附的第二年，周国的军队出境讨伐，开始了"翦商"事业。

西伯将出兵的征伐方向首先选在西北和西南，以消除东进讨纣的后顾之忧。他相继征服了西戎、混夷、密须、阮、共、蜀等小国，巩固了后方。而后挥师东进，一方面兵渡黄河，攻击招抚了耆、邗（hán）等国；另一方面沿渭水东进，讨伐商王朝在渭水中游的重要方国崇。这个国的国君就是对商纣王唯命是从、迫害忠良、监造鹿台的崇侯。作为纣王的亲信，崇侯听说西伯来征伐他，忙领兵迎敌，他斥责西伯为什么欺纣王而兴兵滥伐。姬昌冷冷一笑，说："崇侯，你身为国家重臣，却不修仁德，惑乱朝政，做妲己的帮凶，屠害百姓，重贿酷刑，监造鹿台，恶贯天下。我兴正义之师讨伐你这奸贼，纣王已许我征伐权力。"说完，姬昌一挥手中的白旄、金钺，令军队向前冲杀，顷刻间，崇侯大败被杀。周占领了崇国这片关中的膏腴土地，不仅可以在军事上虎视商都，也在经济方面增强了实力。

而后，姬昌在丰水西岸兴建都邑，将周国的都城从周原的岐邑东迁于此，丰（今西安市东南部）离商都朝歌已经很近了。

姬昌定都丰邑后，又率兵讨伐位于商都附近的黎国，使之臣服。

至此，姬昌经过几年的征伐招抚，已达到了"三分天下周有其二"的惊人威势，完成了对商的钳形包围。

正当姬昌欲大展宏志之时，他突然患了重病，他回顾自己积劳成疾、业绩辉煌的一生，不禁感慨万千，顿时涌上一股夙愿未成的悲感。临终前，他拉着次子姬发的手，深情地对姜尚说："我死之后，还请军师继续辅助年轻的姬发，为民兴兵，扫除无道的纣王，成就王霸之业……"说完而逝，后被谥文王。姜尚叩头榻前，哭泣发誓遵从遗命。

九、日落西山

姬发继位，他就是后来的周武王。

姬发任命姜尚为"尚父师"，负责军事；任命其弟周公旦为管理政务的官员；还命召公、毕公等贤才担任其他重任。营建新都——镐京，做好了最后灭商的准备。

周国兴起，攻伐方国，早就引起商朝的有识大臣的忧虑。他们不断地劝谏纣王重视西方周国的威胁。纣王仍旧沉湎于温柔甜蜜、轻歌曼舞的氛围中，与妲己你贪我爱，纵欲无度。

在姬昌领兵讨伐黎国时，商的朝野一时大为震惊，大臣祖伊十分恐惧，他叹息着自言自语："上天已抛弃了我们商国，臣民们没有不想要我们早些灭亡的！时势危急啊！"他连忙来见纣王，劝谏说："尊贵的大王，周国大举兴兵，已有很多诸侯方国脱离我们归附了周国。上天终止了我们商国的使命，主要原因是大王沉湎酒乐之中，自己要断送先祖成汤创建下来的 600 年基业啊，您现在该怎么办呢？"

纣王听完，不觉大笑祖伊幼稚。他扬扬自得地说："我有天命，谁也不能推翻我的天下，再说，我已赐予西伯姬昌征伐的权力，他仍给我按期纳贡，我想他绝不会叛我，恐怕他这样做是为我解忧呢。"

祖伊退出后，不觉仰天长叹："大祸已经临头了，他却还说自己有天命，商国灭亡的日子不远了，他的所作所为，能够不被周国灭掉吗？"从此，祖伊辞官退隐山林，再没有复出。

西伯姬昌的死讯传到了纣王的耳中，他心中顿觉轻松。纣王还派使臣赴丰邑慰问姬发。纣王还从炫耀武力上想吓住周国，也开始了对他附近的方国征伐，但采用的屠戮政策越发激起了方国的反抗和叛离。

东方的夷人乘机起来反叛商王国。

纣王大惊，调集大部精锐部队向东镇压夷人的反叛，并不断征兵，强化军队。

夷人是商朝时期居住在现在的江淮之间和山东半岛一带的一个古老的民族。因为他们生活的地理位置在商朝的东南方向，所以商将其称为"东夷"。

商朝在武丁时期，就对东夷发动战争。武丁的妻子妇好是位著名的武将，她奉武丁之命曾率领征夷大军出征讨伐。据传说，妇好是个武艺超凡、深通韬略的良将，她作战身先士卒，斩将夺旗，令夷人闻风丧胆。妇好的几年征伐，让夷人终于向商王朝臣服，按期纳贡，不敢有异心。

商朝晚期，东夷经过发展实力日趋强大，又加上商朝奴隶主贵族的沉重盘剥，夷人又起反抗之心，对商王朝的统治形成巨大威胁。

纣王的父亲帝乙在位时，就连续对东夷人的反抗进行了一次次的镇压和讨伐。帝乙统率大军和攸（yōu）（今安徽桐城）侯喜联合作战，打得夷方望风而逃，商王帝乙大获全胜，班师回朝。东夷人很长一段时间不敢有反叛行为。

纣王继位这些年来，疏于朝政，荒淫酒色，欺杀忠良贤才，任用庸俗无能的小人，致使商朝的国力和声望大为降低。奴隶大量逃亡，影响了商的经济发展。

纣王见周国兴盛，就逐渐把注意力转向西方，忽略了对东方的防务。东夷见商朝东方兵力薄弱，守卫空虚，于是联合各部落大举侵入商境。

恼怒万分的商纣王在打败了黎国这个离他最近的附庸国之后，立即下令兵进东方。他自恃勇武无比，欲御驾亲征。

妲己却拦阻他说："远征之途，鞍马劳顿，辛苦异常，卑妾实在放心不下，况且您去征战，留下卑妾空守宫闱，怎能心安呢？"

一席话说得纣王犹豫起来。

妲己见状，又说："大王远离都城，现在周国的势力咄咄逼人，若其乘虚而入，大王能来得及回救吗？那时恐怕连立锥之地都找不到了。"纣王立刻答应不去。

纣王派亲信恶来统兵征伐东夷。

妲己面对严峻的形势，心中也不免忧虑起来，她恨恨地想：姬昌这个人可真厉害，大王赦免他那时，看他那样，似乎肝脑涂地也难以报答大王的恩德。哼，说的比唱的还好听，几年时间，姬昌领导的周国就强盛起来，那么多诸侯都叛离了大王去投奔他。可惜崇侯也被他杀掉了。多亏姬昌已死了，他的儿子姬发太年轻了，恐怕难成大事，不足为虑。我和大王得抓紧时间，尽情玩乐，过一天算一天吧。

纣王命令得力将领率兵向东开进。在商朝军队打击下，东夷人虽节节败退，但也使商军损失惨重，纣王不断向东夷前线增发援兵，在国内大抓壮丁充实军队。

在与东夷作战中，商军使用了象队，这支特殊的战斗队伍在战场上所向披靡。当一只只躯体庞大、力量无比的武装战象出现在夷人阵前时，夷兵吓得纷纷败逃。商军在战象的尾后系上一小捆淋油的树枝，点燃后噼啪直响，激得战象暴怒，挺着尖利的象牙，甩动长而有力的象鼻冲入夷兵的队伍，横冲直撞，将夷兵踩死撞伤者不计其数。

纣王派军队与东夷进行的这场战争真可谓旷日持久，一直打到商朝灭亡的前夕，这场战争虽以商军的全面胜利而告结束，但却耗尽了商王朝的财力和人力，进一步加深了其社会危机。在战争中获取的无数俘虏都变成了商王朝的奴隶。商朝不得不把全国的大部分军队留在东部地区，监督夷人奴隶，又派了许多得力的奴隶主贵族到东夷地区去管理和经营开发。落后的处于边缘的东夷地区与商都为中心先进地区的政治、文化、经济等方面的交流得到了进一步的加强，利于后代所形成的统 的多民族国家的发展，客观上对我国的历史发展起到了一定的进步作用。

然而，经过这场战争，商朝的统治已进入了日落西山阶段。

第五章

苏妲己戏杀无辜
西伯发阅兵孟津

一、断腿剖腹当儿戏

商朝的国势颓败，反叛者多如牛毛。

纣王和妲己却丝毫不为所动，醉生梦死，今朝有酒今朝醉，哪管明日愁添增。酒乐之中宣淫嬉耍，麻木不仁，享乐无度。

风流场上争斗腻了，妲己和纣王就绞尽脑汁滥施暴虐，以杀戮残害无辜为乐。

一年冬季里的一天，天降鹅毛大雪，真是"六花片片飞琼，千树株株倚玉"，屋舍似银砌一般。纣王见此十分高兴，命宫奴去请王后妲己、美人喜媚等一同赏雪。

左右宫女忙用精美的金樽温好了酒，纣王和妲己、喜媚等坐在窗前，观赏这美妙的雪景，从高高的鹿台向远处望去，只见都城内外浑如银装世界。

几杯暖酒入肚，纣王心中醺热起来，他向妲己建议说："爱妻，很长时间没有听到你弹琴唱歌了，今天这美景，你给大家弹唱一曲'雪歌'怎么样？"妲己欣然承命，轻弹琴弦，展开喉咙唱颂起雪来，音韵动人，袅袅动听。

纣王听完，高兴得连喝了三杯酒。

雪渐渐停了，太阳出来了。纣王携妲己凭栏，看着晴天下的积雪。

妲己忽然看到附近都城西门外有一老一少在徒涉小河，那老人脱下鞋来，光着脚涉水过了河，一点也不怕冷，脚步沉稳，走得很快；那少年也随后光脚入河，却立刻冻得几乎要走回去，惊恐胆怯不已。妲己感到好奇。

这时，纣王大叫起来："奇怪，这是什么原因，上了年纪的老人光脚涉水却毫不在意；而那个正值血气方刚的少年却怕冷要命，怎么好像弄反了呢？"

妲己正觉得闲来无事，听纣王一问，她的眼珠转了转，就故意装出一副胸有成竹的架势，不屑地回答说："大王，您怎么连这么简单的道理都不懂得呢？那个老人不怕冷，是因为他是他的父母在壮年时精血正旺的季节交欢成孕而生，因此他的腿骨空里充满了血髓，他就不怕冷；那个少年怕冷，是因为他是他的父母在年老时成孕而生，他的骨空就缺少血髓，所以涉足冰寒的河水中就怕冷了。所以出现了前面的那种怪异情景。"

纣王笑得差点弯了腰，眼泪都笑出来了，指着妲己说："爱妻真是拿我开心，人都是由父母的精血相溶而生成，年轻时强壮，年老时衰弱，这是自然规律，怎么能反其道而行之呢？"

妲己说："大王如果不相信，就请您派侍卫把这一老一少抓来，验个究竟。"

纣王即刻派人将老人和少年两人抓到鹿台下。

"侍卫，用斧砍开这两人的腿胫骨，取来给我验看。"

老人和少年一听这话，忙喊"冤枉"，凶狠的侍卫哪里能听进这些，将他们按在台阶上，残忍地用斧头砍下了腿胫骨。

侍卫忙将砍断的人腿骨呈到纣王和妲己的面前，只见那几条人腿的神经还未死，仍在不停地抽搐，惨不忍睹。

纣王和妲己见此不觉一阵恶心，哪里有心思查验结果，忙向侍卫挥手端走人腿。他们只当开个玩笑，谁对谁错又有什么关系呢？

可怜无辜的老人和少年就在纣王和妲己的儿戏间失去了自己的双腿！

商都的百姓听到这件事后，无不咬牙切齿在心中咒骂，祈求苍天早日降罪惩罚纣王和妲己这两个灭绝人伦的吃人魔鬼。

过了几天，妲己又别出心裁地对纣王说："大王，前些时候验证老少两人腿骨之事未见高低，暂且过去。现在，我还有一个主意，可以赌乐。猜怀孕妇女腹中胎儿的月份、性别和胎儿脸部所面对的方向，猜错了就罚酒一杯，怎么样？"

纣王正对断胫验髓那件事兴犹未尽，听到妲己这个建议，忙点头不迭地说好。然后纣王派人到都城的民巷里，寻访查找，终于发现了三名怀孕的青年妇女。她们被押解往鹿台方向走，孕妇的丈夫闻讯追赶上来，各自抱住自己的妻子不让走。押解孕妇的侍卫们挥起鞭子猛力地抽打他们。孕妇和她们的丈夫死也不分开，抢天呼地，哀声凄惨，大声责问道："我们老百姓没有违犯大王的法令，也没有拖欠应交纳的钱粮，你们为什么要捉拿孕妇呢？"侍卫们心中有愧，低头不敢回答，虽有恻隐之心，但无奈王命难违，不交上孕妇他们的脑袋就得搬家。侍卫们咬咬牙，下死力分开了三个孕妇和她们的丈夫，把孕妇们押到鹿台下。

纣王大喜，传令将三名孕妇都押上了鹿台。妲己在三个人面前来回走了几步，拍拍这个孕妇的腹部，敲敲那个孕妇的肚子，又到第三个孕妇跟前俯身在其腹前听听胎音。纣王见妲己那"认真劲儿"，不禁笑着问："爱妻，由你先选一个猜吧。"妲己指着一个高大身材的孕妇说："她的腹中怀的是男孩，面朝左肋。"纣王就命侍卫用尖刀剖开这位孕妇的肚腹，不料腹中竟是一个女孩，面朝右肋。妲己的脸顿时涨成了猪肝色，这下可让纣王乐坏了，他用手点着妲己的秀鼻，装出嘲讽的神色，说："你的神法不灵喽！可惜可惜呀。"妲己尴尬万分。"看我的吧！"纣王故意微闭双目，嘴里念念有词。他睁开眼睛，指着一个娇小的孕妇说："这妇人腹中怀的是女孩，脸朝右肋。"侍卫又将这个孕妇的肚子剖开，仔细一看，纣王也傻了眼，原来腹中是一男婴，脸朝后背。妲己见此情景，故作大度地走到纣王面前安抚他，说道："大王，不必在意，谁都不是活神仙，能掐会算，第一次就能猜准。好在我们都还有最后一次机会。我们各猜一个结果，而后剖开妇腹看谁猜得对。"纣王点头同意。

剩下的这个孕妇是个十分丰腴的女人，她的肚腹也特别高挺。她目睹前两人的惨死，心如刀绞。她不住地哀求说："大王、王后，你们就开一次恩吧，放我和腹中胎儿一条生路吧，你们只为了取乐，就滥杀无辜，天理何在呀？！"纣王一听，气得暴怒，呵斥不止。妲己则劝纣王息怒，赶快猜结果。纣王说是男孩，脸朝肚腹前；妲己猜是女孩，脸朝后背。

孕妇的肚子被刀剖开了，滴溜溜从中滚落了一个大圆肉球，在地上来回转动。纣王和妲己都惊异不已，命人剖割开肉球，只见里面是一男一女双胞胎，脸朝的方向与纣王和妲己猜的基本吻合。纣王和妲己见各自都是一错一中，不禁狂荡大笑，端杯互饮共贺。

后来，纣王和妲己又连续耍弄这类在他们看来趣味无穷的游戏。许多无辜的怀孕少妇被残忍地剖腹猜婴而被夺去了生命，不知又有多少胎婴还没有降生人间就被歹毒地扼杀了。

妲己从此以后，只要心血来潮，就怂恿纣王杀害无辜百姓，草菅人命。两人以此为乐，不知厌倦。

二、拼死大战

鹿台外围的囿苑中，经常有奴佣怠工的现象发生，管理的官员们就竭力用鞭子抽打怠工的奴佣，哀号声不断，妲己很厌烦，一日，她站在鹿台上，观赏着囿苑内追逐不停的野兽。她眼前一亮，诡计又上心来。

与纣王一起进餐时，妲己说："大王，现在囿苑的奴佣们经常有消极怠工的现象，我觉得是惩戒不严，应该重惩他们。让他们与凶猛的野兽搏斗，争一高低获胜者重赏。并且人与兽的搏斗定会很有看头哇。"

纣王一听有"乐"可看，顿时兴奋起来。他极力赞成妲己的妙计。

于是，纣王叫来管理囿园的官员，对他说："今后，囿苑中有消极怠工的奴佣一律押解到鹿台来，由本王亲自处罚。"这位官员不知纣王葫芦里卖的什么药，也不敢细问便诺诺连声地答应。

过了不几天，那位管囿苑的官员带几名士兵押着7名奴佣来到了鹿台，晋见纣王。

纣王很高兴，转身对妲己说："具体的执行就交给爱妻了。"

妲己仔细端详了半天，就命侍卫将这7个奴佣好吃好喝地"供养"起来。

纣王一见，非常不解地问："爱妻为什么要这样做呢？"

"大王，我发现这7个人身体单薄虚弱，若立即将其投入野兽的圈栏里，根本无力与野兽抗衡决斗，且很快就会被野兽咬死吃掉。只看到这些，缺少生动惊人的景象。而我现在把这7个人养得强壮有力，而后再把他们强行投入到野兽的圈栏里，人兽之间就会有一场激烈的争斗，那场面一定会特别精彩。"

纣王听完，连连点头，竖起大拇指不住地称赞妲己说："还是爱妻考虑得周全，好，好。一切就按你的想法来进行。"

半个多月过去了，妲己命侍卫将那 7 个奴佣带到鹿台上。她向纣王耳语了几句，而后退到旁边。纣王这时面带微笑，认真地打量起这 7 个人来，半个月美食佳肴的充足供养，使他们个个都身壮如牛，虎虎生风，十分剽悍。纣王很满意，他对这些奴佣说："本王体恤下民，考虑到你们很辛苦，所以特别优抚你们。现在我决定封你们 7 人为角斗武士。"7 个奴佣以为听错了话，一时愣在那里不知所措。纣王后边的御奉官见此训斥着说："大王洪恩浩荡，已经封你们为武士，还不快谢恩，你们的耳朵都聋了吗？"7 名奴佣这才如梦方醒，忙下跪向纣王谢恩。

微微的一丝阴冷的笑意从妲己的脸上闪过。"恭喜大王得到 7 位勇士，不过不知他们的勇武之力都达到了什么程度呢？"妲己又继续说道，"大王，您看是不是想个办法试试他们的勇力呢？"

纣王马上说好，紧锁双眉"沉思"起来。忽然他双手一拍，说："让我的 7 位武士到囿园去巡阅，与野兽比试一下，他们一定不会辜负本王的期望。"

妲己和纣王竟演起了双簧。

那 7 位已被封为"武士"的奴佣此时才如梦方醒，才知道纣王加封他们只为让他们到囿园与凶猛的野兽厮杀角斗。

囿园早已准备好了面积宽敞的角斗场，以供人与兽的拼死相斗。

鹿台上，摆满了丰盛的酒宴，宫娥们轻歌曼舞助兴。纣王邀请了商容、比干等重臣以及费仲等宠臣共宴齐欢，共赏"奇景"。

群臣们不知道"奇景"的内容是什么，但从纣王那得意扬扬的脸上能猜出七八分，因为他们对自己君王的性格禀性实在是太熟了，纣王所喜爱的东西，大都包含着两种含义，即昏庸残暴和荒淫无耻。

纣王和妲己兴致很高，不停地让宫娥们为各桌的重臣要员斟酒布菜，纣王又频频举杯与大臣们畅怀共饮。酒至半酣，纣王命侍驾官传出旨意：角斗开始。

7 名"武士"均袒露上身，被军兵们推入到周围有栅栏圈着的角斗场内，

7只豺狼被军兵们从角斗场的另一个入口驱赶进来。已被饿了半天的豺狼见到场内这7个人后，便不约而同地发出吓人的声音恶狠狠地扑了过去。"武士"手中只有一根短粗的木棒作为武器防身，他们背靠背脸朝外形成一个人圈，挥舞木棒与凶残的豺狼周旋格斗着，人与狼都在急速地转动。一个"武士"忽然不慎跌倒了，旁边的人急切地想拉起他，一只硕大的狼嗥叫着飞跃上前。只听"嘶啦"一声，狼从倒地的"武士"腿上咬下一大块肉来。其他狼见此更加疯狂扑上来，顿时那个"武士"被活生生地撕咬成几块。其他几个人趁群狼撕咬吞吃之际，发出凄厉的吼叫，发疯地用木棒击打恶狼，猝不及防，3只狼脑浆涂地而死，其他4只见此才仓惶逃去。

纣王和妲己在鹿台上居高俯视，看得津津有味，不停地狂呼乱喊："好，好！""精彩，太精彩啦！"商容和比干等人见此惨景，愤怒如火；费仲等宠臣虽也看得心惊肉跳，暗想：大王和王后怎么玩起这样的游戏了。但是他们见纣王和妲己看得兴高采烈，便也不停地欢叫说："奇景，真是奇景！"

随即纣王又命人将3只早已饿得嗷嗷乱叫的斑斓猛虎赶进了角斗场。6名"武士"经过与恶狼的一番生死搏斗后已经十分疲乏了，正席地而坐喘息不止，现在又见3只恶虎飞扑而来。他们欲吼无声，欲哭无泪，怒视鹿台上的纣王和妲己，跳脚诅咒，想要冲出角斗场到鹿台上与纣王和妲己拼命，被军兵用戟钺轰打回去。正好3只老虎扑到跟前，有3个人当即被虎咬死。剩下的3人只有拼命了，他们或抓住虎头，或猛击虎腰，或用脚猛踢虎腹。人疯了，虎疯了，争斗了很长时间，角斗场一下子寂静下来，只剩下人尸、狼尸、虎尸。

鹿台上的纣干和妲己在心中则感到趣味无穷，费仲一伙奸佞之臣还在不停地吹捧纣王和妲己能给他们提供一个这样的难得机会，真是大开眼界，令人称奇。

三、商容被逐

"啪嚓"一声脆响，一只银酒杯被摔在了纣王的脚前，差点砸在他的脚面上。"昏君！你这滥杀无辜、草菅人命的昏君！"只见一位白发苍苍的老臣冲到纣王的面前用手指着他的鼻子怒骂着，他正是首相商容。"你身为一国之君，却不勤政爱民，礼贤下士，而是行无道，宠信心如蛇蝎的苏妲己，偏听好佞谗言，成汤创下的600年基业定会丧于你手！先王你父在临终前是怎么一手拉着我，一手拉着你，千叮咛，万嘱咐，难道先王的遗言你都忘了吗？！"

纣王被责骂得汗如雨下，他太怕商容了，这老人德才兼备，耿耿忠心昭日月，纣王这些年荒疏朝政，只求淫乐，朝中的大小事务全由商容牵头处理，商容艰难地支撑着这摇摇欲坠的局面。

商容越说越气，银发颤抖，继续斥责说："你酒色荒淫，作为君王的仁德丧尽，荒乱朝政，日日笙歌，慈爱已全灭，设酷刑杀无辜害忠良，现在周邦兴起，东夷未宁，国家正处于危亡之际，你却以'乐'为名，灭绝人伦，干尽伤天害理的人间丑事，你身为君王，不感到羞耻和自愧吗……"

纣王气得七窍生烟，他站了起来，面对商容，目光凶狠却说不出话来。

妲己早已按捺不住了，心想，这老头如果把大王说服了，我还不得被甩进"蛋盆"受蛇噬。不行，一定要让大王除掉商容，以绝自己的后患。

"反了，商容！你的胆子不小哇，满朝的臣子中，你最被大王器重，却又反而当这么多臣子的面辱骂大王。你自诩为忠贞老臣，身为三朝元老，你怎么连君臣之礼都不懂呢？是不是想和大王共分殷商的天下？"

商容怒目圆睁，骂道："妲己，你这个助纣为虐的坏胚，昏王纣听信了你的蛊惑，才使国家离崩溃的日子越来越近了。你会死无葬身之地的！"

"住口，老匹夫！你妄自尊大，目无君王，法度礼仪何在！来人，将这老匹夫押出去用金钺打死！"纣王再也忍不住怒吼着下达命令。

商容屹立不动，用蔑视的目光看着纣王和妲己。

奉旨要抓商容的军士一时也被他的惊人胆识所震撼。

"我是托孤大臣，三世的股肱，谁敢上来拿我！"商容大吼不止，令纣王和妲己胆战心惊。

商容继续怒谏不止。

纣王牙一咬，顿起杀心。妲己在一旁煽风点火，极力怂恿纣王置商容于死地而后快。

"大王，王后，老臣我想说几句，不知可否？"随着话音，亚相比干走上前来。

比干是纣王的叔叔，他为人豁达正直，富于胆识，且为人谦和有礼，博学多才，他和商容都是商朝末年的有名大贤士，又是商王国中举足轻重的栋梁之臣。

纣王对比干很尊敬，因为比干的劝谏总是循循善诱的，见比干为商容求情，他犹豫起来。

"大王，商容身为当朝第一宰相，对您是一片忠心，侍过三代君王，从无二心。他兢业为官，助王理政，在朝中文武百官的心目中德高望重，声威显赫。刚才劝谏您的话语虽然措辞激烈锐利，但其中充满了作为臣子的赤胆忠心。大王，商容宰相的劝谏是逆耳忠言、苦口良药啊。您若因此而杀死商容，势必令百官人人自危，心中凄寒，还能有谁帮助您处理朝中的事务呢？本来现在时局就动荡不安，东夷之乱刚刚平息，难保其不再生叛心，西方周邦兴起，连续攻伐招抚许多诸侯方国归顺于它，形势已经很严峻了。况且百姓人心不稳，怨声四起。大王若要再杀忠谏良臣，我们的祖先成汤呕心沥血创下的江山可就真的要遭到灭顶的危险了。大王，您就听老臣这一回吧。"比干说完眼中已盈满了泪水。

纣王听完比干的一席话，心有所动。他心想：我若真杀了商容，叔父比干令伤心不已，其他文武官员也会由此懈怠朝政，明哲保身。目前有内忧外患，真的把众臣的心弄散了，本王也就孤掌难鸣了。不过，商容也太倚老卖老了，简直把我这一国之王骂得狗血喷头，真令我难堪。我放了他，会不会他在今后会更加嚣张蛮横呢？

见纣王沉思不语，比干知道纣王是处于犹豫状态，自己的话已对他有所触动。于是，比干继续对纣王说道："大王，作为一国之主，应当心宽似海，从谏如流，切忌只考虑到个人的自尊，而不惜置国家的利益于不顾，采取恶劣的手段来维护声威，那样就会适得其反，损害了国王的尊严和声威。"

纣王被比干说得心服了，不觉恢复了理智，冷静下来，又想起了商容从前的种种优长来，感触不已。

妲己冷漠地站在一边，细心地听着比干劝谏纣王的话。她见纣王被比干劝得"软"了下来，不禁心中有气：大王真是耳软心活，比干的一席话还真打消了杀商容的念头。哼，商容和比干在朝臣里是"老大"和"老二"，文武群臣对他们那尊敬的样子，仿佛臣子见君王一般。这两棵大树相互依存，也不把大王放在眼里，大王的举止稍有过度，这两个老家伙就找上门来，胡批乱谏，尤其不将我放在眼里，言谈中总有讽谏之意。如今，商容触犯大王颜面，比干又苦口婆心替他求情。不行，一定得劝说大王拆散他俩，这正是个好机会。想到这儿，妲己走到纣王面前，说道："大王，我看商老宰相年事已高，思维迟缓庸庸无为，不如念他为国操尽一生的劳苦，赐予封地，请他安度晚年吧。"

纣王听了妲己的话，觉很合自己的心意。纣王对于敢在当面触犯自己王威的臣下，是从来不会轻饶的。但商容是三世老臣，又是父王帝乙临终时的托孤大臣，位尊名高。虽然商容当面劝谏时骂自己是昏君，但是自己若把他杀了，就会引起文武众臣的不满和恐慌，真是左右为难。恰在此时，妲己提出将商容"劝退"的好主意，纣王心里怎能不高兴呢？

纣王来到商容跟前，用手搀扶着他，装出一副真诚的语调说："商老爱卿，本王也是一时激动，冲撞你了，还请你谅解。你为国操持了大半辈子，一定很衰乏了，我现封给你个千户邑，你养老度余生吧，怎么样？"

商容听了，如同木人一样呆立不动，没有说出一句话。他心如刀绞。

比干见纣王如此狠心，苦苦劝谏说："大王，现在缺乏栋梁之材，商老宰相在朝中是掌持大局的中坚。如果把他废黜出朝，于国事极为不利，时势危急，舍此良相，定会天下哗然，请大王三思！"

"我意已定，叔父就不要再替商容求情了，你说的道理我都懂。像他刚才那样辱骂我的朝臣，你也知道，我决不会心慈手软的，我对他已经够宽大的了。"纣王现出不耐烦的神态。

　　商容这时已老泪纵横，他向纣王跪拜了三次，泣不成声地说："大王，老臣年近枯朽之季，感谢大王饶恕冒犯之罪。老臣受先王重托，却未能胜任，实在是愧对先王啊。请大王多多保重，自明朝纲，稳定局势，安抚民心，则国仍有昌盛之日。"说完，商容一展袍袖，昂首走下了鹿台。一位杰出的大贤士就这样被昏庸残暴的纣王永远地贬逐和冷落了。

　　比干见居于朝官之首的商容都被贬逐了，不觉心灰意冷，对纣王的失望情绪又陡然增加了几分。他默然地向纣王拜了三拜，离开了鹿台。

　　妲己见商容终于被贬掉了官职，比干也失意万分，心中的高兴劲儿自不必说。为了感谢纣王，她又尽心尽力地"犒劳"了纣王一番，喜媚在一旁也为妲己助战，纣王累得腰酸腿疼，而心里却舒坦极了。

　　朝中的政事却因商容被逐受到了很大的影响。朝政更加紊乱了。

　　纣王和妲己对此则一点也不在意，继续淫乐寻欢不止。

四、周国国力雄厚

　　商的政治局面一天比一天更加混乱黑暗，国势衰微；周的势力却一天比一天强大起来，兴盛繁荣。

　　姬发在继位后几年来苦心经营，采取了一系列有利于国计民生的好措施。他注重发展农业生产，鼓励耕种者的积极生产。周对境内的任何人，无论是本地人，还是他乡投奔而来的人，只要其身强体壮，就分给他田耕种。在土地分配制度上，施行了后来著名的"井田制"。井田制，就是把一片约900亩的土地，分划成9块，好像"井"字。旁边的8块地就让8户农民来种，每家各有100亩。中间的100亩，先分出20亩，在其上面修筑房屋、打水井、种桑养蚕，使8户农民居住其上。剩下的80亩，就由这8户农民共同协作，称为公田。等到收获的时候，这80亩的收成悉数交给周。而另外每户农民耕种的100亩的收成全归自己所有。男人种田，女人养蚕织绸，周也只征收其中的很小一部分。这种有利于国计民生的进步的劳役形式，极大地促进了当时周的农业经济的发展和生产力的提高。几年过后，周国已是上下殷实富足，国盛民乐，兵强马壮。

这时，位于长江一带的南方各国也纷纷归服了周国，交贡纳赋。姬发对这些方国精心安抚，将周国的先进文化和礼仪推广传播到那里，对后来的文化发展起到了不可磨灭的作用。

姬发还派周公旦和召（shào）公奭（shì）两人具体管理南方各方国。他们经常在南方各地巡视，解决黎民百姓的各种问题，深得当地人民的崇敬和爱戴。

据说，召公奭在南方巡视时，碰到百姓发生争执，他便微笑地把争执的双方拉到树荫下面，先听他们把争执的问题讲述出来，而后替他们反复调解，讲明道理，有时一谈就是半天，直到双方都满意离开。奭深入民间，体察民情，以自己的才学帮助黎民百姓解决了许多生产和生活上的难题。

南方各国的君主和臣民看到周公旦和召公奭认真地尽职尽责帮助他们，就更加心悦诚服，遵从周国的领导。后来这些南方小国在姬发讨伐纣王的战争中发挥了很重要的作用。

姬发在姜尚、周公旦、召公奭等贤臣良将的鼎力辅佐下，大力发展经济，扩充军力；对诸侯方国采取远交近攻、征伐与安抚相结合的方法，使周国的国力大规模增长。只三五年的时间，周国就已成为商王朝的西部方国诸侯中名副其实的霸主，正忙于东夷战事的商对周的发展也感到无奈。

五、广纳贤　施仁政

一天，姬发约请军师姜尚到八间殿商议军政大事。君臣两人谈得十分投机。姬发感到特别高兴。

姬发是年轻的君主，他继承父亲的遗志，将灭商视为头等大事。他说："尚父，如今咱们的国力雄厚，兵精将广，四面八方的诸侯纷纷来投。您看，是否到了应该讨伐无道昏君纣王的时候呢？"

姜尚手抚银须，沉思着没有回答姬发的问话。

姜尚精通兵法，足智多谋，战阵韬略，无一不精。渭水岸边巧遇姬昌之前，他空有满腹治世立国的良策却不被商纣所欣赏。失意之后，他曾做过许多职业，如在孟津卖过饭，在朝歌做过宰牛的屠夫，但都干得很不好，他一气之下，什么也不做了。后来就来到渭水之滨钓鱼，直钩钓了三天三夜，终于巧遇姬昌，从此辅佐姬昌兴周，苦心经营，为周国灭商做了大量的准备工作，奠定了基础。姬昌死后，他又继续辅佐年轻的君主姬发，出奇谋，献良策，使周的实力空前强大。

"尚父，您怎么不说话呀？"姬发见姜尚冥思苦想不说话，便禁不住地又一次催促他。

姜尚微笑着说："伯主，时机还不成熟啊，翦商之事还不能操之过急。"

姬发一听姜尚的话，心中不解，于是就问他："纵观天下，商的诸侯方国，已有三分之二投奔归顺在周国的名下。依我之见，不如现在趁热打铁，择良日而兴正义之师，吊民伐罪，举兵向朝歌推进，尊上天的旨意，解民倒悬，名震古今。尚父为什么说条件没有成熟呢？"

姜尚慢悠悠地说道："伯主适才讲到周据商的天下已有三分之二。诸侯倒戈向周，这是人心所向，惟道义所趋。昏王纣暴虐荒淫，人人齐愤，危如累卵。伯主想趁势东进，直取朝歌，赢得诸侯的齐齐响应，八方齐来伐纣灭商，认为现在若以檄文晓谕天下，就会有千军万马要随您出征。然而，以我们周国现在的实力，恐怕还不是商的敌手，商现在拥有装备精良的骁勇善战大军，况且剩下不归顺周的诸侯方国，多数是纣王宠幸的亲信，这部分诸侯兵力比较雄厚，他们还没有认识到荒淫无道的纣王已经到了天下人共同声讨的时候。因此，我们还要创造条件，分化瓦解这些力量较强大的诸侯，争取他们加入到反商伐纣的行列中来，最大限度地孤立纣王，使其力竭，我们就可以正式征讨纣王了。"

姜尚精辟的分析，使姬发茅塞顿开。从此以后，他更进一步放宽政策，广开纳贤渠道，大施仁政，思天下百姓的困苦；加强政治攻势，大造灭商舆论。当时占卜是一项重要的活动，它体现了所谓"神"的意志，实际上是奴隶主贵族阶级假借了"神"之口，来表达自己的政治主张和人心导向。姬发也积极利用"占卜"的形式，做好灭商宣传鼓动，使人们在精神上认定商已到了灭亡的阶段，动摇商王朝的形象在天下人心中的地位，使人心更加趋向于周。"殷商竭亡，大周兴立"在越来越多的各层人士心中得到了认可。

六、箕子装糊涂

商王朝的日子却是每况愈下，大臣们怠于国事政务，忠贤者屡谏纣王受挫，痛心疾首；庸碌者以求无为，乐得逍遥；奸佞者谄媚阿谀，助纣为虐。整个商的朝野上下充满了郁闷、惶恐的衰败气氛。

而纣王仍是恶性难改，朝欢暮乐，遍尝人间温柔乡。他有一次因为高兴，与妲己、喜媚等欢饮不休，喝醉了醒后又喝，反反复复，据说就这样一直喝了七天七夜。真是醉生梦死的绝好丑态图。他痛饮时，必须要有乐工和舞女奏乐和助兴，笙簧不停地演奏，舞女也不停地表演。纣王喝得大醉时，就左搂妲己，右抱喜媚，尽情嬉戏胡闹，而后就酣然大睡，醒后重新狂饮不止。到了第八天的早晨，纣王终于清醒过来，浑身瘫乏得像散了架子一样。纣王心想：我这些日子可真过瘾，但不知已过了多少天。

纣王算了半天，也不知道过了多长时间，于是就问服侍他的宫奴："今天是什么日子？"宫奴这几天也因昼夜侍候纣王，困乏了就睡，醒来就继续陪侍，几个人轮流倒班，也不管白天黑夜，日期混淆，所以听了纣王的问话后，不禁面面相觑，也都说不清到底是什么日子，有的说是甲子日，有的说是乙丑日，还有的说是丙寅、丁卯日，一时争论不休。纣王见此情景，很烦躁地摆手，喝道："你们别争了，快去把我王叔箕（jī）子叫来问问就能知道了。"宫奴忙出宫去请箕子。

箕子是纣王父亲帝乙的小弟弟，和比干一样都是纣王的亲叔叔。箕子精通历法，博学多才，且为人耿直忠厚，虽贵为王叔，但他屡次向纣王强谏，因此纣王很不欣赏他，只是有了历法等方面的困难才去请教他。

宫奴来到箕子的府上，对箕子说："大王让我等来向您询问今天到底是什么干支呢？"

箕子心中很诧异，就问："大王怎么竟连是什么日子这样的事都忘记了呢？你们怎么没向他说明呢？"

宫奴们不觉羞红了脸，低下头去，半天没有答话。

"是不是又沉醉在酒香中而神志不清，以至于连具体的日期都忘记了呢？"箕子的倔脾气又上来了。

宫奴们见箕子又在冒犯大王的尊严了，忙不迭地说："这都是我们的过错，侍候大王不周，您就别说大王了。他知道会怪罪我们的。"箕子听了心里一动，宫奴的话倒提醒了他。他深知，纣王是个嫉妒心很强的人，向来忌恨别人比他强，如果谁比他强，他就一定设法将那人治罪或杀害。现在他把日子忘却了，我若告诉他，纣王心里一定很痛恨我，产生嫉妒情绪，以后就会处处刁难我，甚至随便找个借口将我治罪或杀掉。我为这点小事被处罚或遭到杀害，实在太不值得了，我也来装糊涂吧。

想到这儿，箕子故意数着手指，嘴里默念着，数来又数去，说了许多个日期，就是不说出今日的具体干支。他叨咕半天，也没有确定下来，急得脸红赤如火，汗也流了下来。

宫奴们一见箕子这种模样，不禁心中好笑，大王时常说箕子先生聪颖过人，是当今天下少有的智者。可今日他是怎么了，连这么简单的事都说不明白，实在是徒有虚名吧。宫奴们在心里嘲笑起箕子来，当然表面上不敢流露对箕子的不敬，就连声说"太谦虚"之类的话。

箕子心细如发，早已洞察到宫奴们的内心活动，这正中他的下怀。于是他很"惭愧"地对宫奴们说："很抱歉，我实在搞不清楚今日到底是什么日子，请你们另找别人去问吧。"

几名宫奴告辞回到王宫，向纣王详细地禀报了这件事的经过。纣王听完大笑不止。他对妲己等人说："我原以为王叔箕子是个非凡的智者，现在一看，也不过如此而已。"妲己等人自然又是一番迎合，把箕子大大地嘲笑了一番。

而箕子在宫奴走后，却不住地唉声叹气，心情十分沉重。他想：纣王也太不像话了，竟然喝得连日期都弄不清了，这恐怕是不祥之兆吧。

七、辛甲投奔周国

商朝的太史辛甲看到纣王如此的昏庸可憎，便找个机会进宫晋见纣王。

辛甲见纣王发髻散乱，衣裳不整，醉眼惺忪，精神委顿，他的心里既难过又愤慨。难过的是纣王身为一国之主竟然置国事而不顾，沉浸在酒色之中，劳心伤神，尽情糟蹋自己的身体，荒淫过度，哪还会有精力治理国家，祸乱已起，却醉卧温柔乡置若罔闻；愤慨的是纣王不敬上天，焚炙忠良臣子，惟淫酗是图，作奇技淫巧，以取悦王后妲己。

辛甲不禁心中长叹：商罪贯盈，天下人共怒，我朝的末日快要到了。

参拜完纣王，辛甲说道："大王，您再这样下去可就危险了。一个君王若是把绝大部分的精力都花费在玩乐上面，国家大事就必将荒废。作为太史，我觉得有必要提醒您应该节制了。振作起来，重整朝纲，凭您的天生智勇超群的禀赋，是一定会使我们商国再度繁荣兴盛起来的。假如，您再执迷不悟，继续沉沦下去，那么夏桀的结局就大概是您明天的写照无疑啊！请大王三思！"

酣醉状态的纣王把辛甲的话在心里反复琢磨了几遍，竟没有反应过来，只是口齿不清地说："辛爱卿，你别叨咕没……没完了……来来……本王赐给你一杯……杯酒。"

辛甲心如火灼，说："大王，您这杯酒我喝下去会落下心病的！"而后拂袖退出。

朦胧中的纣王也听不出来辛甲对他的"无礼"，仍旧口里喃喃不停，随即是一番倒肚翻肠般的呕吐，之后，呼呼沉睡。

辛甲回到家中，气得连饭都没吃，只是不停地自言自语："大王真的到了不可救药的程度了……"他美丽端庄的妻子见他这个样子，不禁问他："夫君，你心中可有不快的事吗？"辛甲就把刚才到宫中劝谏纣王的经过简单地叙说了一遍。他的妻子听完后，对他说："身为臣子，看到君王有过而不及时提醒，就是过错，你可以第二次、第三次劝谏，直到有一天他会醒悟的，这样做是一个臣子应尽的义务，对国家是大有益处的。"辛甲听了，连忙拉住妻子的手，感动地说："贤妻说得十分有理，我会再去大王那里继续劝谏的，直到他回心转意，改掉恶习。"

第二天，辛甲又来到宫里见纣王，巧动舌簧，滔滔侃侃，劝纣王早日清醒。

纣王很不耐烦地勉强听完，对辛甲很"诚恳"地说："爱卿的话，我感到很有道理，今后我一定改正陋习。"

辛甲一听，很欣喜，称谢退出。

而过了一些日子，他见纣王仍然如旧，丝毫也没有改正的意思。

于是，辛甲就第三次、第四次……最后竟共计劝谏纣王75次之多！可惜，纣王一次也没有采纳过。

妲己见辛甲频频入宫进谏，心中早生厌恨之意。她对纣王说："辛甲也太不自量力了，竟然当面训斥大王75次，若非大王宽宏大量，他的头不知得掉多少回了。大王，依我看，这样目无君王尊严的臣子，应该严惩。下次，辛甲再来胡闹，大王，请您就把他那三寸不烂之舌割下来。"

纣王听了大笑着同意了。

旁边的一位侍从平素和辛甲关系非常要好，他听了这些话后，不禁惊怒不已。天下竟有如此昏庸残暴的君王，因为大臣忠心劝谏，就要割下他的舌头！

纣王和妲己入内室歇息后，这位侍从就悄悄地出了宫门，一路小跑直奔辛甲家，将妲己进谗的事告诉了辛甲。

辛甲顿时怒火万丈，切齿地说："妲己这个贱人，她是把商国拉向灭亡的祸水啊！不行，我一定要到宫中见大王，强谏！"那位侍从死死地拽住了辛甲的衣袖，哀求说："辛大人，如今大王早已对妲己王后的话言听计从，你此次再入宫，只能是白白地遭受他们的伤害，甚至会被处以酷刑。大王已经是积恶成习了，谁也无力改变他，因劝谏过激而遭到他杀害的忠臣良将已不知其数了，我不忍心您再去做无谓的牺牲！你若坚持去宫里，那就请从我的尸首上踏过去！"说完，侍从拔出腰间佩带的青铜短剑，横在自己的脖子上，想要自杀。

辛甲忙紧紧拉住他的手，眼里含着滚烫的热泪说："好兄弟，我答应你！我也看透了一切，无力回天哪！天下之大，向往何方？我已经对大王和我们这个国家丧失了信心。黎民百姓处于水深火热之中，亟须一位英明的君王来拯救他们。现在只有西伯周国的新君主姬发可以承担这一重任。我决定投奔周国，兄弟，请跟我一道去吧。"侍从大喜，马上答应下来。辛甲带着妻儿和他的朋友逃离了朝歌，投奔周国。

辛甲一行人进入了周国的境内，见到沿途的百姓辛勤地耕耘着。人与人之间谦让有礼，一派祥和气氛。辛甲见此情景，心中感慨万千，很伤感地想：如果纣王能够听从大臣们的良言相劝，商又何至于呈现目前的衰败呢？我身为商臣，不是万不得已，又怎能弃商归周啊？不知周的君主西伯姬发能不能收留我这个走投无路的落魄之人，走一步算一步吧。

周的都城镐京已隐约可见，辛甲也紧张起来，忐忑不安。这时，迎面驶来一辆装饰典雅高贵的马车。那车与辛甲的马车交错之际，辛甲不禁往那辆车上端坐的人打量了一下，那人也似乎看了辛甲一眼。辛甲的车继续往前走，忽听后面有人喊："前面的车请停下来！"辛甲命车夫停住了马车。

一位侍卫打扮的青年跑到了车前，施礼问道："车上坐的人可是商的太史辛甲大人及亲友吗？"辛甲称是。那侍卫一听，忙说："辛大人请稍候，我马上去请我们的召公来。"

不一会儿，一位气宇轩昂的官员走到辛甲的车前，辛甲定神细看，不禁喜出望外地说："想不到是你呀。"这位官员就是周国的召公奭。

原来召公奭和辛甲年轻时是一对非常要好的朋友，后来辛甲做了商的太史。

召公奭关切地问辛甲为什么到周国来。辛甲叹息着将自己连谏纣王75次没有被采纳一次并且差点遭迫害的经过说了一遍。召公听完，忙安慰他说："辛兄弃暗投明，是识时务者为俊杰啊。我这就去禀报伯主姬发。辛兄暂且在城中馆驿安歇。"

姬发听了召公奭的报告后，不禁高兴地说道："辛甲刚直不阿、敢于强谏的英名我早就听说了，如今他来投奔周国，我要亲自去迎接他。"

姬发穿戴整齐，领着周公旦、召公奭、散宜生、闳夭等文武官员一起到馆驿去迎接辛甲。见西伯姬发亲自来迎接，辛甲激动得热泪盈眶。他跪拜在地对姬发说："商的不忠臣子辛甲有什么德能敢劳烦伯主亲自来接啊！"姬发十分亲切地搀扶起辛甲，拉着他的手说："先生的威名早已传遍四方，纣王无道，才使先生空有治世之才而不得用，现在您来周国，这是天意所向啊！"

姬发和辛甲谈得十分投机，就命他做了周国的太史，监察伯主及王公贵族的行为。辛甲在周国可谓如鱼得水，凡是他认为不对之处，向伯主指出后，姬发都是从谏如流，尽心改正。

辛甲投奔周并得到重用这件事顿时传遍了商和各诸侯方国，影响很大。

后来，许多商的各级官员和诸侯纷纷投奔到周国或与周国通好，互不征伐。

纣王气得暴跳如雷。商的衰亡景象更加严峻了，大厦将倾，臣民惶恐不安。

八、出兵攻商

一转眼，姬发继承父亲的西伯之位9年了。

周国已成为一个地域广阔、经济发达、兵精粮足、政治地位高、号召力强的大国了。它在商的西方虎视眈眈，实力已差不多与商相匹敌了。商的臣民已经感觉到周国的咄咄逼人的锐气，恐慌和不安的气氛在商的境内如流行病一样蔓延开来。

这几年，商的境内连年暴雨成灾，山洪和泥石流冲毁和淹没了许多村庄，无数的黎民百姓流离失所，饿死者不计其数，凄惨之景处处可见。

可是以纣王为首的统治阶层毫不关心民生，继续行恶作乐，荒淫奢侈，暴戾恣睢。人民的反抗呼声越来越高。

西伯姬发决定调集大军，进入商境。

他召来军师姜尚，负责政务的官员周公旦、召公奭、毕公高等一起就出兵入商境问题进行了讨论。

姬发在分析商和周双方的形势时说："从目前来看，商虽然还很强大，但在政治、经济和民心等几个方面已日趋走向分崩离析的末路阶段；而我们周国经过先伯主的苦心经营和我继位9年来诸位的鼎力辅佐，现在已成为实力比较雄厚的大国，并且在政治声望上越来越强，弱小的诸侯方国归附我们或与我们通好的也越来越多。我觉得在这种形势下，我们还要进一步扩大政治声势，夸耀一下我们精锐三军的神威，进入商的境内以示军力，同时摸清商的各方面具体情况。诸位看怎么样啊？"

军师姜尚手捻银须，沉思了片刻说："伯主兴兵入商，这样也好，只是没摸清商的真实情况前不可轻易攻伐，以免造成失利，带来不良的后果。"

周公旦、召公奭、毕公高等也认为可以出动周军入商境，展示一下周的号召力和军力。

君臣商议已定，就分头开始进行入商的准备工作。

姜尚到军营选拔精干强壮、作战勇敢的士兵。将士们一听要到商境作战，都十分振奋，争先恐后地报名。姜尚从中选出了3万人。没有入选的将士难免有些失望，姜尚安慰他们说："讨伐纣王的战争是很艰巨的，要经历许多惨烈的战斗。你们一定要加强训练，提高战术水平。此次出兵后，咱们的国家还需要留在军营里的将士们保护，你们的责任是同样神圣和重大的。"姜尚的话振奋了士兵和将领的精神，士气无比兴旺。

周公旦则去负责赶制战车和渡河用的战船，任务很艰巨。他派人四处号召动员，会聚了周国的全部能工巧匠，伐木、造车、制船。工匠们一听是为灭商而制造这些车船，个个干劲都很足，他们当中有许多人就是商国人，因忍受不了商的残酷压榨而逃到周国，这些人盼望西伯姬发率军能早日打败纣王，他们就可以回到久别的故乡。这些，促使工匠们夜以继日地大干不停。姬发在考察造车造船的工作时，看到工匠们的旺盛情绪时，禁不住赞叹不已地说："大势所趋，人心所向，纣王的劫数终归难逃啊。"

三个月之后，出兵的准备工作均已完成。

姬发命召公奭、毕公高等人为留守官员，保卫都城镐京和周国境内的安全。

姜尚、周公旦以及大部分周军将领则跟随姬发率军队向商境进发。

这次出动周军共计甲士3万人，战车200辆。大军共分为5个方队，即前后左中右，每个方队有战车40辆，甲士6000人。"前"方队由先锋大将南宫适统领，这个方队的将士均为青旗青甲；"后"方队将士是白旗白甲，由行军总管周公旦率领；"左"方队将士为蓝旗蓝甲，由闳夭统领；"右"方队将士为红旗红甲，由散宜生率领；这四个方队环绕的是"中"方队，是中军方队，均为黄旗黄甲，由军师姜尚统领。西伯姬发就坐镇在"中"方队，统率全军，进行指挥。

姬发把父亲姬昌的灵神主牌供奉在一辆装饰非常华贵的车里，牌前香火不断。将士们见新伯主将深受他们崇敬爱戴的老伯主的神牌供奉在军中，群情激昂，士气大振。

供奉姬昌的神牌在军中，姬发是为了增大这次进兵入商的号召力。

大军浩浩荡荡，不久就进入了商境。

姬发一次又一次申明军纪，称违犯者定斩不饶。散宜生率领的"右"方队的一名千夫长和一名百夫长在宿营后偷偷地到商的百姓家中索要甜酒喝，回到军营门口时，被周公旦领着的军纪执法队发现了，经审问，两人交代了实情，按律当处死。散宜生得知后来找周公旦求情说道："这两人在每次作战中都勇如猛虎，立过很多功劳。现在他们触犯了军律，请总管大人能否念及他们过去的军功上，免其死罪呢？"周公旦非常严肃地对散宜生说："散大人，你这个人情我不能给，伯主和军师命我为行军总管，兼任军纪监督官，我必须尽职尽责。现在若饶恕了你方队中的这两个违纪者，以后别的方队再有违纪者该怎么处理呢？方队主将都来求情，还怎么再强调严明军纪呢？"散宜生听了羞愧万分，忙表示歉意退回到自己的方队营寨。

周公旦立即下令砍下这两个违纪者的头，并将其悬挂在营中的高木杆上示众。

姬发听到这个消息后，对周公旦严明执法的行为大加赞赏。他对军师姜尚说："吾弟姬旦将来可以委以重任。"姜尚也认为确实如此。姬发还对散宜生的执纪不严进行了严肃的批评，并下令将他的官职降一级。消息传出，全军肃然，再也没有人敢触犯军纪了。

周军继续进发，一路上秋毫无犯。

一天，大军抵达孟津，准备渡河北上。军师姜尚下达命令说："各方队的统军将领，整顿好你们各自的队伍，准备好渡河的船只。如果哪一位贻误时机，就按军律将他斩首示众。"伯主姬昌也严肃地对全体将士说："我们此次出师是为了完成先人未竟的事业。我一定赏罚分明，希望你们要勇往直前，争立战功，把我们的先辈灭商的夙愿早日付诸实现！"霎时，周军将士们吼声如雷，压过滚滚黄河浪涛声。

数万大军相继渡河北上。姬发和姜尚等坐在一艘巨船上，横渡黄河。他们看到渡河的军队舟桨齐整，旗甲鲜明，斧戈闪光，士气高昂，十分激动。当他们的大船行至黄河的中流时，忽然间一条重百余斤的银白色的大鱼一跃正好落在了姬发的这条船里。船上护卫姬发、姜尚的将士感到很害怕，认为是不祥之兆。姬发看到将士们的状态后，马上灵机一动，大声说："诸位将士，据我所知，商的君民最为崇尚的是白色，而今这条白色大鱼自己落在我们的船中，这是上苍告诉我们，商要自取灭亡啊！"将士们听后欢呼跳跃起来。姬发随即在船上摆上香案，焚香祈祷，用这条白鱼祭祀上苍。

姬发统率大军全部渡过黄河，踏上北岸，继续挺进。

猛然间一颗硕大的红色流星划破长空，声音惊天动地，使得行军气氛更加森严、悲壮。

周军一连攻破了商的好几个要隘，大举推进。

各地的方国诸侯这时已确切知晓了西伯姬发出兵攻商的消息，都纷纷起兵不约而同地前来助战。传说一下子就来了有 800 名诸侯，声势浩大，兵力有十几万人之多。

九、撤兵

这么一来，商的朝野可就炸了营。

比干联合箕子等商的文武大臣和公侯贵族一起会聚在朝政殿（即九间殿），敲响了上朝的巨大青铜钟，声震都城朝歌，经久不息。

纣王从睡梦中惊醒，忙命侍卫去探明发生了什么事，怎么跟天塌了似的。侍卫领命而去，片刻回来惊慌失措地告诉纣王：天下的诸侯方国绝大多数都反了，他们跟随西伯姬发，会集了十几万大军，向商的腹地杀来。

纣王听了"激灵"一下，睡意全消。妲己也从梦中醒来了，她衣裙不整地走到纣王面前，问发生了什么事。待纣王告诉她后，妲己也立即害怕起来。难道我的末日真的来临了？不行，一定得帮助大王挽救危局，这天下人谁也享受不到的荣华富贵怎能就轻易地抛弃了呢。于是妲己对纣王建议说："大王，您赶快下令给镇守在东部边境的恶来，命他率精锐之师日夜兼程赶回朝歌护驾；同时，您可以免除没有背叛商的那些诸侯方国的 3 年贡赋，他们就会全力保护我们的外围不受反叛军队的入侵。恶来率领大军赶来就可以一心迎击正面之敌了，取胜的把握还是很大的。"纣王连声说好主意。

纣王赶快来到朝政殿，看到满朝文武和公侯贵族全聚集一起了，不免心情十分激动。大厦将倾之际，还有这么多忠良臣子，是多么不易呀。

纣王请他们尽抒退叛兵的良策，态度极为诚恳谦恭。群臣一见纣王这样的态度，心里也都很感动和高兴。君臣以国事为重，最后商定了应敌对策。

纣王命朝中武将们调集朝歌附近的军队，修筑和加固城墙，保卫京都；又接二连三地派传令士卒骑快马赴东部边境催恶来领军急速还朝；还颁布告示，减免诸侯方国的贡赋3年，号召商的子民奋起抗敌，以免遭到灭族的危险。

镇守东部边境的恶来接到纣王连续的班师诏令。他怎敢怠慢，立刻点起4万精兵，全装披挂，金戈铁马，雄赳赳气昂昂，星夜急返。

如今的恶来已羽翼渐丰。当年，他奉纣王命令，督师讨伐东夷，历尽周折，终于打败了东夷。纣王一高兴，就任命他为商军驻东部边境的统军大将。他手中的6万军队是商朝装备最精良的部队。此外，他还管辖着10余万东夷奴隶，他现在的地位俨然是威震一方的诸侯。

恶来当然从内心里感激纣王和妲己王后对自己的器重和厚爱。如今大王和王后有难，他怎能不心如火焚。他一再传令所部加速前进，仅10天时间就赶回了朝歌。

4万大军驻扎在朝歌城四周，营寨绵延几十里，旌旗蔽日，金鼓如雷。纣王紧握恶来的手："爱卿兵返神速，商有救了。"

西伯姬发率领讨商大军仍继续进军。他发现了情况有些变化。原来来到关隘，只要下令攻打，守城兵将稍做抵抗便献城归降，百姓也都很欢迎周军。如今却恰恰相反，抵抗越来越猛烈，商民也对讨商大军冷淡起来。姬发忙请姜尚、周公旦等人聚在一起分析和商议，最后决定派出很多精明士兵扮作商民，到朝歌及其他商地打探消息，并按兵不动。

几天过去了，随周起兵的各路诸侯等得心焦起来了，他们纷纷来到姬发的军帐中，请求说："尊敬的西伯，现在可到了把商灭掉的时候了吧！请您快下令出击！"姬发笑而阻止了他们。

派出的士兵们相继回来报告了所探到的实情：商已上下齐心，摆下重兵严阵以待，并团结了依附它的诸侯国，实力已远远超过了讨商大军。

姬发和姜尚认真商议后，认为商的实力仍然是很强大的，军队极多，轻敌不得。随周讨商的诸侯各部兵马数量不少，但训练无素，根本不能打硬仗。周军虽勇，但人少势寡，没有一定取胜的把握，不能轻易进兵攻伐。况且大敌当前，商已能上下精诚团结，齐心御敌。所以，现在贸然进攻，天时、地利、人心都不占，弄不好，会使翦商大业毁于一旦。姬发决定撤兵，诸侯见他主意已定，便都偃旗息鼓回到了各自的方国领地。姬发劝各路诸侯耐心等待，只要纣王被人民群众个个痛恨，恶贯满盈，再没有忠臣良将替他出力了，那么，时机就成熟了，周一定联合天下各路正义之师，彻底灭商。

姬发率军返回周国后，继续充实国力，广交诸侯，重点强化军队的训练，提高战斗力。周国更加强盛起来，其他诸侯方国也在尽力积蓄力量，逐渐构成了以周国为核心的一个强大的反商军事集团。他们等待时机，准备最后一举灭掉商。

周国还注重了对商的政治、军事情况的刺探，派出了一大批精明强干的谍报队伍；同时又大造舆论攻势，在商的境内传播"上天有命，商亡周兴"等谣言，迷惑商的民心，在思想上使他们混乱起来。商的政治、军事等方面的重要情报亦源源不断地传入周国。商的时局状况，周了解得一清二楚。

商完全处在了周的严密监视之下。

第六章

比干苦谏遭剜心

牧野血战商灭亡

一、纣王仍不幡然醒悟

眼见以周为首的讨商大军几日间悄然退去，纣王的心又落了地。恶来问他是否趁讨商大军退却之时，命商军大举追击。纣王连忙摇着头说："免了，免了，像这样的乌合之众，根本不需要劳师穷追。"恶来连忙遵命。

在上朝时，纣王十分得意地说："众位爱卿，怎么样，我以前说的话没有错吧，对像我这样有天命的人，上天哪能会抛弃我呢？恶来将军引兵一到，姬发为首的那伙鼠辈立即偃旗息鼓，狼狈逃走。我们现在可以高枕无忧了。"

纣王亲切地对恶来说："恶来在这次护国救驾中立下奇功，本王特封你为定国侯，食邑2000户，另赏你美女20名，丝帛100匹，赐给你豪华房邸一处。"

恶来一时欢喜得呆怔了半天，竟忘了谢恩。站在他身边的"好友"费仲见此忙提醒他："恶兄，还不快向大王谢恩。"恶来这才如梦方醒，忙上前跪倒在纣王的面前，忙不迭声地大谢王恩。纣王起身搀扶，并命侍从在殿下摆座让恶来坐。恶来真是一时间红得发紫。

文武群臣因讨商大军退走也感到心里轻松了一些。恶来也确实退兵有功，大家就都或真或假地向他祝贺了一番。纣王见此，心中大喜，忙命侍从和宫娥摆下酒宴，请群臣共饮庆祝。

席间，费仲、恶来对纣王百般颂扬，说纣王神威震天，四方拜伏，确实是英明神武之王，商的天下在他的掌管下已到鼎盛时期，从此，纣王理应尽心享乐，以慰其治国之苦。

"啪"的一声，有人击拍酒桌，猛然站起，这个人年过六旬，长得清瘦矍铄，脸上浮现一股凛然正气。他就是纣王同父异母的哥哥微子启。

这些年来，微子启由于不满纣王的暴政和淫奢，一直隐居在自己那块远离朝歌的封地，不问朝中的一切政事。时值前阶段周国兴兵入商境，诸侯起而响应反叛之际，他出于对国家存亡的关心，才从封地赶到朝歌，帮助纣王谋划退敌良策，又代表纣王到忠心于商的几个大诸侯方国游说安抚，做了许多有益的工作。现在他见费仲、恶来一个劲儿地吹捧纣王，不由得怒从心头起。纣王刚刚在这场共同对外的斗争中对自己以前的劣行有所悔悟，可费仲、恶来这两个奸佞贼臣又故技重演，又在给纣王灌迷魂药了，这怎么行？纣王若重新回到过去的暴戾荒淫的生活中，继续沉湎酒色，不理朝政，那么商的劫数也就到了。

想到这儿，微子启才拍案而起，用手指着费仲和恶来两人说："你们不要再阿谀谄媚了，大王就因为你们和王后妲己沆瀣一气，弄得神魂颠倒，萎靡不振，荒疏朝政，滥施暴行，淫奢无度，才差点遭受到灭国的危险。你们连同那妲己王后可不要再作孽了，否则，商就真的没有救了！"

一席话把费仲、恶来说得恼羞成怒，但因为微子启贵为纣王的亲哥哥，他们是敢怒不敢言。群臣中的贤良者听了微子启的话无不称快。

还是恶来的鬼心眼多，他低着头眼珠一转，计上心头。他用宽大的袍袖掩住脸，向纣王哭泣着说："大王，为臣是不能说实话啊，我只不过称颂您几句实实在在的话，就遭到了尊贵的微子启大人的责骂。我心里真是感到不解和难过。出了名，为国立了功的人往往会被人嫉妒，遭到无端的指责。我恳请大王撤销对我的封赏，让我重新回到东部边境领兵戍边，免得留在朝中被人说惹是生非，给大王无端地带来麻烦。"纣王连忙好言安抚，让他宽心。

而后纣王抬起头望着微子启，皱起眉头，不悦地问："王兄，你真是太扫大家的兴了，退了叛军，本王想和群臣同乐畅饮一番，叙叙君臣之谊，可你却节外生枝，辱骂有功之臣，并且还捎带着把王后妲己也骂了，你到底安的什么心？啊，你看我这个君王不合格，是不是有心想取而代之，可惜，祖宗之法不可违，你是父王的庶子，你就认命吧，请你不要再来搅和朝政好不好？"

纣王的话不多，却句句尖刻，字字扎心。微子启颓然地坐在了位置上，狂饮不止。

费仲、恶来一伙却如僵蛇复苏，更加无耻地逢迎纣王。比干、箕子等一班忠良大臣搀扶着酩酊大醉的微子启提前退席，辞别纣王下殿而去。

而纣王和费仲、恶来却是酒兴愈浓，索性带两人来到鹿台上重新摆酒布菜，纣王又叫来妲己、喜媚以及一大群花枝招展的年少宫娥相陪，昏天暗地地痛饮起来。

据说这次鹿台上的欢宴又喝了三天三夜。酣饮中，更有美女相伴，嬉戏玩乐。纣王、费仲率先"败退"，沉睡不醒。恶来却倚仗精力充沛，久战不疲。妲己一见，忙命喜媚率其他宫娥扶纣王和费仲到别屋休息。

二、微子出走

闲杂人散尽，室内只剩下妲己和恶来两个人。妲己关闭了室门，媚笑万千地向恶来走近。恶来见此，吓得冷汗直冒，连忙跪下。妲己却亲昵地用两条柔嫩似脂的粉臂拉起了恶来，软玉温香般贴在恶来身上，恶来浑身筛糠似的颤抖不止。"哟，恶大人，你怎么见了我像碰到了老虎似的。"妲己佯怒地说。恶来忙躬身说道："王后贵尊，小臣怎敢无礼。"妲己听了笑个不停。忽然她敛住了笑，一本正经地对恶来说："恶大人，目前的朝中形势你也看到了，众臣对我、你和费仲大人都很仇视。你这几年代王东征驻守边关，我和费仲大人更受孤立，要不是有大王撑腰，早就完蛋了。你这次回来率4万大军救驾护国，真是太好了。我想你就留在朝中吧，彼此又有个照应，你看怎么样？"恶来听后抚须沉思起来：自己在东部已建立了一个事实上的小王国，割舍起来确实心疼。但若不答应王后妲己的请求，自己今后恐怕也不会有好果子吃。"好吧，我答应你。"恶来很坚决地说。

"太好了，恶大人真是深知我心哪！"妲己浪气十足地说，"我该怎么报答你呢？"恶来端起一杯酒，大口喝了下去，仗着酒劲，一把搂过了妲己。惊喜交加的妲己尽展浑身解数，乐得恶来飘飘欲仙。两人丑秽之极，实不堪笔。

几天后，妲己把自己的想法与纣王说了，纣王立即答应照办。

纣王在上朝时颁布诏令：亚相比干晋升为首相；上大夫费仲升为亚相；恶

来任都城御林军主将。

群臣们深为比干高兴，也对费仲、恶来的升官增添了忧虑。

环顾着殿下排列两旁的文武群臣，纣王说道："今后朝中的大事就由他们三人具体负责，希望大家协助。"

退朝后，纣王将任命决定告诉了妲己。

妲己十分兴奋，在纣王的怀里撒娇不止。妲己对纣王说："如今当朝首相比干是您的王叔，亚相费仲、御林军主将恶来又都是您的宠臣，大王这下可以放心了，应该尽情享受一番。前一阶段，看到大王为国事操劳而日趋憔悴和消瘦的脸，我背后不知为您落了多少次眼泪。"纣王听妲己这么一说，心里深受感动，搂住她表示一定陪她玩个痛快。

从此，纣王又"老"病重犯，和妲己更加肆无忌惮地寻欢取乐，淫荡荒暴，并且愈演愈烈。哪个大臣强谏，他就将其贬职或囚禁治罪。

商的国库又告枯竭。纣王下令恢复征纳原先曾一度免除的诸侯方国贡赋，同时增大商境内的百姓赋税。诸侯方国对纣王的这种背信弃义的恶劣行径极为愤慨，有的抗而不交，纣王就命恶来领兵征讨，将其击败，尽掠其国的财宝和美女。商境内的百姓若有不交赋税者，轻者加倍交纳，重者被定为死罪并没收全部财产，妻儿老小沦为苦役。顿时，整个商的局势又开始动荡不安，混乱不堪。

比干、箕子和微子启看见这种形势，心中万分忧虑，他们连续向纣王苦谏多次，可纣王却一次也听不进去，依然只管享乐，不断对各诸侯方国和百姓进行盘剥和压榨。

民众叫苦连天，逃走他乡，饿殍者很多。还有一些人走投无路，就当起了强盗，偷窃成风。饿得发疯的人们竟然连祭祀用的牛羊都敢偷走吃掉。商是最迷信的国家，偷吃祭祀用的牛羊在以前是绝对不允许的，被认为是对上天和祖先的不敬，是会遭到报应的。而现在真应了"民以食为天"的话，饿极了的民众哪里还管什么天哪神的，先填饱肚子要紧。

商的各级官吏也是醉生梦死，只管自己享乐，哪管人民的死活和局势的动荡。整个社会一片混乱。

冬天来临了，天气出奇的寒冷。纣王又下令征收丝帛锦绣，以供王宫之需，随即又加大美酒和珍馐的纳贡数量。饥寒交迫的贫苦百姓无衣无食，最后开始卖儿卖女了，悲泣惨哭的声音到处都是。

微子启亲睹了这一幕幕的凄凉之景，不禁难过万分，强行入宫去劝谏纣王。宫奴急忙通报纣王。见自己的王兄来了，纣王只得出来接见。微子启眼中含泪说："辛弟（纣王的名字），我今天是以兄长的身份来劝你，和你说说心里话。现在百姓已经到了卖儿卖女、家破人亡的地步了。你不能再横征暴敛了。人如果受到难以忍受的压迫，就会奋起反抗的。我看现在已出现这种凶兆。辛弟，你一定要认清形势，勤俭爱民，废除严刑重赋，否则，你就会成为千古罪人，将使先祖汤创立的 600 年基业毁于一旦！"纣王未被微子启的话所动，如耳旁风，最后他连理都不理微子启。心灰意冷的微子启叹息着走出了王宫。

微子启心乱如麻，悲愤欲绝，迷茫中他来到了箕子家，见比干也在这里，微子启就把到宫中苦谏纣的经过向两位王叔诉说了一番。

三个人叹息不止，就商议该怎么办。

比干说："现在朝中已有不少文臣武将逃走了，不少人投奔了周。几天前新任太史向挚也领着一家老小出走了，听人说也去投周了。朝政衰落，国家败亡的时刻就要到了，可大王仍和妲己自顾享乐，天要灭商啊。"

微子启十分伤感地说："我敢肯定商再也没有治理四方的能力了。先祖汤在当初创立大商江山的时候是何等的英明仁慈，而他的子孙后代现在却变得这么昏佞荒淫。朝政松弛，官员腐败成风、贪赃枉法、鱼肉人民。这真是犯下罪恶的人没有不春风得意的，无辜的民众却受尽欺压和凌辱，如此颠倒黑白的世界，我实在忍受不住了，再这样下去，我就得发疯了。"

比干、箕子听了，心情沉重得说不出一句话来。

微子启向两位叔父深施一礼，走出了箕子的家门。几天后，微子启便"失踪"了，谁也不知道他到底去哪里了。这就是在商朝末年轰动一时的"微子出走"事件。

纣王听说他哥哥走了，却一点也不在乎，反觉耳根清净了许多，仍旧与妲己昼夜行乐。

微子启的出走一时间惊动了朝野，臣民们私下里议论说："大王的亲哥哥都不肯再为他效力了，他要不尽快悬崖勒马，大祸就会降临在他的头上了。商要是灭亡了，我们这些臣子和百姓又该怎么办呢，出路在哪里呢？"于是人心更加骚动不安起来。

更多的朝臣出走了。

三、比干遭剜心

纣王命费仲、恶来严加监视，若发现哪个大臣想投奔周去，就地正法，并满门抄斩。费仲、恶来两人如获至宝。平素他们两人狼狈为奸，深受群臣憎恶，这下他们可找到报复的机会了。于是他们便故意捏造罪名，随意残杀无辜大臣，一时间朝歌城内血雨腥风，成为野蛮的屠宰场。文武官员们人人自危，无心朝政事务，政治衰败腐朽已极。

不久，商的政局垂危之际来临。商的东部边境频频告急。10余万东夷奴隶为反抗商的官员和士兵的欺压而群起造反。商在东部的驻军因势孤力单，难以镇压反叛的东夷奴隶。

纣王闻报大惊，连忙从恶来的御林军中抽调2.5万名士兵，火速东进增援。

在这样的情况下，纣王仍然相信他有天命，谁也奈何不了他。穷奢淫乐无度，妲己深以为荣。她入宫转眼已经整整29年了。45岁的妲己虽然精心保养，驻颜有术，但也眼角难免有了几丝鱼尾纹。当然，也许因为先天的造化，妲己的身材依旧如少女般窈窕婀娜，十分苗条柔软。

妲己是个很喜欢照镜子的女人。那时候的镜子是用青铜经过特殊工艺打磨加工而成的，称为"青铜镜"，这种镜子很费工时，所以是商代时期较为奢侈的生活用品，贵为王后的妲己当然不会将青铜镜视为奢侈之物。妲己在鹿台上专门让纣王为自己提供了一间精致的宫室作为她的梳妆房，室内的四周墙壁上都镶满了大块的"青铜镜"，十分明亮耀眼。多年来，妲己每天早晨起床后或晚上睡觉前，都要在这里逗留很长时间，梳洗、化妆和照镜子。

近年来，妲己倒害怕照镜子，眼角上的那几条鱼尾纹搅得她心烦意乱。她越害怕照却偏偏又想照。一次她拿起用美玉制成的梳子梳起了自己乌黑如云的秀发，不禁用手抚摸起来，心里很得意地想，从这秀发和苗条的身材来看，谁会认为自己已是步入中年的女人呢？她的手不经意地触到了眼角处的鱼尾纹上，不禁走到墙壁上的铜镜前对镜观看起自己来。那几条细微的但很令人讨厌的鱼尾纹正顽固地卧在自己的眼角，正如一块洁白的美玉上面有几道瑕疵。妲己气得将手中的玉梳用劲向青铜镜掷去，一声脆响，玉梳粉碎，铜镜仍完好无损，妲己气极了，又将一些梳妆用具投撒到铜镜上，乒乓作响。

"爱妻，你和谁发火了，这么大的气呀？"纣王这时推门进来，看到妲己刚才的乱扔乱撒的动作，不由得惊诧地问。

妲己很委屈地投到纣王的怀里，说："大王，我快死了！"纣王一惊，忙问为什么。妲己一指自己眼角上的鱼尾纹。纣王哈哈大笑，亲昵地说："我倒觉得这更增添了你成熟的美丽。徐娘半老，风韵犹存。现在的你比入宫时的你更有魅力了。"纣王揽着妲己爱抚不已。两人嬉笑逗乐，戏闹不休。忽而，纣王一拍脑门，说："唉，差点忘了。我听说过一种美容的方法，即用燕地生长的红蓝花的花汁经过调弄，涂在脸上，抹在嘴唇上，可以使女人更加年轻鲜艳。"妲己听了精神一振，忙央求纣王快派人去燕地采集制作。纣王自然应允，命人去办，制成拿回交给妲己。她依法涂抹后，急忙到铜镜前观看，果然是使自己更妖艳润泽，充满了青春的活力，妩媚异常。纣王见有这般奇效，便高兴地说："这种花汁在燕地叫燕支，我看就改叫胭脂吧，因为它使我的爱妻变得如明月般漂亮了。"

妲己没高兴几天，一次照镜时竟忽然发现眼角的鱼尾纹又增添了几条，她拼命往脸上涂抹胭脂，整个脸蛋儿像盛开的红牡丹，但那几条该死的纹仍清晰可见。妲己愁得茶饭不思，纣王慌了手脚，忙命人四处寻"良药"。

一天，有名外出寻药的宫奴乐颠颠回来了，他从一位"名医"那里讨到了永葆青春的药方：将妇女怀孕时婴儿胎盘熬成膏，涂在脸上可使女人芳颜长驻。纣王大喜，命人去抓孕妇，又演出了活剖妇女肚腹强取胎盘的惨剧。百姓咒骂不止，杀死了许多抓掠孕妇入宫的宫奴。

比干得知这件事后，急忙入宫见纣王，质问他："现在百姓和宫奴发生争斗，互有死伤。我听说是大王下令到民间抓孕妇入宫，剖妇腹而取婴儿胎衣，为王后美容所用。这是不是真的呢？"纣王心虚，哑口无言。比干见纣王默然不语，心里断定这事假不了，于是他很严厉地说："君王是上天命他为民造福做主的，而不是让他害民作孽的！大王奢侈无度，命费仲、恶来等四处盘剥暴敛，民心已失去大半。现在商已是内外交困了，政局危急了，身为一国之主的您却听信妲己的话，更加残暴，杀害无数的孕妇和她们腹中的婴儿，只是为了取胎盘而供妲己一人的所谓美容之用。如此下去，民众还能需要您这个无道的君主吗？一定不会的！大祸临头了，您还在醉生梦死、滥杀无辜，您愧为君王啊！……"

纣王见比干滔滔不绝，说个没完，不由得恼羞成怒，呵斥比干退出去。

比干哪里肯听，怒气冲天，继续强谏不止，昔日温文尔雅、谦恭有礼的比干已抱定决心，这次进谏纣王若是不听，自己死也不出宫门。

三天过去了，比干仍立在那里，劝谏不停。宫奴已经催促他数十次了，比干就是不肯走，最后说得口吐鲜血，昏了过去。纣王命宫奴用水浇醒比干，欲强行把他推出宫外。比干怒喝一声，斥退宫奴。他一手抚胸，一手指着纣王，怒吼道："大王若是再不肯改过，商就会很快灭亡。您宠幸妲己，干尽有悖君主之名的恶事，如今贤臣良将尽绝，奸佞贼臣大施暴虐，商就要断送在你这个昏君手上了！你却还不醒悟，您怎能对得起辛苦创业的先祖哇！"

妲己这时也出来了。她见比干斥骂纣王不停，就阴阳怪气地说："比干王叔好一片赤诚忠心哪！"纣王听了心中一动，他对着比干狞笑地说："王叔，照你说来，我是昏君，你自然是大忠臣大圣贤了。不过我听说圣人的心是七个孔的。好吧，我就成全你的忠心。把你的心挖出来，看看是不是七窍玲珑的。"

比干大笑起来，而后他说："比干忠心谏王，竟被昏君剜心验证。只怕比干的心剜出时，昏君的末日也就到了！可叹，我一生忠心为国，落得如此下场。先祖啊，不是比干不忠不能，而是昏君无仁无道哇！苍天有眼，商亡在即！"

惊恐的纣王命令宫奴侍卫将比干推出宫门外，绑在大圆柱上，用尖刀恶狠狠地剜出了比干一颗滚烫鲜红的心！一代良臣比干死了。

宫奴用木盘盛上比干的心端进宫内给纣王和妲己查验，纣王指着仍跳动不止的心戏弄说："你哪有七个窍孔呢！"说完和妲己相视一望，哈哈狂笑起来，他们总算去掉了一大块心病。

四、箕子"疯"了

箕子听说比干强谏惨遭剜心之祸，不由得惊跳起来。哥哥就这样惨死了，并且是死在了亲侄子纣王的暴行中，箕子伤心得痛不欲生。

痛定思痛之后，箕子来到宫中见纣王。几位宫奴想拦阻他，箕子双目圆睁怒喝说："狗奴才，你们胆敢拦我的去路，快滚开！"宫奴们只得乖乖地退在一边，不敢上前。听说王叔箕子来了，纣王心中有鬼而想躲避，刚到殿阶下，正好迎面碰上箕子。尴尬之中的纣王竟一时无言以对。

箕子悲愤万分，他指着纣王，伤心地说："大王，你竟把比干剜了心！我和比干与你父亲帝乙是一奶同胞哇，咱们是叔侄关系呀，如此歹毒手段，莫说你是君王，就是普通平民，也会遭到万民唾骂的，你心中还有人伦之德吗？比干官居相位，忠心为国，德高望重，臣民皆敬仰他。这样的大贤你却伤天害理地残杀了他，你这是自毁栋梁，上天不灭你才怪呢。你自诩有天命，而上天和祖先是不会让你这个暴君再掌天下的！你的死期已经不远了。"箕子斥骂完，转身步履蹒跚地走了。

纣王被骂得目瞪口呆，坐在椅子上半天没缓过神来。

"好个伶牙俐齿不识好歹的老家伙！"妲己早在帐后立了半天，见箕子走了，才敢出来骂道。纣王回过神来，暴跳起来怒吼："老家伙，真不知好歹，胆敢当面侮辱我的尊严，骂我是亡国之君，侍卫，快把他给我抓来砍为肉酱！""且慢，大王。您若再杀了箕子，就要承担更大的罪名了。我想，不如把箕子接到宫中，让他干最下贱的奴隶所从事的活计，以此来羞辱他，大王也能报被他羞辱之仇哇。"纣王连说这个方法好。

就这样，贵为君王叔叔的箕子成了王宫中的一名奴仆。每天起早贪黑，尽干重活。出些体力箕子倒并不在乎，只是内心无比痛苦。

一次，商的太师（主管祭祀器皿的官员）疵、少师（主管乐器的官员）疆无意中发现了头发披散、衣衫褴褛、脸色憔悴的箕子，他俩见左右无人，就把箕子拉到偏僻处，劝他和他们一起逃走投奔周国。箕子坚决推辞了。

箕子认为自己是成汤的后代子孙，怎能叛祖去投周呢。他屡次提出再见纣王，都被拒绝了。纣王见他"谏"心不死，就命人将他囚禁起来。心如刀割的箕子知道他再也无法见到纣王进行劝谏了。幽囚生活无比寂寞，箕子的悲伤也无处发泄，只是整天弹奏古琴以抒心中之哀痛，时而狂笑，时而自语，时而痴呆。

监视他的宫奴一见这个样子，就议论他说，这老头恐怕是气疯了吧。箕子听到了这些议论后，索性"疯"了起来，又哭又笑又骂又唱，都是控诉纣王暴政、妲己秽乱宫廷的丑事。

纣王听说箕子疯了，也就放下心来，不再理会他了。不久，箕子就被放出宫去。

从此，"疯癫"的箕子便在商境内四处流浪，嬉笑怒骂纣王和妲己的种种丑闻。民众听了不禁拍手叫绝，心中更加无比憎恨纣王和妲己。

朝中的文武大臣和商境内的各级官吏看到纣王将自己德高望重的两位叔父一个剖了心，一个逼疯了，谁也不肯再劝谏纣王和为商的朝政事务尽职尽责了。偌大的商王朝的官僚机构一下子成了个空架子。

诸侯方国的反叛行为越来越多，民众的怨言越来越大。纣王对此无能为力，东夷烽烟再起烧得他焦头烂额，束手无策。

他命费仲为首相，恶来为亚相，料理朝政，这两个人都是奸佞小人，哪是治理国家的良臣，上任不久，就把大部分文武官员撤换掉，由他们的亲信担任，顿时商的朝野上下一派乌烟瘴气的败亡景象。

商的太师疵带着商祭祀的神位和器皿，少师疆怀抱着乐典和乐器，两人一起投奔周国而去。

商的绝大部分有才能的大臣，一部分投奔去周国，一部分退隐，一部分被纣王及费仲、恶来一伙暴戾之徒囚贬或杀戮。

商的形势坏到了极点，到了分崩离析的最后阶段了。

可是，即使在这种极度危殆的形势下，纣王和妲己照旧品享犬马声色之欢。

至此，商的国力、民心均已丧失殆尽，真正达到了不堪一击的程度了。

五、抵达孟津

商王朝已到了一触即溃的地步。它的局势的恶化，都被周国在商的谍报人员源源不断地传送到周国国主姬发的耳中。

姬发看到商已腐败不堪，忠直廉洁的官员被纣王和妲己不是残杀，就是贬囚，还有些官员退隐了。对于投到周国来的商臣，姬发都以礼相待，视其才能予以任用，从不轻视。

后来谍报人员又报告说，商现在是由恶来、费仲等奸佞执政，各级官员都是他们的亲信和爪牙，百姓个个怨恨，纣王却大挥屠刀，已经没有人敢劝谏了。

姬发认为攻商伐纣的时机已经成熟。他找来了军师姜尚和周公旦、召公奭、毕公高等重臣，对他们说："商目前民心失尽，纣王罪恶滔天，我们不能不奉上天的意愿，兴吊民伐罪大军，征讨无道的商纣。现在时机已到，即刻出兵！"姜尚等人一致拥护和赞成。

其他的诸侯方国也都接到了西伯姬发的号召：商有大罪，已经到了非征伐不可的地步。纣王涂炭生灵，有正义感的各层人士都要来参加灭商的战斗啊！

周国上下动员，选拔了精锐的甲士 4.5 万人，战车 300 乘，还有最勇猛的虎贲壮士 3000 人。姬发任命姜尚为元帅，指挥全军作战。姬发又命人将父亲姬昌的灵位带上，随后带领周公旦、召公奭、毕公高、散宜生、南宫适等文臣武将一同引兵出征，东进伐纣。

车辚辚，马萧萧，数万大军阵势严整，连绵不断，浩浩荡荡，十分壮观。

这时正处于隆冬时节，寒风刺骨，将士们盔甲上面都凝结了一层白霜，可谁也没有一句怨言，相反都摩拳擦掌，士气旺盛，恰如一股滚滚铁流势不可当。

这天，大军正在行进中，忽然，两位白发苍苍的老人拦在路前。他们让军士引路来到了姬发所在的中军队列前，来见姬发。

姬发身旁的散宜生认得这两位老人，他告诉姬发："伯主，这两个人一个叫伯夷，一个叫叔齐，是以前孤竹国国君的两个儿子。"姬发知道这两个人很有贤德但又是很迂腐的人。据说，孤竹国的老国君临死前，立下遗嘱让叔齐继承他的君位。叔齐在父亲死后却要把君位让给伯夷。惊恐的伯夷坚辞不受，并说："父亲让你继位，你怎么能推给我呢！"后来伯夷就逃走了。叔齐也不肯继位，逃出了孤竹国。后来兄弟俩重逢，就相依为命，隐居幽谷，修身养性。而孤竹国却由于没人治理，不久就被邻国吞并了，百姓也变成了奴隶。姬昌在位兴周时，听说这两人很有才能，屡次派人去请，都被婉言谢绝了。

姬发兴兵伐纣，他俩却主动来见。姬发不由得心想：难道这两位也和我一起讨伐纣王吗？

伯夷和叔齐来到了姬发乘坐的华盖车前，躬身施礼，而后问："请问伯主，您挥师向东去讨伐哪个国家呀？"姬发回答说："现在商的黎民百姓正处于水深火热之中，纣王荒淫奢侈，已引起天下人的共怒，我这是率正义之师去消灭无道的昏王商纣，为民除害，替天行道，重整河山。"

伯夷、叔齐一听，吓得变了脸色，连连摇手晃头说："不可，不可，万万不可呀！你身为商的属国之主，也是纣王的臣子，以臣伐君，这成什么体统呢？这是不忠啊！"伯夷说话时发现在另一辆豪华车上供奉的姬昌的灵牌，不禁更加痛心疾首地说："唉，你父亲已死多时，可你还要在出征时带着他的灵牌，这如同你父亲还没有埋葬，你却领兵去讨伐别人，而抛下了自己还没完成的事，这能是孝吗？不忠不孝，你还是回去修省自己吧，免得被天下人耻笑。"

姬发气得脸色都变了，心里恨骂说：迂腐透顶，不识时务。他使自己镇定下来。这时，他身旁的将士都气愤起来，他们指责说："纣王残暴奢淫，信宠恶后妲己，滥施暴行，已经是众叛亲离。他早已不是我们的君王，你们两个人为什么要替这个独夫民贼说话？分明是来搅乱我们的军心，理应严惩。"将士们跃跃欲向前想痛打伯夷和叔齐一顿。姬发连忙制止了他们，并命人把伯夷、叔齐扶着送走了。

周军继续前进。天气越来越恶劣，狂风呼啸，天色昏暗，飞沙走石砸在周军将士的身上。一股急猛的旋风咆哮吹来，只听见"咔嚓"一声，姬发所在的中军大旗的旗杆被吹折成两段。将士们惶恐不安，正待向姬发请示，又听见"呼"的一声，姬发乘坐的车顶上的黄色华盖被风席卷上天。将士们更加大惊失色，以为是十分不吉利的祸事征兆。姬发却镇静自若地坐在车上，微笑着说："这没有什么大惊小怪的，只是风太大的缘故。将士们，继续前进！"

这时，天又下起雨来，并且越下越大，遍地成泽。将士们又出现了一片议论声。姬发却大笑说："上天真会支持我们，这雨正好把我们的戈戈斧钺擦洗得干干净净，更加锋利雪亮啊。"将士们听了群情振奋，士气更加高昂。

经过半月的急行军，周国的大军第二次抵达孟津。

六、牧野誓师

四面八方的诸侯方国也纷纷率领士兵和战车赶来了，一起加入了讨纣灭商的洪流。

一时间，大军云集孟津，都听从西伯姬发的指挥调遣。这时，西方和西南方的庸、蜀、羌、彭、濮等边陲民族的首领也率部赶到，声援姬发的灭商大军，声势非常浩大。

姬发下达渡河进军的号令。千军万马渡过了黄河，随即攻关夺隘，向商都挺进。

防守各个要塞的商军将士全无斗志，对纣王已失去信赖，不约而同地献关迎接讨商大军，有的还加入其中一起前进声讨纣王。

沉醉的纣王被宫奴冒死推醒了，纣王翻身坐起，怒喝问什么事。宫奴面如土色地告诉他，以周军为首的征伐大军已渡了黄河，夺取了无数险关，正在逼近都城。纣王听了，还有些半信半疑，就让宫奴把费仲、恶来两人召入宫来询问。妲己得知这个消息，也不觉慌乱起来。

其实，费仲和恶来都早已知道了讨商大军入境的事。他们见以周军为首的这些联军势如破竹，锐不可当，心中顿时十分恐惧，开始准备自己的后路了。

宫奴来叫他们入宫见纣王，他俩硬着头皮来了。纣王见到他俩那垂头丧气的样子，心中一凉，顿时感到宫奴先前说的情况一定确实无疑。他劈头就问："周主姬发领兵离都城还有多远了？"费仲忙回答说："不足200里，只消三四天就会进抵都城郊外。"纣王这一惊非同小可，像个傻子似的半天说不出话来，头脑中嗡嗡作响，像受了雷击。好半天，他才定下神来，问恶来："你的御林军还有多少兵力呀？""精壮士兵不足2万，老弱士兵再加进去，也不到4万人。"恶来的声音如蚊鸣一般。纣王头上立即冒出冷汗来，他痛苦地说："兵力这么少，都城附近又地势平坦，无险可守，这可怎么办哪？莫非上天真要使我灭亡吗？"

费仲、恶来见纣王这个样子就不断劝慰他。纣王惊慌之余，急中生智："快把在都城附近劳作的奴隶全部集中起来，整编成军队，打开兵器库，把兵器统统发放给他们，我要亲自督战。"费仲、恶来遵命行事，两人分头派人传令各地，七拼八凑，据说编成了70万人的军队，把商都库存的武器装备全部拿出来，让他们披挂整齐，倒也甲胄森严，戈斧戟钺耀眼。费、恶两人命将领们日夜操练兵马，准备迎战。

姬发率军已经到达了距离商都朝歌只有70里的牧野（今河南省淇县西南），驻扎下来。据探马来报告说，商军就在前面驻扎着。姬发和元帅姜尚商定，第二天与商军决战。

纣王这时也是顶盔挂甲，收拾停当，准备到军营督战。妲己晓知，伐纣大军已抵70里外的牧野，也许在须臾之间，自己和纣王就要遭受灭顶之灾。真是眼见好景不长，浮生若梦，她的心中百感交集，潸然流泪。纣王看到妲己的样子，心里也十分难受，强作笑脸安慰她说："爱妻不要忧虑，我明天就领兵击败叛军，而后凯旋和你再享荣华富贵。"说完洒泪与妲己告别。

纣王驱车前往驻扎在都城郊外的商军大营，亲自巡阅了一番，见将士们白盔白甲，手握寒光刺目的兵器，显得军容严整，就很满意地发布命令说："快杀牛宰羊，犒赏兵士。明天全军出发，到牧野与叛军决战。"

第二天，天刚蒙蒙亮，姬发命令将士们全部换上了早已准备好的红盔、红甲，这是因为周国将红色视为大吉之色。姬发全身披挂，一手拿着金光闪闪的大钺，一手持着指挥大军的白旄旗，指挥周军和各诸侯方国及部族的队伍摆开了强大的作战阵势。然后，他面对将士们举行了庄严的伐纣誓师典礼。

姬发在誓词中说："啊，我们尊敬的友好盟邦的首领们、军队的各级将领们、英勇无敌的士兵们以及边陲部落来助战的兄弟们，请举起你们的戈戟，排列好你们的盾牌，立好你们的长矛，我们的誓师大会就要开始了，请听我向神明发誓：

"古人说过母鸡是不能打鸣的。如果出现了母鸡打鸣的怪现象，这家人就要遭祸了。现在，商纣王只听信恶后妲己的话，就和母鸡打鸣一样，商朝也就遭了殃。他轻蔑地抛弃了祭祀神明和祖先这样的大事而不问不闻。无论是家还是国都已被他和妲己搞得一塌糊涂和混乱。他昏庸无道，竟然对同宗的长辈或同宗的弟兄及贵族勋臣，不加晋用，反而只对四方许多逃亡的罪犯小人加以信任和提拔重用，使这类坏蛋成为执掌权力的卿和士大夫之类的高官。这些势利小人一得志，老百姓就倒了霉，被其残暴压榨，痛不欲生。现在我奉上天的意志来率领你们执行惩罚声讨纣王的神圣使命了。

"今天的仗一旦打响后，你们必须每移动六七步就要停下来整理一下队形，保持阵容的稳定严整。勇敢的将士们，努力吧！你们每用戈向敌人劈砍四次或五次、六次、七次，刺杀也要停顿片刻，整顿一下队形。因为严整的阵容，才能最好地发挥兵器的威力。

"努力吧，勇敢的将士们！在战斗中你们要个个像猛虎那样威武，像熊那样有力，像豺那样凶狠，像螭那样灵活，在商都郊外大战一场。不过，不要杀掉向我们投降的商军士兵，以便让他们将来为我们服务。奋勇向前，勇敢的战士们！如果你们当中有人怯阵回逃，我就按军律立刻把他杀掉！"

姬发的这篇铿锵有力的牧野战前誓词，就是后来保存在《尚书》里的《牧誓》。

七、商军溃败

誓师已毕，姬发挥动金钺，一展白旄旗，千军万马排着严整的作战阵形，踏步向前挺进，旌旗无数迎风飘扬，战鼓震天动地，响彻云霄。

讨纣大军一直推进到商军营寨前，姬发请元帅姜尚亲自率领从虎贲壮士中精选出的100名勇猛无比的战士去向商纣王挑战。

姜尚看到前面商军也摆好了阵势，真是漫遍原野，重重叠叠，兵车无数，也不知有多少人马。由于商兵的盔、甲、旗帜等均为雪白，在这寒冷的季节，就好像下了一场大雪。姜尚见商军的中军阵列中，簇拥起一座银缨华盖，那里的军士也特别精悍彪壮，他知道是纣王亲自临阵督战来了，便率自己的100名战士向商军的中军阵列来挑战。他高叫纣王出列答话。一贯尊贵无比的纣王听到姜尚在直呼他的大名，差点把鼻子都气歪了。他问身边的恶来道："前面那个嚣张的老家伙是谁？"恶来忙告诉他："这个老头就是周国的元帅姜子牙。"

纣王气哼哼地骂："他是找死吧，快把他给我抓来！"话音刚落，姜尚已命战士快速放箭，一支箭正好射下了纣王战车华盖上的银缨。商军见象征权力的标志还没等开战就让周军射掉了，顿时慌乱起来，这个消息一传十，十传百地在商军阵营里传播开了，军心开始不稳了。姜尚趁机催动战车，率百名勇士呐喊着冲杀上来，如一条火红的战龙刺入白色的世界。

姬发看见姜尚领尖兵已冲入商军阵内，立即指挥讨纣大军奋力向前冲杀，真如排山倒海似的，旌旗飞舞，战鼓雷鸣，矛戟森森，喊杀声震天。纣王也不敢怠慢，命商军迎击。

两军相接，红白相融，烟尘滚滚，杀得难分难解。

姜尚指挥着训练有素、骁勇善战的周军，不断变换阵势，其他诸侯部族兵马有力配合，越战越勇。姜尚见纣王所在的中军战斗力最强，便集中周军的大部主力3万余人围歼。纣王的中军正是由恶来的御林军2万人所组成，战斗力是一流的，而其他的商军基本上是由奴隶临时编练组成，没有什么战斗力。在周军的勇猛冲杀下，纣王、费仲、恶来所率的这部分商军精锐损失大半。姬发又命周军的将士们高喊："上天有命，周兴商灭！"随即砍杀不止，冲垮商军的阵势。商军本来就是临时凑成又以奴隶为主，听到周军的呐喊，便纷纷倒戈，反而向纣王杀来。纣王一见，惊得魂飞天外，忙命身边的费仲、恶来率御林军残部拼死突围，费仲在突围中被周兵杀死；恶来拼命厮杀，保护纣王，后二人被周兵冲散。恶来见大势已去，带着冲出重围的几百名亲信一直向东部逃去，后来被部下杀死，横尸荒野。

纣王浑身血污，仗着自己的勇力，冲出了周兵的包围，如丧家之犬狼狈不堪地逃回了朝歌。

此时，晚霞满天，天近黄昏。这场王朝鼎革的战争，从早晨到黄昏只进行一天，便以商军彻底溃败，周和它的盟军的大获全胜而宣告结束。后人在《诗经·大雅·大明》中对牧野之战作了非常生动的描写：

　　殷商之旅，殷商的军队，

其会如林。 会聚起来如丛林之多。

矢于牧野， 陈列在牧野这个地方，

维予侯兴。 正给予我们机会取胜。

上帝临女， 上帝是保佑我们的，

无贰尔心。 千万不要三心二意。

牧野洋洋， 广阔浩大的牧野，

檀车煌煌， 檀木的战车熠熠生辉，

驷騵彭彭。 红色的驷马多么强健。

维师尚父， 勇敢的军师是姜尚，

时维鹰扬。 展示雄鹰般的威武。

凉彼武王， 辅佐那英明的武王，

肆伐大商， 猛烈痛击打败了殷商，

会朝清明。 次日天下就宣告清明。

姬发和姜尚命令将士们乘胜追击，挥戈直指商朝的都城朝歌。

牧野决战，商军溃败，都城朝歌的守军心胆俱裂，哪还有心思持戈交战，几万军兵一哄而散。只有纣王的御林军残部在作最后顽抗。

八、纣王自焚

纣王丢盔卸甲，袍破发散地回到了鹿台。

纣王头昏目眩，他颓然地跌坐在椅子上，做梦都没想到 70 万大军仅仅一天时间就全军覆灭，祖先 600 多年的江山竟断送在自己的手中。纣王心中追悔莫及，酸楚痛惜。唉，我还有什么面目去见先祖成汤等列位先王啊。自己继位这 33 年来，可以说已享遍了人间的乐趣。瑶台琼室、美女歌姬、山珍海味、锦衣绣服，人间的所有的美好东西全归自己品尝享用。想着想着，极度的疲乏使纣王昏睡过去。他做了个噩梦，梦见这些年来被他残害致死的梅伯、九侯、鄂侯、比干等人怒睁着一双双喷火的眼睛，向他逼视过来。霎时，阴风飒飒，寒透肌骨。无数条胳臂挥舞着抓住了他，并伴有大声的吼叫："昏君，你还我们的命来！""昏王，你也有今日灭亡之时！""昏王，你灭绝人伦，不听忠言劝谏，大好的江山被你断送，先王岂能饶你！你已死到临头啦！"……纣王恐惧地喊叫着，一下子惊醒过来。

忽听耳边有人低声抽泣，纣王睁开了沉重的双眼，定睛一看，是妲己坐在自己的身旁，在不停地哽咽。纣王十分爱惜地望着依旧很年轻且风韵动人的爱妻妲己，抚摸着她满头蓬松如云的油黑秀发，鼻子一酸，连续长叹了几声。妲己的脸恰如一块美玉，脸颊白嫩透红，眼亮唇润，泪水涟涟，犹如带雨梨花，更加显得娇艳异常，十分可人。纣王抑制不住内心的眷恋，一把揽过妲己，两人抱头痛苦地大哭起来。

哭了一会儿，纣王悲苦地说："我这些年荒疏了朝政，错杀了许多忠臣良将和无辜，已被天下人所记恨痛齿。现在形势已是万分危急，我们大商的灭亡已经是旦夕间的事了，国家到了这样的地步，我愧为君王。我现在追悔不及。我今生唯一值得欣慰和骄傲自豪的就是与你的相知相亲、相爱相恋，这也正是我所留恋的。你使我饱享了回味无穷的人间男女欢爱之乐。我是多么想与爱妻白头偕老，爱恋到永远啊。然而这是不可能的事了。周主姬发和军师姜尚已经率领千军万马在牧野把我彻底打败了，现在他们的军队已打进了朝歌城里，并且很快就会攻击到鹿台了。我身为君王，绝不能做这伙乱臣贼子的俘虏，况且他们在讨伐的檄文中就说我罪孽深重，看来是不会宽恕我的。假使我做了俘虏，他们能免我一死，我也不愿寄在他们的篱下而饱受亡国之君的天大耻辱，我决定自己结束生命。现在担心的是我死后爱妻必定被姬发一伙所掳，像你这样如花似玉的绝代佳人必遭其百般羞辱，难保清白之身。我死后别无他念，只是惋惜你我恩爱一场，竟落得如此凄惨悲凉的结局。我死也心疼着你呀。"说完，纣王泪如雨下。

纣王是在以己之心度西伯姬发君子之腹，以为天下君王皆为好色荒淫之徒。不过，妲己助纣为虐，干了很多坏事，一旦被抓住，一定是难逃一死的。

此刻，妲己跪在纣王面前，把脸埋在他的膝盖上，感伤地哭着说："我 16 岁入宫以来，独得大王青睐宠幸，我的话大王百依百顺，言听计从，对我无比眷爱，这令我刻骨铭心，死也难忘。现在不幸遭到了灭国的祸乱，大王要自己了结生命。我心里真如刀割似的难受和剧痛。大王怎么忍心抛下我，自己独赴黄泉路呢？您死了，我又有什么意义活在这已失去了我们天堂的世界呢？"妲己抓住纣王宽大的袍袖，泪流满面，娇啼柔语，好不凄凉动人。

死别前的真情倾吐，感人肺腑。真是人之将死，其言也善。

纣王听完妲己的哭诉，心似油煎，哭得死去活来。情绪稍稍稳定下来后，他叫宫奴端来了两杯酒，深情地凝视着妲己说："爱妻，你是否记得，当年你入宫后，我们花烛第一夜尽欢畅饮交杯酒时情景，唉，时光荏苒，30 年了，我已老了，可爱妻在我眼里仍是无比的美艳绝伦。如今这酒就作为我和你的最后交欢酒吧！"说完含泪将这杯苦涩的酒一饮而尽。妲己的一双纤纤秀手不住地微颤，她艰难地将这杯酒送到自己的嘴边，硬喝了下去，是甜是苦是酸是辣，她麻木的头脑早已不知了，只是觉得难喝。她和纣王又死死地搂抱在一起，很久很久。纣王轻轻地推开了她，催促她快走。"不，我死也要和您在一起！"妲己执意央求。纣王惨然一笑："别说傻话了，你快走吧，越远越好。我要自己安静地死去。求求你快走吧。"妲己万般无奈，凄楚的脸上带着泪花依依不舍蹒跚地走了，没走几步，又回头凄厉地喊着："大王啊夫君，来生有缘咱们还做夫妻！"纣王缓缓地向她挥了挥手，惨白的脸上出现几分欣慰的笑容。

夜幕降临了，寒风飕飕，萧瑟刺骨，更增加了败亡的气氛。

朝歌城内外火光冲天，染红了夜空。姬发率领的大军已攻占了大半个朝歌城，商的百姓列队临街欢迎。不少人随后又跟着姬发的军队一起向鹿台攻杀而来。守卫鹿台的商军是纣王的亲军将士，共计 3000 人，他们追随纣王多年，立下许多功劳。纣王虽然暴戾残忍，但他对这些亲军将士倒是十分体恤，所以这些亲军将士对纣王忠心耿耿。见周军潮水般冲杀过来，这支商的最后生力军将士都抱定誓死保卫纣王的决心，拼命厮杀，两军一时间打得难解难分。纣王站在高高的鹿台上，俯视着外边激烈的搏杀场面，默然无语，神色痴呆。

纣王心中正无限沉重地回顾忏悔自己罪孽滔天的一生。他悔恨着，这几十年来，忠贤良臣无数次发自对国家尽职尽责的诤言良谏，自己竟一次也没有采纳。为了宠爱的女人妲己欢心，他不惜倾全国的人力、物力、财力，兴鹿台，建造酒池肉林，又与她百般淫乐，不顾人君的尊严和高贵，实如猪狗禽兽无异。为了解妲己心中之恨，他听从了妲己的话，设炮烙，设虿盆，滥杀忠臣无辜，逼走了同父异母的哥哥微子启，活剜叔父比干的心，逼疯了另一位叔父箕子，真是君王之德丧尽。为了妲己的无聊之乐，他又命人活砍无辜者的腿骨、活剖孕妇肚腹与妲己打赌逗乐寻开心，甚至让活人与凶残的野兽角斗，灭绝人伦。他继承王位至今33年，当他再回首时，发现自己做的竟只有这些令人发指的罪孽。这，不是上天灭商，是我自己毁掉了先祖创下的600多年的美好江山啊。

纣王仿佛刚结束了一场噩梦，醒悟时，却是一切都无法挽回了，劫数已定，谁也无力回天。假如当初他刚登上王位时，就凭借自己出色的才能，亲近贤良，励精图治，爱民如子，振作朝纲，杜绝淫奢，广施仁政，商也许会呈现先王武丁时代那样的复兴鼎盛局面。假若妲己是贤惠的女人……他实在不愿再往下想了。

悔思一番后的纣王，心一横，拔出腰间的青铜宝刀，放在自己的脖子上，刚想自刎。忽然他想到：我自刎后，尸首一定会被姬发他们示众耻笑，死了也不安宁。怎么办呢？不如以火自焚，来得彻底，这样就可以干干净净而去了。于是，他叫来一位多年的贴身宫奴，恳求说："老人家，你跟随了我多年，苦也受了许多，现在鹿台也不保了，你可以从鹿台上拿走一些珠宝，快速离开，以度余生。我请你快去取些干柴火种堆在琼室之中，我自有用处。"

老宫奴心中已明白了八九分，不禁失声痛哭说："我追随侍候大王几十年了，承蒙王恩深重，今生难以报答，我已决定以死相随。"纣王深为他的忠烈所感动，忙再三劝止，也不觉泪如雨下。老宫奴遵照纣王的旨意，在琼室内堆满了干柴，点燃后，自己纵身跳下了鹿台，以身殉王。纣王向宫奴跳落的方向跪拜再三，而后他穿好了君王的华服，浑身缀满了珠宝玉器，走入琼室，投身火中，挣扎了片刻，极度痛苦地死去，结束了自己残暴的一生。

火势越来越猛，琼室中的无数珍宝化为灰烬。火渐渐蔓出了琼室。

九、妲己自尽

妲己根本没有离开鹿台。此时，她正在远离琼室的鹿台上另一角，手抚悬在横杆上的白绫，芳心欲碎，她决定悬梁自尽。环顾着自己居住了多年的鹿台，她对这里真是太熟悉了，那高耸入云的楼阁，层叠有致的亭台，真是殿宇巍峨，雕栏玉饰，梁栋金装，还有明珠奇宝无数。更有那令人流连忘返的琼室，在那里，她和纣王欢乐无数，度过多少个销魂的夜晚啊。在这豪华的鹿台上，她自己留下了多少绝妙无度的风流。而今，这一切都将成为过眼烟云了。妲己怎能心甘，但却又无法挽回了。

作为女人，妲己得到了君王"唯命是从"的爱，她在这一点上是十分知足的。妲己为了爱可以不择手段，铲除情敌；她又是个虚荣心极强的女人，崇尚贪得无厌的享受，为了满足自己的私欲，已经达到了丧心病狂的程度，以取媚等手段诱使纣王满足她的要求和愿望。她的这些追求是奢侈的、残忍的。为了自己的无休止的享乐，她不惜把这些都建立在民众的疾苦之上，实在是个媚主祸国的后妃。虽然妲己本不希望商灭亡，而在客观上，她的所作所为又加速着商的灭亡。

妲己终于喝到了自己酿造的这杯苦酒。她做梦也没有想到，身为王后，最后竟落得悬梁自尽的凄惨结局。

这时，鹿台上一片大乱，无数嫔妃宫娥佳丽和宫奴们狼奔豕突一般，并夹杂着惊恐慌乱的喊叫："不好啦，大王在琼室自焚了！鹿台起火了！"真是树倒猢狲散，鹿台上的人们争相抢夺珠宝，而后四处逃散。

妲己听到了纣王的死讯，泪如倾盆雨；又见末日来临的人们的丑态，真是心中万念俱尽。她面向琼室的方向拜了三拜，喃喃地说："大王，您的爱妻随您去了，请您的魂灵慢些走！"说完，妲己将头伸入垂下的白绫套里悬梁自尽了，顷刻间一缕芳魂紧随纣王而去，时年46岁。

不一会儿，喜媚惶恐万分地跑到了鹿台的这个很偏僻的角落，她抬头一见妲己悬吊在空中，忙伸手救助，一摸妲己玉体已经僵硬了。兔死狐悲，喜媚见妲己竟落得个这样的下场，不觉冷透了全身，她从内心感激着妲己的"知遇"之恩，纣王先前的那么多嫔妃，有的甚至已生下王子，但最终都被妲己想方设法从纣王身边赶走，从此遭到冷遇，有的还被残害致死。而妲己却独对喜媚有好感，两人相处如亲姐妹一样。"大王、妲己王后都已自杀了，现在这情形又十分危急，我该怎么办呢？"喜媚心乱如麻。最后，她一咬牙，也在妲己自尽的悬梁上系上白绫自尽了。

周军终于全歼了守卫鹿台的商军，冲上了鹿台。西伯姬发随后也登上了鹿台，他命虎贲军士四处搜寻纣王和妲己。后来军士们报告：纣王和妲己均已自杀身死。姬发在军士的领引下来到了纣王自焚的琼室，见他已被火烧得面目皆非，指着尸体骂着说："无道的昏君，这是你应得的下场！"姬发随后拿着弓箭，对着纣王的尸体连射三箭，心中还不解恨，就用金钺割下纣王那颗已烧焦的人头。见妲己和喜媚双双悬吊在梁上，谁也分不清哪个是妲己，哪个是喜媚，姬发就让军士把这两个女人的头全割下来，而后将两个女人头和纣王的头一起悬吊在代表商的大白旗上，放在朝歌最引人注目的地方示众，商都百姓见了无不拍手称快，欢欣异常。

至此成汤于公元前17世纪初建立起来的商王朝，在公元前1046年被周所灭，历时约600年，成为历史的陈迹。

周的文武大臣和天下各路诸侯一致拥立姬发为王，在拥有天下的社坛举行了隆重的登基典礼，正式建立了西周王朝，姬发就是周武王。从此，中国进入了奴隶制社会的鼎盛时代。

断送了西周王朝的一笑

褒姒

第一章

热心逃囚救弃婴
兵荒马乱度童年

一、国人暴动

公元前 11 世纪武王兴兵灭掉商纣建立西周奴隶制王权，其后周公东征，实行宗法分封制，逐步确立了西周王朝中原大国的统治地位，这种状况大约维持了 200 年左右，到公元前 9 世纪周厉王在位时，周朝大国的地位开始动摇，西周王朝一天天走向衰落。周厉王时候，王畿内的井田制度渐趋消亡。奴隶们缺乏足够的劳动兴趣，消极怠工的惰性思想十分严重，更有甚者冒着被处死的危险，纷纷从井田里出逃而走，致使土地荒芜，农业生产水平下降；同时，周厉王厉兵秣马，扩充军备，连续不断地对外用兵，耗费了国家大量的人力、物力和财力。这就造成了兵源枯竭和国库空虚的困顿局面。为了扩充兵源，聚敛财富，周厉王下令在民间抽丁充军，加派田租赋税。由是乎各级官吏蜂拥向民间，他们在民间耀武扬威，作威作福，直闹得乌烟瘴气，狗跳鸡飞，逼得平民百姓妻离子散，背井离乡。不仅如此，周厉王还采用奴隶主贵族荣夷公的计谋，对山林川泽实行国家专制，禁止平民进入这样的地区从事砍柴、打猎、捕鱼、采矿等生产活动。这对百姓来说无疑是雪上加霜，这就更加断绝了百姓的谋生之路。

对于周厉王的暴政，人们纷纷地表示不满，街头巷尾，每每就有人三五成群地聚集在一起谈论周厉王如何暴虐。周厉王闻知此事后恶从心头起，他听信荣夷公的话，花重金请来卫国的巫师，命他来监视周朝的百姓。凡是议论周厉王和国事的人，一旦被其知道，就马上抓起来处以极刑，严惩不贷。害得平民百姓走在路上互相连话都不敢说，只能用眼神来示意。

久而久之，人民对周厉王的暴虐越来越难以忍耐了。公元前 841 年，西周国都镐京内的国人（居住在都城内的人民）拿起武器，发动暴动，他们从镐京的四面八方潮水一般涌向王宫，把王宫包围起来，同守卫王宫的军队短兵相接，展开了激烈的肉搏战，国人义愤填膺，愈战愈勇，喊杀声不绝于耳。对这突如其来的强大攻势，守卫王宫的士卒渐渐招架不住，纷纷向王宫内溃退。

周厉王见势不妙，便做好了逃跑的准备，他忙乱地摘下王冠，慌张地脱掉王服，匆匆地换上宫中奴仆的服饰，趁着混乱的局面，在一奴仆侍女的围裹中，仓惶地逃出镐京，惊弓之鸟般地躲到了黄河东边的彘邑（今山西霍县），过起了寄居式的流亡生活，至死他也没敢再向镐京的方向迈一步。

虽然他躲在彘邑不敢回都，生活也不似先前那么奢华，但他仍旧挥霍无度，过着奢侈糜烂的生活，每天都沉醉在声色犬马之中，唯一能引起他兴趣的只有酒和女人。逃亡时他所带的珠宝玉器等财物，仅仅几年就被他挥霍殆尽。为了填补自己的欲壑，他就派人在彘邑烧杀抢掠，胡作非为，搜刮了大量民脂民膏供他享用，暴动发生时，周厉王的太子静也由王宫中夺路逃出，跑到召公的家里躲藏起来不敢露面。此次事件历史上称之为"国人暴动"。

国人驱逐厉王以后，周王缺位。奴隶主大贵族共伯和出来主持政局，把持朝政，史书上称为"共和执政"。从共和元年，即公元前841年开始，我国历史上有了正确的不间断的纪年。共和十四年（公元前828），周厉王死于彘邑，太子静正式登上周朝王位，他就是周宣王。宣王即位，共伯和交出了手中的权力，归隐到了卫国。

国人暴动驱逐了周厉王，使自命天子的周王的地位受到沉重打击。从此，西周以周王为首的宗法统治秩序动摇了。

二、宣王中兴

周宣王慑于国人暴动的余威，在位期间，也曾励精图治，"任贤使能，周室中兴焉"（《诗·大雅·烝民序》）。他以敢于直言善谏的召公、周公二相为辅，同时重用尹吉甫和仲山父等贤臣，"修政，法文、武、成、康之遗风"，使得"诸侯复宗周"。这段史称"宣王中兴"。所谓宣王中兴，不过是西周王朝和奴隶制灭亡前夕的回光返照，中兴的背后隐藏着越来越深刻的社会危机和阶级矛盾，西周王朝的覆灭和奴隶制的崩溃已经为期不远了。

　　周宣王利用国力强盛势力振兴的机会，大举北伐狁狁，南征淮夷、荆楚等部族。这些军事举措打败了周王朝西北方和南方的劲敌，迫使他们逃到距离周王朝更远的地方，解除了这些少数民族对周王朝的威胁，稳定了周朝的边境。一时间呈现"四方既平，王国庶定，时靡有序，王心载宁"的安定局面。那种诸侯冷淡对待周王室的境况也有了改观，又恢复了朝周的盛况。

　　虽然如此，周王室的力量也还是不断衰弱，各诸侯国的离心倾向在不断地增长。周宣王十一年（公元前817），鲁国国君鲁武公携带长子括和少子戏来到镐京，朝拜周宣王。周宣王见鲁武公的少子长得眉清目秀、唇红齿白，行为举止乖巧而伶俐，一副逗人喜爱的模样，立刻喜欢上了他。于是就以自己是诸侯之宗的身份，强迫鲁武公改立戏为太子。大臣仲山父闻知此事急忙向宣王进谏说："废长立少，古未之有也，如此一来必犯王命，民将弃上，天下一定要大乱。如果各诸侯都如此行事，先王之法必不能行使于诸侯。望大王三思。"宣王听后，摇着头对仲山父说道："卿有所不知，我改立戏为太子，何尝未考虑先王之法。奈何戏这孩子实在是太机灵，聪颖过人，他不继承君位，实在是可惜至极。我也是实在没有别的办法，据我看来，戏的确是一块当国君的好料，为了鲁国的前途，为了鲁国的百姓，我也是不得已而为之。我自有我的道理，卿你太多虑了。"仲山父闻言，上前一步又想再一次进言，没想周宣王早已拂袖走往后宫。仲山父闹了个没趣，悻悻地退出朝来，心里暗自思忖道："大王是越来越不听别人的劝告了。"

　　周宣王拒不接纳仲山父的劝谏，改立戏为鲁国太子。没过几年鲁武公薨，戏即位为鲁国国君。但继位没有几年，鲁国就发生了政变。括的儿子伯御率兵围打鲁国宫殿，于混乱中杀死了鲁国国君——自己的叔父戏，自己取而代之为鲁国国君。

　　此举无异于是伯御对周宣王权威的公开挑战。消息传到镐京，周宣王顿时恼羞成怒，亲自率重兵讨伐伯御。伯御亦不示弱，整理军队点起兵马，列阵迎战周宣王。宣王见伯御竟敢以下犯上，如此不识时务，更加恼怒万分。当时号令左、中、右三军同时冲击鲁军阵营，他站在战车上，亲自擂鼓助阵，鼓舞军队士气，周军装备精良，兵力强悍，同鲁军杀得尘土飞扬，遍野哀号，不一会儿，鲁军就渐渐力不可支，节节后退。周宣王见此，又传下命令，三军不得休息，要一鼓作气，乘胜追击。周军于是更加勇猛，终于彻底打垮了伯御组织的抵抗，在战场上杀死了伯御。讨伐伯御之后，周宣王在鲁国主持仪式，改立戏的弟弟为鲁国国君，史称鲁孝公。对于周宣王在鲁国的这一系列行为，各诸侯纷纷表示不满，从此后："诸侯多畔（通叛）王命"（《史记·鲁世家》），周王室对诸侯的控制能力又进一步削弱了。

国人起义对于奴隶制的打击，使奴隶制危机日益变得深重，这种历史发展趋势绝不是宣王中兴的局面所能挽回的。奴隶们对于井田上的劳作越来越厌倦。"民不肯尽力于公田"（《公羊传》何休注），消极怠工则是他们常用的反对公田剥削压迫的方式。奴隶集体逃亡，户口流离、井田荒废的现象日益严重。农业生产力因此遭到极大破坏。正如《诗·大雅·召旻》中所说："旻天疾威，天笃降丧，瘨我饥馑，民卒流亡，我居圉卒荒。"意思是说上天大怒呈神威，降下了严重的丧乱，以饥馑来苦害我们，庶民都流亡于外，我所居住的地区全部逃亡而空。可见，在周宣王的统治后期，呈现在人们面前的是一副庶民逃亡、邑里空虚、村落萧条、田园荒芜的凄凉衰落景象。人们怨声载道，从心眼儿里憎恨周王朝，都企盼周王朝早早灭亡。城里乡村，街头小巷，到处是一片黎民百姓的诅咒声。

三、丧钟式的童谣

公元前 795 年夏季的一天，宣王外出游猎满载而归。已近薄暮，落日西垂，夕阳的余辉涂红了绿色的浓荫，西方的天空垂着暮霭，装饰着瞬息多变的雀云，宽广的道上残留着白日的余温，柔和而舒缓。周宣王心中得意，率领群臣士卒，一路上谈笑风生，信马由缰地往镐京赶路。

当走到镐京附近时，看见路边有一群儿童，他们一边练射箭，一边口里念着歌谣。只听得儿童们稚嫩的嗓音念道："桑木弓，萁草袋，是灭亡周国的祸害；桑木弓，盛箭囊，大周国，要灭亡。"

说到这几句歌谣，有必要介绍一下，原来在周朝的时候，尚武之风盛行，男子特别注重射箭的技能。不论任何人家门第，凡生下男孩三日，便在门楣上悬一张弓，挂一支箭，以此来作为生男孩的标记。待男孩稍长，大人们就教其学习拉弓射箭。正因为这样，社会上所需要的弓箭自然要多。桑木弓，就是用山桑木制作的弓；萁草袋，是指用萁草编织成的装箭头的囊袋。那时候，山桑萁草漫山都有，原料易找，而且质量好，加工方便。童子用这样的弓和箭囊学习射箭，十分经济，所以加工制作贩卖桑木弓和萁草袋的人很多。这类人也同样属于周朝社会的下层劳动人民，同样深受周王朝统治者的压迫和剥削，因此对周朝也十分怨恨，心存不满。怨恨至极，就随口编了这些顺口溜。于是他们每到一处，在摆摊设点或沿街叫卖之时，便使这些厥词说传开去，流传到民间。他们说这些企盼让周朝早灭亡的坏话，无非就是为了宣泄一下心中的愤恨。因而百姓说："这些制作贩卖桑木弓和萁草袋的人，最能散布周王室的坏舆论，最能制造大周王朝的谣言。大周朝的名声，迟早要败坏在他们手里。"

周宣王听了这几句童谣，不由得眉头一皱，停下马来，向左右命令道："快去把这帮小孩给我抓来，我要问一问这歌谣究竟缘何而来。"左右得令，立即撒开两腿向儿童们扑去。众孩童看见来者不善，气势汹汹，招呼了一声，撒腿就跑，七转八拐就不见了踪影。可笑周宣王一伙手下，只抓住了一个跑得稍慢的儿童，一个士卒把这个小孩儿挟在腋下，急促地跑过来放在宣王的马前。这小孩儿哪里经过这样的阵势，早就吓得呜呜直哭，不知所以。周宣王从马上俯下头来问这个小孩儿道："小孩儿，你不要怕，只要你回答了我的话，我马上就放了你。我问你，你刚才射箭时说的歌谣是谁教给你的？"这个小孩儿听了问话边哭边说："我说的歌谣，是一个卖桑木弓、萁草袋的人教给我的。"宣王又问："那人教你歌谣时还说了什么？怎么你们一群小孩儿都会说这歌谣呢？"小孩儿回答说："那人说，大周朝气数已尽，早晚要灭亡，他让我们好好学习射箭，将来好和周朝军队打仗，几乎每一个卖桑木弓、萁草袋的人都这样说。"周宣王说："小孩儿，以后再也不要说这样的歌谣了，不然的话，我就派人砍了你们，行了，你可以回家了。"小孩儿见宣王放了自己，转身就跑，消失在渐沉的暮色里。周宣王心里十分生气，暗想："好你们那些臭贩子，说什么不好，却偏要说我大周江山的丧气话，看我如何收拾你们。"想到这，周宣王说道："连夜传我命令，禁止任何人贩卖桑木弓和萁草袋，违令者，斩。"说完之后，率队回宫。再说周宣王下令后，一时之间各地贴遍了告示，加派了暗哨。顿时人心惶惶，不知道大王又是发的哪门子邪火。

第二天，周宣王早朝，还没等他开口对群臣讲话，就听得外边有人高声叫卖："桑木弓，萁草袋，做工好，价格便宜，快来看，快来买呀！"周宣王一听不禁勃然大怒，向下边吼道："左右，快把外面那个贩子给我拿下，关入牢房，待到明天一早拉到街上斩首示众，看他还嚣张不。"呼啦一下，一群殿前侍卫涌出宫外，追到大街之上，不容得小贩分辩，就如狼似虎般七手八脚把他抓起来，投在宫中的一间暗房里，任这个小商贩在里面喊冤叫屈，也没有人理睬。

四、弃婴获救

周宣王憋了一肚子气处理完朝政，无精打采地来到王后姜后的宫中，刚刚坐定，就见三个宫女急急忙忙，一路碎步走进宫米一跪在地，神色慌张地说："禀告大王、王后，后宫出事了，一个45岁的宫女，凌晨时分突然腹痛难忍，折腾了两个多时辰，在寅时产下了一个女婴，这个老宫女也因自己无夫而生育，感到羞愧难当，从婴儿落地到现在，一直痛哭失声，泪流不止。"

周宣王听了这消息，不亚于当头一棒，顿时瞠目结舌，目瞪口呆。姜后听后也不觉心中诧异，认为这女婴必是一妖物无疑。她吩咐三个宫女："回去看好这个宫女，不要让她寻了短见，来日一定要深究此事。"三个宫女齐声答道：

"是。"起身就要离去。宣王此时也回过神来，连忙把三个宫女叫住："慢。"他回过头来对姜后说："时下政局动荡，天下不宁，如今这无夫宫女又产下一女婴，一定是个不祥之物，应该扔掉她，不得抚养。"于是周宣王就一方面派人去卜卦，预测吉凶，一方面派大臣杜伯专门调查此事。姜后见宣王如此办理，便转过身来命令三个宫女："待天黑时，你们仨把这个来历不明的女婴扔到宫墙之外，不得有误。如果有个一差二错，唯你们是问。下去吧。"三个宫女站起身来，退出了宫外。

这三个宫女因有任务在身，这一天都一直待在老宫女的身旁，陪她劝她。天色渐渐地晚了，月亮渐渐地升起来，向下洒着清冷的光。老宫女由于过度疲劳，慢慢地进入了梦乡。三个宫女见时机已到，互相凑到了一起，耳语一番便开始了行动。她们找来一件旧衣服，把熟睡的女婴包起来，轻手蹑脚地把孩子抱起，悄无声息地走出屋，穿过长长的后宫回廊，走到了宫外。把孩子丢在哪里好呢？扔在护城河里实在于心不忍。"对，有了，那边有一棵柳树，就把孩子丢在那吧？"其中一个宫女轻声说道。三人顺着方向看去，河对岸有一棵大柳树，婆婆娑娑浓黑一片。于是她们一路小跑，顺着一座窄窄的小桥绕过去，来到了柳树下。谁知这孩子刚一被放到地上便哇哇大哭起来，在这清冷宁静的夜里，这哭声显得分外凄惨，三个宫女也忍不住流出了同情的泪水。

那个卖桑木弓和箕草袋的挑担人，从被关在暗屋的时候起，就哭喊连天，吵着要求放他出去，但却没有人理睬。就这样，他吵闹了一个上午，也没有结果，直嚷得他口干舌燥，浑身乏力。一个上午过去了，他知道要出去是不可能了，便颓然靠在屋内的一角坐下，使劲地喘息着，不知不觉地，他竟昏昏沉沉地睡了过去。待到一觉醒来，屋内早已洒满了清冷的月光，他知道黑夜已经降临了。此时，他已两顿没吃饭了，腹内饥肠辘辘，心中忧急如焚，不知道自己的命运将会如何。他心想："与其在这坐以待毙，不如拼却一死铤而走险，或许还可以逃得一条活命。"借着皎洁的月光，他在门上找到了一道很大的缝隙，试着将手伸进板缝里，握住门板，用劲一脚，没动，再猛踹一脚，木板有些松动了，他心中不禁一喜，逃命的希望鼓舞了他。这一下他用尽了全身的力气使劲一脚，"咔嚓"一声，那块木板掉了下来，他侧着身子顺着缝隙慢慢地挪出门外，弯着腰胡钻乱拐，竟然来到了宫墙下边而没被夜间的岗哨看见。在墙下，他伸了伸手脚，憋足了一口气，向上一跃，双手搭住墙壁，手脚并用，噌噌几下就爬上了高高的宫墙，接着顺势一跃，"扑通"一声落在了地上。躲过了士兵的视线，护城河对他来说就更不在话下。他顺着河沿探下身去，仅用了几十下狗刨，就游到了对岸。他爬上岸，脱下了衣裤拧水，忽然听到附近有婴儿的哭声。他不由得一怔，匆忙地拧了拧衣服复又穿上，便顺着声音找下去。但见河边柳树下，有一被遗弃的婴儿，借着月光，他看见这孩子长得还不错，白白胖胖，五官端正，伸手蹬腿很是惹人喜爱。见到这个被遗弃的婴儿，同病相怜的感觉涌上了这个男人的心头。逃命的他动了恻隐之心，他决定把这个不幸的孩子收养起来，把她抚养成人。

他向四周寻了寻，活该他运气好，他找到了一只篮子，把这个弃婴仔细包了包，轻轻地放在篮子里，就一路急走，向着西南方褒国（今陕西省勉县东南）方向奔去。一路上，他风餐露宿，沿村乞讨，为小婴孩儿找奶吃，就这样奔波了三昼夜，他顺利地进入了褒国境内。

在褒国，他借住在一个叫褒姁的贵族家里，褒姁很欣赏他制作弓箭、工具的好手艺，就善待他，给他安排了几间简陋的房舍，供他和女婴居住和制作工具用。

这个收养女婴的男人叫他干活出力气还可以，但叫他侍弄小孩儿可就难了。不是忘了给小孩儿喂奶，就是忘了给小孩儿换尿布，每天都忙得他焦头烂额，顾东顾不了西，可还是养不好这个孩子。久而久之，他就觉得有些不耐烦了。于是，他就有了把这个孩子送给别人的想法。

偏巧，这个村落有一个靠养羊为生名叫姒大的人，夫妻俩年过 40 岁还未得一儿半女，便有了要抱养一个孩子的想法。自这个桑木匠人抱着一个女婴进村之后，他们便注意上他了，他俩是既可怜这个桑木匠人既当爹又要当妈，又喜欢这个女婴模样秀气，令人疼爱，于是便找人从中去撮合，谁料没费丝毫力气，两下一拍即合。姒大一家用了些布匹和粮食把女孩儿换到了自己家中来抚养。由于这女婴先被桑木匠人带到褒国，之后又给姒大用布匹和粮食换去，所以这孩子就被起名为褒姒。

五、谁生下褒姒

至于褒姒这个女孩儿的生父究竟是谁，说起来真是一言难尽，而且还很富有神话意味。

传说远在夏朝时，有两条神龙飞降宫殿之上，一动不动地伏在上面，三天三夜之后才盘旋着腾飞而去。夏王不知此事主何吉凶，就命人占卜，并派人收集了许多龙涎（也有人说是龙的精液）用一个函椟密封之后贮藏起来。夏灭亡后，这个函椟传到了商，商灭亡后又传到了周，传了三个朝代，从未有人去开启这个函椟。公元前841年，国人暴动驱逐了周厉王，周厉王出逃时席卷了不少宫中原有的宝物，其中包括这个函椟。到了周厉王驾崩的前一年，即公元前829年，共和十三年，流亡在彘邑的周厉王一时心血来潮，执意要打开这个传了三朝的函椟，想要看一看里面装的究竟是什么东西，一不小心，打翻了函椟，龙涎流洒了一地。谁知周厉王荒淫成性，不仅不打扫和收拾地面，反而命令随从的宫女们歌舞，去践踏地面上的龙涎。此刻，流淌了一地的龙涎如有神知一般，俱由四周向地中央汇聚，团成一个晶莹剔透的圆球，只见这圆球在地上左滚三圈，右滚三圈，旋即化作一只大乌龟，这大乌龟向周厉王点了一下头，便向后屋爬去。一个12岁的小宫女被此景惊呆了，一时躲避不及，不小心就被大乌龟撞了一下。当时这个小宫女也未觉得怎么样，也没有什么异常反应，只是被惊吓了一下。半年后，这个小宫女觉得小腹有些轻微疼痛，用手向小腹摸去，好像内里结有肉块，结有肉块的部位，时不时地隐隐作痛，每次阵痛发作时，这个宫女都要喝一些止痛的草药，但病情总不见好转，可也不恶化。慢慢地，这个宫女适应了这种疼痛，也就不把这件事放在心上，疼痛时也只好忍耐度日。又是半年过去了，这一年，周厉王忽然驾崩，魂赴阴曹。周宣王即位，他登上王位后，派人来到彘邑，把随周厉王出逃的人又重新接回宫中，重新分派差事，供他驱遣。

这个被乌龟碰了一下的小宫女，腹内结出了肉块，这肉块在她腹内长了33年之久，生长速度极慢，既不显山也不露水，竟连小宫女自己都未觉察出来，33个寒来暑往，33个春夏秋冬，弹指间小宫女如今已45岁，昔日天真活泼的孩童，今天已是颜老色衰的半老徐娘。公元前795年的一个夏天深夜，老宫女忽然腹痛又起，起初，她还以为和往常一样，忍一忍就会好的，谁料这疼痛越来越厉害，如同抓心揪肺一样，而且下身还流出许多血来，直疼得老宫女哭爹喊娘，其声凄惨无比。与她同住一起的宫女们见老宫女如此惨相，也不知该如何是好，干着急也插不上手，只是围着老宫女的床榻转来转去，搓手跺脚地唉声叹气。凌晨寅时许，老宫女折腾得气息殆尽之时，产下了一女婴，周围人这才恍然大悟，原来老宫女这是怀孕到了产期。孩子产下后，众人悬着的一颗心才放下，同时又百思不得其解，以前只知道她有腹痛的毛病，从未见过她与哪个男人交往过，这个孩子的父亲是谁呢？

老宫女产女婴的事不胫而走，顿时宫中哗然。有人说这纯粹是一派谣言，只听说这个老宫女33年前腹中就结有肉块，却从未听说她身怀有孕；也有人说这婴儿来历蹊跷，这无父之婴是个怪胎；还有人说这老宫女无夫而孕，一定是老天要降灾祸给我们，天下要大乱了。可真是众说纷纭、沸沸扬扬、莫衷一是。此事在宫廷内外传得不亦乐乎，一传十，十传百，越传越离谱，越传越玄乎。

再后来，此婴儿被姜后下令扔掉，可这个孩子命不该绝，当晚被一个逃命卖桑木弓、萁木袋的犯人捡去，一路上用篮子装着她向褒国跑去。这个女婴便是褒姒，长大后成为有名的美女。这个传说和有关资料的记载有吻合之处，只是神秘性太浓，听起来既荒诞不经，又不合常理，故不足为信。又因距现在年代太久远，我们也无法去做进一步真实的考证，所以就褒姒的出身情况，只能从正史和野史中找出这么多。

六、心惊胆战的童年

褒国山清水秀，花红柳荫，自然条件极为优越，是一个出美女的地方，褒姒这个被别人抚养的弃婴，从小就像一朵含苞欲放的花，鲜艳可人。姒大夫妻俩为养育褒姒，那真是尽心尽力，含辛茹苦。为了抚养褒姒，在家境贫寒的情况下，姒大夫妻将有限的一点粗粮磨成面粉，然后用羊奶煮熟调成糊状来喂褒姒，一天天过去了，小褒姒也一天天长起来了。

褒姒刚满1周岁时，就能开口叫爸爸、妈妈了，每当她嗲声嗲气地张起小嘴喊妈妈时，姒大的妻子都会乐得眉开眼笑，合不拢嘴，脸上的皱纹就如同用熨斗熨过一样，平展开来。因为妈妈与她单独在一起的时候多，所以小褒姒总愿意让妈妈把她抱在怀里，让妈妈喂她饭，让妈妈哄她玩。

小褒姒有个特点，就是好哭却不好笑。她一遇到不顺心的事，就落下眼泪。每当她笑起的时候，嘴角旁边则露出两个可爱的酒窝。

姒大妻子用布帛和线为她缝制一些五颜六色的猫、狗、牛等一类布质玩具，在这些布质玩具的里面填充上棉花，让它们看上去栩栩如生，就如同真的一样。小褒姒很喜欢这些玩具，对它们爱不释手，怎么玩也玩不腻。看着女儿玩得开心的样子，姒大妻子又来了兴趣，又花费了半天时间，精心为女儿缝制了一个拉弓射箭的女武官，样子既俏皮又逗人，小褒姒见了妈妈新缝制的这个玩具，非常高兴，立刻丢下了那些布缝的动物，从此专心致志地玩起了妈妈给她新缝制的女武官，就连晚上睡觉也要将它搂在怀里，时时刻刻都不让这个玩具离开她。由于这个玩具逼真有趣，小褒姒也非常喜欢，她每一次玩它、摆弄它时都很开心，脸上往往露出甜蜜的微笑。

一晃，褒姒5岁了，这一年冬天的一个中午，奴隶主贵族到姒大家逼租收债。因为姒大家贫，既没有钱又没有粮，还不上租债，收债人就虎着脸要赶走他家的羊抵债，无论姒大如何乞求哀告也无济于事，讨债人就是不肯宽限姒大夫妻俩一些日子。

　　小褒姒站在一边，瞪着一双黑黑的眼睛懂事地看着爸爸妈妈和讨债人争论着。当她看到讨债人要赶她家的羊时，知道情况不妙，急忙跑上前来跪在奴隶主面前大哭不止，泪流满腮，边哭边悲切地用稚嫩的嗓音说道："王爷们，行行好啊！千万不要把我家的羊赶走哇，我还要靠吃羊奶活着呢！你们要是把我家的羊赶走，我就不能活命了。求求你们，不要赶我家的羊啊，等过些日子，我一定要爸爸把钱给你们送去，王爷们，我求您了，呜……"小褒姒一边哭，一边说，一边给讨债人磕头。贵族们见这个小女孩虽然哭得伤心，但那模样却秀气可爱，而且那张小嘴真是伶牙俐齿，谈吐不凡，一口一个王爷叫着，见她这样，讨债人还真有些于心不忍。这时其中的一个人对姒大说道："姒大，看在你女儿的分上，先放过你这次，饶你几个月，下次如果再不交，没说的，别说你家的羊被赶走，就连这个漂亮小姑娘，我们也要领走，走。"说完，他手一挥，领着人出了姒大的家门，向别家去了。

　　褒姒年纪虽小，但心思却非常细腻。讨债人的一席话她听得明明白白，同时也给她幼小的心灵蒙上了一层浓重的阴影。她总是担心下一次家里交不上租债，自己就会被别人领走，所以，每天她总是胆战心惊的，不时地在梦中梦见这样的场面：奴隶主们又来逼债，气势汹汹地闯到她家，拆了房子，赶走了羊，还把她也抓起来去抵债。她哭着喊着，每次都是在梦中哭醒。醒后，她紧紧搂住妈妈的脖子边抽泣边说："妈妈，我怕，他们又来抓我了。"姒大见状，知道女儿又在做噩梦了，他急忙轻拍着女儿娇小的后背说道："乖女儿，别怕，爸一定能把债还上。咱家再也不换新衣服了，那几只大母羊过些日子也要下羔了，那样的话，爸就能把债还上了，孩子，你放心，爸说什么也不会让你离开我的。"小褒姒在爸爸妈妈的抚拍劝慰下，便又在迷迷糊糊的呓语中睡着了。

七、放牧所见

时间在姒大一家人的忙碌生活中不断地逝去，南雁北飞，布谷鸟又带来了春天的讯息，远山依稀地蜿蜒着，初春的鹅黄缀满了峰峦，远远望去，草甸上又是绿草茵茵，一派春意盎然，满眼、满鼻、满耳都是春意酝酿的醇香。

这一日，姒大收拾完院落，整了整衣裤，顺手抄起羊鞭又要去放牧。褒姒一见，便从妈妈的身边跑过来，撒娇地扯着爸爸的衣襟，噘起小嘴说道："爸爸，我也要随你去，我要去甸子上采很多很多的野花，你领我去嘛！"姒大蹲下身来，两手托住小褒姒俊俏的脸蛋儿说："好孩子，在家陪妈妈，山上风大，把我女儿吹感冒了，爸爸多心疼啊，让爸爸一个人去，回来时，爸爸一定不忘给你摘好多好多的花。"说完，姒大站起身来就要走。小褒姒一见爸爸不领自己，没遂自己的心愿，便哭了起来，边哭边说："爸爸坏，爸爸不领我玩，我自己去。"姒大妻子见状忙走过来，用手指戳了一下姒大脑门说道："看你，就知道惹孩子哭，现在都什么时候了，晴天丽日的，你还以为是冬天呢？今天我做主，一定要你领孩子上甸子玩玩。"回过头来又搂住褒姒说，"孩子，别哭，你爸答应你去甸子上了。来，乖女儿，让妈妈给你擦擦眼泪。"说着用双手抿去了褒姒脸上的泪。褒姒见爸爸妈妈都同意她到野外去玩，乐得跳了起来。

姒大没法，只好赶起羊群，领着女儿向甸子上走去。褒姒怀抱着那个女武官玩具，一路蹦跳雀跃地跟在爸爸身边，一会儿扬起一块小石头打停落在树上的小鸟，一会儿又跑到爸爸前边追赶着羊群，小脑袋摆来摆去，一双乌黑的眼睛看不够地看。春天里的小姑娘一脸的天真，满眼的神奇，她开心极了。姒大疼爱地看着她颠来跑去，不时地说："慢点儿，别摔着，要不，爸爸抱你走。"可小褒姒不肯，依旧活泼地蹦来跳去。到了草甸之后，小褒姒更快活了，犹如一只被囚养的小鸟重新获得了自由，她满脸红扑扑地抱着那个女武官说着童谣，漫野不知疲倦地跑着，手里还摘了许多不知名的颜色各异的野花。偶尔她扬起小小的手臂远远地向爸爸喊："爸爸，你看，我采的这些花好不好看？"姒大就对她喊道："快点过来，别跑得太远，当心爸爸要走了。"褒姒一听爸爸要走，急忙地跑过来，姒大看她着急的样子，便忍不住哈哈大笑起来。

羊在山上吃饱之后，互相也嬉戏起来。有两只羊互相抵着头，用角猛撞起来，那撞击的"喀喀"声吸引了褒姒的注意力。她回头一瞧，就止不住又大哭起来，"爸爸，你快来呀，这两只羊打架了，你快来拉架呀，不然它们要顶死的。"姒大见状，慌忙跑过来，挥起羊鞭将两只羊赶开，走到女儿面前说："没事的，那是羊在玩呢！""羊也会玩吗？"褒姒泪眼汪汪地问。"羊怎么不会玩呢？它们顶架就像你玩布玩具和摘野花一样，以后看见羊顶架你再也不要哭了，不让玩，它们该有多难受哇！"姒大耐心地哄着她。

6岁的孩童，毕竟还没有经历过世事，还不知奴隶是怎么一回事，脑子里也没有什么印象。又是一个风和日丽的天气，姒大哼着牧歌，领着褒姒，驱赶着羊群向甸子上走去。正走在路上时，只见一行队伍从一奴隶主贵族的深宅大院里走出来，每个人都瘦弱不堪，脸色出奇的苍白，远远地望去，在阳光下泛着瘆人的光，他们伛偻着身子，每个人的脖子都被套在一个6尺多长的木叉子中间，叉的两端还用一根木棍在后颈附近用绳子绑起来。褒姒见了心里很纳闷，惊奇地问爸爸："这些人是怎么了，他们那样多受罪呀？"姒大回答说："这些人是奴隶。"褒姒继续地看下去，只见这队伍由两个衣着齐整的人驱赶着，二人嘴里还不停地斥骂。队伍前有一个领头的人，他把第一个奴隶的叉柄扛在自己肩上，第一个奴隶扛着第二个奴隶的叉柄，如此类推。休息的时候，领头的把自己的叉柄插到地上，于是整个行列便停下来。褒姒目不转睛地边走边看这支奇怪的队伍，看到队伍停下来时，她又跑上前问姒大："爸爸，什么是奴隶啊？他们这是去干什么呀？"姒大说："傻孩子，奴隶就是专门给那些大老爷干活的人。你看，他们这是被别人看着到井田里劳动去呢！""那他们脖子上系着木棍，多受罪呀，他们跑不掉吧？"褒姒又问。姒大真不明白这么小的孩子哪来的这么多的问题，不由得眉头紧锁，可又不得不回答说："小孩子，不要问那么细，爸爸当初也是奴隶，只是后来才得以逃脱跑到这成了平民，唉！奴隶生活艰难啊！"说到这儿，姒大不由得触景生情，想起了当年自己的奴隶生活，眼圈一红，生出许多感慨来，可又怕女儿看见，急忙拉起女儿说："快点儿，羊把我们落下了。"说着，把女儿抄起来抱上，大步地向羊群追去。

八、抓壮丁

这一时期，西周王朝西方的戎族各部渐渐强大起来，屡次骚扰周国的边界，边界地区的人民深受其害，昔日平静的边境又紧张起来了。宣王三十九年（公元前 789），周王组织军队讨伐戎族各部，但都是以失败而告终。尤其是这年秋天，在"千亩之战，料民太原"之后，宣王向褒国国君下令在褒国抓丁拉夫，补充周王朝军队。于是，褒国国君派人到乡下抓壮丁的事，在褒姒的心中留下了极深的烙印。

当时，条戎、奔戎（分布在今山西运城北一带）和太原戎（分布在今山西中部太原盆地一带）是几个比较强悍的部族，他们多次袭击周朝的边地，掠夺财富。为了稳定局势，安稳边防，周宣王下令出兵讨伐条戎、奔戎和太原戎，同时命令晋国出兵助战。

这晋国国君是唐叔虞的后代，后来改唐国为晋国，国君同周王也是同宗至亲。因为地处西北边地，接近戎狄，土荒人稀，但人民却勤俭耐苦，勇敢善战。这时晋穆侯在位，他接受了周王的旨令，点齐了兵马会同周军，同条戎展开了激烈的战斗。奈何条戎人骠勇强悍，耐于苦战，周晋两军招架不住条戎的反攻，被杀得大败，狼狈地退回国内。穆侯回到本国，一面休养生息，补充军备，一面厉兵秣马，打算再战。

时隔一年，晋穆侯又接到周王令，起兵去讨伐姜戎。晋穆侯忙又点兵派将，亲率大军复又出师。他督率大军，匆匆地赶往前线，到了千亩地方（今山西省介休市），远远地望见前面烟尘滚滚，听见杀声不断。晋穆侯知道这是周军和姜戎开上战了。他急忙统军上前接应。但为时已晚，此时的周朝军队已被姜戎杀得大败，抛戈弃甲，望北飞逃。戎人收获很大，甚为得意。恰巧晋军来得及时，挡住了戎人的攻势，稳住了周军的阵脚，抢回了许多俘虏和兵器。虽然这样，周军仍是狼狈不堪，溃不成军，无奈，两军只得回国。这正如史料记载："战于千亩，王师败绩于姜氏之戎。"（《史记·周本纪》）

周朝对外战争，进一步激化了周王朝与周边民族的矛盾，他们不但不停止与西周王朝的对抗，反而对周更加敌视，对周朝边地的骚扰也越演越烈。

周宣王的连续用兵，不仅加深了民族之间的矛盾，也加剧了国内阶级之间的矛盾。尤其是千亩之战大败后，许多士兵厌恶战争，趁军队溃退之时纷纷逃亡，宣王只是率领一些残兵败将返回镐京。宣王计算，这次千亩之战出兵损失惨重，已无力再举，为了扩充兵源，先是"料民太原"。周宣王下令把太原人口登记造册，然后按册抽丁，补充军队。然后又召集各诸侯国国君，命令他们马上行动，征调本国年龄在18岁至45岁的男性平民和奴隶，扩充周王朝军队，并且还要求贡献大批粮食、财物等军用物资，以备战争之用。

命令下达后，各诸侯国不得不积极响应，褒国国君也积极准备。褒国人闻听此风后，特别惶恐，昼夜不安，四处躲藏。就连那些没有自由的奴隶也不愿意去参战。姒大一家也同样如此，既怕自己被抓去，又怕羊群被赶走，一天天胆战心惊地打发着难熬的日子。姒大妻子想："为了褒姒这孩子，还是舍羊保人吧，以羊充丁，反正也是早晚的事。"于是她就劝丈夫："你还是到外边躲躲风头吧，我和女儿待在家中，抓壮丁的人来了，我就让女儿哭着说你前几天放羊时病死在甸子上了，小孩儿的话他们能信，实在不行，我就把羊献出去。"姒大一想，这也是一条出路，我在村上是出名的大汉，很惹人注目，被人抓去当了壮丁，用不几天就会死在战场上，还不如出去躲一躲，躲过去是我命好，躲不过去是我命里该着。于是他嘱咐妻子照顾好褒姒，怀揣了一些干馍，趁星夜逃亡到深山老林。

为了不让孩子泄密，姒大妻子对褒姒是千叮咛，万嘱咐："官差来了，你就哭，哭得越难过越好，你还要对他们说，说你爸前几天病死在草甸子上了，尸首都没捡回来，让狼给吃了，如果他们要赶羊，咱娘俩就连求带夺，能留下几只就留下几只。"就这样唠唠叨叨，每天都要嘱咐褒姒几遍。

官差没来的日子，褒姒这小女孩一直是吃不好，睡不下，生怕爸爸真的死在山林里，又怕在路上爸爸被官差抓去，也害怕官差来家里把羊群赶走。她每天都要问妈妈几次："抓壮丁的人什么时候来呀？妈，咱把那几只大母羊藏起来吧！妈，我爸爸什么时候才能回来呀？"

时间在难熬的一分一秒中过去了。这天上午，抓壮丁的官吏终于来了。当时，姒大妻子正和女儿待在院子里，只见十几个丁差没等进院就嚷道："姒大在家吗？快点儿出来，到镐京当兵去。"褒姒很机灵，没等妈妈开口，就跑过来哭着说："我爸爸早没了，他前几天去放羊，病死在草甸上，死尸都被狼吃了。"说完，便大哭不止，此时姒大妻子也赶上前如是说。"什么，死了，是真的吗？"一个官差回头问在押的一个同村壮丁。"官爷，是真的，姒大死好几天了。"那个壮丁答道。那个官差将信将疑，屋内屋外找了一通，也没有发现姒大。找不到姒大，他却看见了羊群，他把手一挥，对其他人说道："抓不到人，就赶羊。"姒大妻子见状急忙上前求道："差爷，您就高抬贵手饶了我们孤儿寡母吧。没有羊，我们娘俩可怎么活呀？"那十几个人哪听这些，一拥而上，打开了羊圈门，羊群顺势而出。褒姒一看官差抢羊，慌忙跑到那个差爷前，拽着他的衣襟哭说道："那几只母羊是我的'奶妈'，没有它们的奶，我就活不成了，求求您，给我留下几只吧！王爷，您给我留下几只吧！"这个官差见这个小女孩很漂亮，细皮嫩肉，又会说话，感觉到自己还没见到过这样乖巧伶俐的丫头，真把她饿死了，也实在是太可惜了。"好吧，看在这漂亮小姑娘挺可怜的分上，给你们留下几只母羊。"姒大妻子听官差这么说，急忙拉着褒姒给官差磕头作揖，嘴里不住地称谢。望着官差远去的背影，小褒姒握紧了她小小的拳头，心中好像满是深仇大恨。

就这样，姒大没被抓去，羊却给人赶走了好几只。小院风波过后不几天，姒大由山里转了回来。还没进屋，褒姒就迎了出去，扑到爸爸怀里，用拳头不停地捶打姒大说："爸爸，你咋不当官呢？你没看见前几天抢咱们羊的官，他们多神气！我长大了，一定要当官，当好大的官。当上大官以后，要把那些抢咱家的羊、抓你当壮丁的人都关押起来，非得为咱家报仇不可。"

"千亩之战""料民太原"等事件之后，奴隶逃亡现象越来越严重，他们对西周的统治，对奴隶主贵族的残酷压榨和剥削越来越愤恨。奴隶们把这些大大小小的不劳而获者比喻成贪得无厌，过着寄生生活的老鼠，愤怒地斥责奴隶主："硕鼠硕鼠，无食我黍！"（《诗经·魏风·硕鼠》）在他们对奴隶主贵族的压制和剥削到了忍无可忍的时候，表达了"逝（誓）将去汝，适彼乐土"的斗争意志。他们为了呼吸自由的空气，结聚在山林薮泽之中，开展小股的武装斗争，这种斗争直接冲击着奴隶制度的基础，使西周社会暴露出越来越深刻的社会危机。褒姒小时，几乎是泪水和欢乐伴随着她，在西周充满兵荒马乱、社会危机渐趋加剧、官逼民反的岁月里，度过了童年时代。

九、追查女婴出生之谜

自周宣王下了"禁止制作贩卖桑木弓、萁草袋，犯者重办"的命令后，一时间制作的工匠们马上停产，再也不敢加工，街上也听不到吆喝弓箭的叫卖声了。一些不知情的人，偶尔进城贩卖弓箭和草袋，走到城门就被门卒没收，稍有顶撞者便要被抓起来鞭打一顿，再囚禁数日才放出，反抗者则要被斩首示众。

对宣王来说，镇压百姓反抗是件极容易的事，杀一儆百，令行皆止。可是宫中无夫老宫女生女婴这一奇闻，始终困扰着他，无论如何他也是百思不得其解。他觉得这件事是王室和宫廷的耻辱，因此总是疑虑重重。他派大臣杜伯查访宫女生育的真相，他相信杜伯一定能胜任此事。

杜伯本是杜国的诸侯，名叫恒，在周的朝廷做大夫。因为他的封地在杜（今陕西省西安市东南），所以，人们又称他为杜伯。

杜伯接受了周宣王的命令便来到后宫，一面询问知情人，寻找可疑线索，一面提审老宫女，希望她能说出详情。

这个老宫女也因自己未婚而育感到羞愧难当，脸面无光。在生产的那天夜晚，她一觉醒来，发现身边的婴儿不见了踪影，立刻慌得六神无主，手足无措。她不顾产后虚弱的身体，踉跄地爬下床来，跌跌撞撞地四处寻找自己的孩子。三个扔孩子的宫女见她如此模样也不知该如何是好。老宫女找了几个屋没找到，就着了魔一般哭着喊着，无论什么人的劝慰都听不进去了。毕竟那女婴是自己身上掉的肉啊，有哪一个母亲不心疼自己的孩子呢？她一面恨自己根苦命薄，一面又想要与孩子相依为命。可孩子已经丢掉了，苦命的宫女，你又哪里能找到呢？

此时的老宫女声音已经嘶哑，她披散着头发，步履蹒跚而无力，口中不停地喃喃自语，说些任何人也听不懂的话。就这样，她不考虑自己是一名宫女，也不顾及别人的身份地位，疯子一样一个房间一个房间地寻找她的孩子。见她这样，那三个知情的宫女害怕她闯出祸事来，就走上前去竭力阻拦她，哪知老宫女身体虽虚，这会儿的力气却大得惊人，三个宫女居然阻拦不住她一个人。没办法，这三个宫女中一位胆大的知情者，便将情况如实地、原原本本地告诉了她，老宫女听后，颓然地坐在冰凉的地面上，眼睛怔怔地盯着前方，口里不住地自语着："报应啊，报应……"忽然，她"腾"地站了起来，脸上的肌肉抽搐着，眼里露出凶狠狠的目光，"嗷"的一声扑向那三个宫女，用手撕扯抓挠她们，口里喊着："你们还我的孩子，还我的孩子呀！"三个宫女没想到她竟会如此疯狂，一时躲闪不过，还着实挨了老宫女几下，吓得惊慌乱窜。后宫的侍卫见到了这边的情况，急忙跑过来，三下五除二便治住了老宫女，把她拖到她住的屋子里反锁上门，院子里这才安定下来。可老宫女的嘴仍不闲着，沙哑着嗓子喊道："还我的孩子，还我的孩子啊！"自此，老宫女茶不思，饭不想，终日以泪洗面，越发地憔悴了。

这一日，杜伯来到后宫传令提审老宫女。不一会儿，老宫女在两个宫女的搀扶下走进了房间。杜伯定睛一看，怜悯的心情不禁涌上心头。只见这个老宫女头发蓬乱，脸色蜡黄，眼窝深陷，目光黯然失色，胸前的衣服由于泪水、奶水的浸渍，早已结成硬硬的一片。见她一副失魂落魄的样子，杜伯心中一动，放弃了原来预想的审讯方式。他走下来，吩咐两个宫女将她扶到座位上，并给她倒了一杯热水。老宫女见此不禁悲从中来，情从景生，不待杜伯问她话，自己先从座位上站起来，对杜伯一揖到地，如泣如诉地说道："奴婢本是先王晚年时招入的宫女，当年才12岁。有一天，先王执意要打开一个函椟，据说里面装的是夏朝传下来的龙涎。孰料，先王一不小心，打翻了函椟，弄洒了龙涎。那龙涎洒落之后团作一球，滚动几圈后化作一只大乌龟爬向后屋。我不小心被乌龟撞了一下，跌了一跤，半年后觉得自己腹中结有肉块，而且还不时地疼痛。至今已有33年，谁晓得这是怀孕呢？大人，奴婢说的全是实情，如有半点儿假话，奴婢情愿凌迟处死，而无一丝怨言，还望大人明察。"杜伯听罢，手捻胡须沉吟半晌说道："你也不必担心，这件事我自然要弄个明白，孰是孰非，自有公论。你呢，也不要过分糟蹋自己，将养好身体要紧。你下去吧。"老宫女千恩万谢，在两个宫女的搀扶下退出屋来。

此后，杜伯又多次进入后宫，明察暗访，想得到老宫女生女婴的真实情况，可每次得到的结果都是不尽如人意，不值得信服。杜伯心里也明白，这是一桩无头案，是查不出子午卯酉的了。

十、杜伯含冤

宣王有一宠妃，名唤女鸠。这女鸠本是一个生性放荡、水性杨花的女子，一见到漂亮潇洒的男性就挪不动脚步。虽说她日夜有君王陪伴，可还是不满足，她的一双凤眼总在男人身上打转转，时刻想打周宣王手下群臣的主意。在她心里，她可不管什么王不王、妃不妃的，只要自己愿意就行。她一见到英俊潇洒、风度翩翩的杜伯，立刻就被他迷住了。她每天想杜伯想得神志不清，拿东忘西。每次见到杜伯，她的心跳都不由自主地加速，瞳孔立时自然地放大，脸色也极不自觉地红润起来，那种渴望杜伯的感觉就有如无水河床似的干渴。

于是，女鸠就使出浑身解数，千方百计地勾引杜伯。每次杜伯来后宫，她都有意无意地把自己暴露在杜伯面前，令杜伯退避不及。这时她就像一株初春的杨柳，摇摇摆摆，扭捏作态，娇声浪气有气无力地和杜伯搭话，有时也和奴婢含沙射影地说一些淫腔滥调，以此向杜伯暗示什么。更甚者，她有几次竟公开挑逗杜伯，不知廉耻地向杜伯暴露自己身上的肌肉。但杜伯是一个堂堂正正的男子，不肯干这伤风败俗有辱君王的事，每次他都巧妙地与女鸠周旋，顺利地得以脱身。

几次引诱杜伯未成，女鸠不禁恼羞成怒，怀恨在心，便发狠道："既然与你通奸不成，那我就置你于死地。"于是就趁杜伯忙于查案之机，在宣王左右说起了杜伯的坏话，一再地诬陷杜伯说："瞧您手下的那些臣子，没有一个好人，尤其那个杜伯，借查案之机心怀鬼胎，一有机会就向我大献殷勤，有时对我说话居然淫话连篇，旁边没人时还对我动手动脚的，大王，您可要给妾妃做主啊！"女鸠说了一次两次，周宣王还不肯相信，待到说了三次四次，宣王就有些将信将疑了。女鸠见诬陷已渐奏效，便加紧攻势吹起了更硬的枕边风。这一天女鸠对宣王说："大王，您还是别让杜伯查这个案子吧，让他查也查不清楚，您没看见他和老宫女的关系很密切吗？第一次审讯时，我亲眼见他给老宫女倒了一杯热水，还让她坐在座位上。其实我早就看出来他与老宫女的关系不一般，每次他俩在一起，互相都眉来眼去，有说有笑的，我还听说扔掉那个女婴的晚上，杜伯还一个人哭过呢。在我看来，说不定杜伯就是那女婴的生父，老宫女的奸夫，大王，您可要明断啊。"俗话说："做糖不甜，做醋酸。"女鸠这一番话，早就将宣王迷惑住了，他暗想："哼，好你个杜伯，我看你仪表堂堂，年轻有为，故待你不薄，查不清案子也就罢了，可你竟敢调戏我的爱妃，是可忍，孰不可忍。"顿时怒从心头起，恶向胆边生，气愤地说道："杜伯，我不杀你不足以平我心中之气。"

这一天早朝，杜伯出班向宣王启奏审案情况。宣王一见杜伯，气就不打一处来，马上下令："左右，将杜伯给我拿下，暂押起来。"话音刚落，殿前武士马上过来，将杜伯抹肩头拢二背捆了起来。杜伯还未反应过来，就已被拉出殿外。群臣一见，也不知杜伯身犯何罪，一时面面相觑不知如何是好。也不知道宣王葫芦里卖的什么药，故谁也不敢再出班启奏，只是低头默不作声。宣王见群臣无语，就把袍袖一挥，对群臣说道："有事启奏，无事散朝。"

杜伯被拉出后，被宣王关在焦（今河南省三门峡市陕州区以南）这个地方，派他的臣子薛甫和锜审讯杜伯，必欲先除之而后快。

杜伯有个朋友叫左儒，也是周朝的大臣，眼见自己的挚友无辜遭难，心中自是不平，就挺身而出质问宣王，为杜伯申辩。左儒向宣王问道："杜伯乃一耿介大臣，但不知他身犯何罪而遭牢狱之灾？"宣王怒道："他杜伯勾搭我宫女，败我宫风，更可恶的是他居然调戏我爱妃女鸠，左卿，这还能饶恕他吗？"左儒一听，心想：这不可能，杜伯生性耿直，嫉恶如仇，其为人哪个不知，谁个不晓，绝不会做出这等伤风败俗之事。我与他是至交，他的人品我再了解不过了。想到这儿，左儒上前一步，为杜伯据理力争："杜伯是我的挚友，性格淳朴善良，最讨厌淫夫荡妇之事，说不定是有人恶语中伤，要借大王之手杀掉杜伯。大王，杜伯实乃一忠臣，您可要三思呀！"宣王一时火起，拍案说道："胡说，难道我爱妃说的话还能假吗？辱没君上，袒护朋友，这就是你了。"左儒忙说："臣曾听先贤说过这样的话：'如果君上做事合乎道理，朋友做事违背了道理，那么就要顺从君上，诛杀朋友；反之，如果朋友行事合乎道理，君上做事违背了道理，那就只有站在朋友一边，违抗君王。'"宣王听了更加气急败坏，厉声喝道："住口，你敢说我做事不合道理？立刻改变你说的话，我给你一条活路，不然就只有一死。"

左儒无所畏惧，从容地说："我听说过，古来的节义之士决不为非义之事而稀里糊涂地去送死，但也不轻易改变自己正确的主张以求得苟活。死又何惧，我将用死来证明大王捕杀杜伯是错误的，也来证明杜伯是无辜的。"宣王盛怒，呵斥手下马上将杜伯拉到街上，斩首给左儒看。

杜伯由刽子手押着赶赴刑场，他昂首挺胸，目不斜视，神色庄重而平静，临刑前，他发誓说："我死后 3 年，一定要重返人世，要大王知道滥杀忠臣错杀无辜的罪过。"说罢从容就义。左儒见局势已无法挽回，含泪回到家中，挥剑自刎而亡。

十一、宣王之死

时间匆匆地流过，转眼间3个年头过去了。宣王有时也觉得很后悔，为自己失去两个得力助手杜伯和左儒而暗暗内疚。杜伯当年发的誓言，人们早已渐渐地忘却了。

杜伯死去的第三年（公元前783）后的一个秋天。这一日，天高云淡，气爽风清，宣王会合众多的诸侯，到圃田（今河南省中牟县西）泽薮里游猎。那场面真是动人心魄，人喊马嘶，犬声阵阵，旌旗招展，遮天蔽日，滚滚的尘土惊起了熊狍獐鹿。为博宣王欢心，众将士逞胜斗强，纵马飞奔，拈弓搭箭，刀枪并举，各显神威，直赶得野兽四处逃窜，杀得毛血横飞。宣王虽已年迈，但威风不减当年，他驱车疾驰驱赶一只獐鹿，车后扬起一片黄尘……

追得正紧之时，宣王眼前忽然闪出一辆车子：马是白色的，车是白色的，车上的人身披红衣，头戴红帽，手拿红色弓箭。宣王定睛细瞧，不由得真魂出窍，呆愣良久。那人不正是杜伯吗？他与当年一样英姿飒爽，气态朗朗。只是脸上并无笑容，他双眉紧锁，二目圆睁，带着复仇的煞气。

呆立半晌，人们才回过神来，于是狂呼乱叫活见鬼了，疯狂地四处逃散。此时宣王也回过神来，急忙驱赶车身向前飞奔，杜伯对别人根本不予理睬，他驾着车风驰电掣般直向宣王追去。

宣王回头一瞧，杜伯的车马已紧逼其后，当时他吓得面色苍白，浑身发抖，猛然想起了前几年射死杜伯的场面和杜伯所发的誓言。眼看无路可逃，宣王想弯弓搭箭射死这冤魂怒鬼，但两手却不听使唤，腿也发软，口也喊不出话。在这一刹那，杜伯的车飞快地赶到前头。只见杜伯转身就是一箭，赶巧此时宣王驾车的马向前一跃，箭偏了，射中了宣王的左肋。宣王一声惨叫，倒在了车上。这时，刮起一阵飞沙走石的狂风，杜伯的车马霎时无影无踪。

风停之后，众人纷纷向宣王围拥过来，察看他的伤势，发现宣王并没有断气，只是气若游丝，脉搏微弱。于是有人赶紧拔出箭头，包扎伤口，众人在车上扶着他，一路向宫中疾驰。

治疗中，宣王精神恍惚，终日合不上眼，只要闭眼就看见杜伯。转眼，救治一年有余，尽管郎中尽了全力去抢救，可宣王的病情还是不断恶化，渐渐地连水都喝不进去了。

宣王意识到自己行将入土，冬末的一天，就传诏老臣尹吉甫、召虎前来，榻前托孤。二臣径直来到宣王榻前，叩头问安之后便等候宣王发话。宣王由人扶起靠在绣褥之上对他俩说："我依靠诸位大臣的力量，在位46年，南征北伐，国内平安，哪知我会遇到阴魂一病不起呢！太子宫涅虽已长大成人，但他性格懦弱、喜怒无常，难以成就大事，你等诸位大臣应竭力辅佐，帮助他把我祖辈大业千秋万代地传下去。"宣王说到最后，已是汗水淋漓，气喘吁吁。二位大臣聆听了王命，叩头而出。

刚出宫门，他俩遇见了太史伯阳甫，召虎低声地对伯阳甫说："宣王游猎，被厉鬼用箭射伤，招致了大病。现在看来，宣王一定起不来了。"伯阳甫说："昨晚我观天象，有妖星隐伏在紫微星的短墙上。国家再有意外的变化，大王恐怕是再也不能阻挡了。"

是时，周宣王驾崩，这一年是公元前782年。

第二章

救父命褒人献美
受宠爱遭后嫉恨

一、幽王天道

宣王驾崩，姜后懿旨诏告顾命老臣尹吉甫、召虎率领百官扶持太子姬宫涅举行哀礼，在宣王灵前即位，他就是西周王朝最后一代君王周幽王。根据大臣们的请求，周幽王下诏书：公元前781年为幽王元年，封妻子申伯之女为王后，封长子宜臼为太子，加封申伯为侯。

宣王离世，姜后因为忧虑国事，悲哀过甚，不久也积郁成疾，染病身亡。

周幽王"威仪不类"，暴戾寡恩，喜怒无常，沉于声色，是一个动静无常的人。在居衰（服丧）时，他没有一点哀痛的表情，一天天只知饮酒食肉，狎昵群小。

幽王一副凶杀恶相，无才少德且刚愎自用，只是仗着长子的身份才登上了这至高无上的统治宝座。他从宣王手中接过来的是一幅复杂的社会图画，继承的是摇摇欲坠、衰败不堪的国家，他在位仅仅11年，就葬送了西周王朝。

幽王时，西周奴隶制到了崩溃的边缘。自西周中期以来，统治阶级内部的矛盾、奴隶主贵族与奴隶之间的矛盾迅速增强和激化，社会处在一个极不稳定的时期。

在统治阶级内部，奴隶主贵族的地位升降起伏急剧变化。他们中间，一部分人醉心于掠夺战争，不注意封邑内的农业生产，使大片田地荒芜，奴隶逃亡，不仅耗尽了积蓄，而且也带来了地位的下跌。与此同时，一部分后起的新贵族却热衷于经营农业，全力招徕流散的奴隶，想方设法扩大耕地，一步步跻身高贵阶层。统治阶级内部兴衰沉浮的变动，加重了他们之间的相互倾轧，导致了社会和政治上的严重混乱，整个社会一派山雨欲来之势，天灾人祸纷至沓来，交相为虐，人心浮动，动荡不安。

幽王二年（公元前780）的夏天，周王朝的心脏——泾水、渭水和北洛水一带发生了历史上罕见的特大地震，《诗经·小雅·十月之交》对地震有这样的描写：烨烨震电，不宁不令。百川沸腾，山冢崒崩。高岸为谷，深谷为陵。强烈的地震使得高山坍塌，河水泛滥，平原上裂出了深谷，深谷中兀起了高山，整个地貌都为之发生了改观。严重的地震灾害冲击了本来就不稳定的农业生产，造成了大片田地的荒芜。粮食短缺带来了严重的饥荒，在平民百姓中"人可以食，鲜可以饱"（《诗经·小雅·苕之华》），很少有人能敞开肚量进餐。奴隶们的境遇就更惨了，社会经济的凋敝，使许多人被饥饿夺去了生命，为了生存，民皆流亡。一时间，乡间遍野，到处是逃荒求食的流民。

地震带来的灾难震惊了朝野，举国上下皆认为这是不祥之兆。有大臣劝谏大王说："为消灾难，大王要求贤治国，勤政恤民。"周幽王答道："地震山崩，此乃常事，何必让我知道呢？"他一味追欢享乐，害得民不聊生，人民对周幽王的残酷统治越来越难以忍受了。

战争、倾轧、逃亡、愤懑、天灾、饥荒，横在周幽王面前的是一个极度动乱的世界！治理这样的一个世界，需要统治者具有冷静的头脑、敏锐的眼光、果断的气质、敏捷的才思、励精图治的精神，而周幽王却恰恰不具备任何一种条件。他置国家危难于不顾，视各种矛盾而不见，昏庸处世，把西周社会一步步推入黑暗的深渊。

对周边各部族，他继续采取"大棒政策"，频频对外发动战争。这种穷兵黩武的政策，遭到国人的强烈反对。士兵中的厌战情绪也不断增长，他们讨厌战争，期望和平，作战意识十分薄弱。

在国内，"王昏不若，用愆厥位"（《左传·昭公二十六年》）。周幽王怠慢朝政，把政务一股脑推给奸佞小人，自己却在宫闱里花天酒地，奢侈享乐。姜后去世后，他更加肆无忌惮，无所顾忌。见他如此不成气候，申后之父申侯多次奏谏，要求幽王"勤于政事，体察国情"。周幽王哪里能听得下这样忠言逆耳的劝谏，对申侯根本不予理睬。气得申侯只好来一个"眼不见，心不烦"，一气之下回到了封地申国（今河南省南阳市东南）。

二、奸臣当权

这时的西周王朝原有的有作为的大臣相继亡故，忠于周朝大业的人是越来越少了。周幽王为了自己能为所欲为，起用了佞巧、善谀好利的虢公（虢石父）、祭公、尹球（尹吉甫之子）为三公。此三人皆是势利小人，瞒上欺下，无恶不作。尤其是虢石父，为了达到他专权朝野的野心，他在朝内朝外排斥异己，广植党羽，安插亲信，把朝政弄得一片狼藉。而尹球则又是喜怒无常，"方茂尔恶，相尔矛矣。既夷既怿，如相酬矣"（《诗·小雅·节南山》）。他时而刀戈相见，时而醇酒相酬，依仗着自己的权势，滥施淫威，胡作非为。

自把朝政大权交给虢石父和尹球负责之后，周幽王"弗身弗亲""弗问弗仕""不自为政"，整日躲在后宫之中歌舞饮宴，贪欢取乐。

周幽王这一怠政，给那些阿谀小人创造了可乘之机。霎时，奸臣朋党纷纷登场。"皇父卿士，番维司徒。家伯维宰，仲允膳夫。聚（音邹，姓）子内史，蹶维趣马。楀维师氏"（《诗经·小雅·十月之交》）等跳梁小丑，全都粉墨登场。他们慷邦畿之慨，营个人之私，是一群饱食终日的贪官恶吏。

他们身为社稷重臣，不理朝政，不顾社会矛盾的日益恶化，一心只经营自己的安乐窝。欺虐百姓，强占民宅田地是常有的事。一次，卿士皇父霸占田地，遭到国人斥责时，他竟然说："不是强占，是大周王国给我的特权！"就这样，他们利用手中的特权不断满足自己的私欲。

不仅这帮奸臣强占百姓财产，就是周幽王自己也仗着君王的地位掠夺土地和奴隶，国人们对此十分愤慨，背地里愤然斥责道："人有土田，女反有之；人有民人，女复夺之。"（《诗经·大雅》）表达了他们强烈的不满。

周幽王昏庸怠政，奸党横行朝野，官僚们自然也漫不经心，"三事大夫，莫肯夙夜，邦君诸侯，莫肯朝夕"（《诗经·小雅·雨无正》），加之周幽王是非不辨，善恶不分，"舍彼有罪，既伏其辜；若此无罪，沦胥以铺"（《诗经·小雅·雨无正》），常常是滥杀无辜。为此，许多朝中良臣"战战兢兢，如临深渊，如履薄冰"（《诗经·小雅·小曼》），生怕灾难降到自己头上。幽王刚愎自用，独断专行，他讨厌逆耳忠言，喜欢阿谀奉承，"听言则答，谮言则退"。顺耳的话他听得乐滋滋的，稍不顺心便怒声斥退，因而，"凡百君子，莫肯用讯"，担心"云不可使，得罪于天子"（《诗经·小雅·雨无正》）。这些明哲保身的大臣凡朝中之事避而不谈，凡民众之苦，抑而不禀。面对"四国无政，不用其良"的局面，一些正直的大臣干脆迁出镐京，避开乱政。

朝中现在只剩下司徒郑伯友、太史伯阳甫、大夫赵叔带等几位正直的大臣。郑伯友不得幽王信任，所以很少议论国事。伯阳甫、赵叔带倒是很认真，一直关心着国政。

一天，伯阳甫拉着赵叔带的手叹息说："渭水、泾水、北洛水一带发生地震，导致三条河的河水干涸了，过去伊洛河水尽了，夏朝灭亡。今渭水、泾水和北洛水皆发生地震，河水阻塞干涸，那这三条水的源头岐山一定要崩裂。岐山是先王发迹的地方，这座山要是崩陷，西周王朝的损失就将更加严重。"赵叔带问伯阳甫："假若国家有变故，大约会在什么时间？""不超过10年。"伯阳甫答。"你怎么知道呢？"赵叔带又问。

伯阳甫叹口气说："积善充溢，终会有福气临门；作恶多端一定会遭到祸患。而今朝廷这样腐败，顶多还有10年时间存在了。"赵叔带说："大王不理国政，任用佞臣，我们做大臣的要恪尽职责，敢于直言天子，不能只为自己的官爵而违心地奉迎朝廷。"

不料隔墙有耳，伯阳甫和赵叔带的谈话悉数被虢石父听去。恶人先告状，虢石父很快就把伯阳甫、赵叔带的私语添油加醋地报告给幽王，说他俩妖言惑众，诋毁朝廷。

说来也巧，这时岐山守臣有表章上奏，说继三条河流干涸后，近日岐山崩裂，压死压伤百姓无数。幽王对此毫不在乎，赵叔带对周幽王的不满再也忍耐不住了，于是上表规谏，"山崩河尽，就好像一个人的身体没了肌肉和血液一样，高危下坠，这是国家不祥的兆头。大王应该勤政恤民，访求贤人，辅佐政事以挽救国家，消除变故。如此不祥之兆，大王不能再深居后宫，寻欢作乐啊！"

幽王对伯阳甫和赵叔带本来就很恼怒，这回听了虢石父的话，心想，我想找他们的茬还找不着呢，这会儿又不知好歹自己送上门来。幽王下令，免去伯阳甫、赵叔带的官职，将他们逐出朝廷。就这样，一代忠臣被放逐于外，赵叔带携全家投往晋国，伯阳甫则去了一个偏远荒凉的地方。

三、褒珦的牢狱之灾

褒国国君褒珦是一贤君，他得知伯阳甫、赵叔带被免官流亡之后，感到朝中再也没有忠臣了，国家在衰落，人民在挣扎，而幽王却残暴荒淫，腐化堕落。在这君昏臣朽的政局下，社会已经开始混乱，已是哀鸿遍野、一片生灵涂炭的悲惨景象。他很为国家命运担心，这是公元前779年的初春，他不畏路途遥远，长途跋涉。一路上，耳闻目睹的悲惨景象，强烈地揪着他的心，更促使他到朝廷进谏。褒珦怀着极其悲痛的心情，跪在阶下痛陈利害，声泪俱下，幽王却把他的眼泪当作取笑的材料。褒珦真是又痛又恨，怒火上升，直接指责幽王驱逐伯阳甫、赵叔带，是失去了良臣；规劝幽王关心百姓疾苦，拯救地震灾区的灾民；指出连年用兵的过失；一再希望幽王勤政为民。他还提醒幽王："现在国家天灾不断，百姓怨声载道，请大王远离女色，以救万民。"幽王听后大怒，斥责褒珦为"犯上"，骂道："天子的事难道还需你来多言吗？"于是，将褒珦囚在狱中。褒珦在狱中寝不安眠，食不甘味。他痛心，为国家的安危命运而叹息，一个人在狱中过着孤独寂寞的日子，好不凄凉。朝中的虢石父，是个势利小人，却渐渐成为幽王的宠臣。因为褒珦的劝谏严重危及他的利益，他便对褒珦恨之入骨，趁褒珦入狱的机会，正好置他于死地。于是，他假装讨好褒珦，亲自给他送来了好酒好菜款待他，并在酒菜中都下了毒，想毒死他。多亏有一老年狱卒，心地正直、善良，连日来看守褒珦，深深为他的正义所感动，也很敬佩褒珦。当他知道虢石父要加害珦，便暗中告诉褒珦，使虢石父的阴谋诡计没能得逞。从此，褒珦在狱中生活得更难了。

时间过得真快，春去秋来。可是关押在狱中的褒珦连一点释放的消息也没有。家人心急如焚，想方设法地要救他出狱。一日，褒珦妻和珦子洪德二人愁眉不展地坐在一起商量对策，一阵长吁短叹之后，洪德最后下决心说："母亲，我到乡下收租回来再变卖财产凑一笔钱，到京城去看看，给幽王的宠臣送点钱，看能不能有希望。"母亲无可奈何地叹口气，依了儿子，说："不过你要小心行事，你年龄还小，办事要稳重，不可莽撞。路上要多小心，办完事就回来。你父亲已坐了牢，生死未卜，我不能再失去你……"母亲眼泪又止不住流下来。洪德含泪答应了。

一天，褒珦的儿子褒洪德下乡收租，偶然在一农家院门前遇上一位年方二八，正在汲水的少女。一看，真是生得艳如桃李，丽比芙蓉，唇红齿白，发挽乌云，指排削玉，有沉鱼落雁之容，闭月羞花之貌。说人间仅有，世上无双也并不过分。虽然她身着布衣荆钗的村野装束，却丝毫也掩饰不住她那国色天姿般的高雅气质，真是天生的尤物！这样的穷乡僻壤，竟有这等美色！他站在那里看傻了眼，直到姑娘挑着水走进房中，他才回过神来。洪德怦然心动，他心里顿时豁然开朗，一个救父出狱的计策油然而生。他心里盘算道："我父囚于镐京狱中，仍未释放。如果能够得到这位女子贡献给天子，父亲就很可能得到解救了。可谓天赐良机，不绝我父之命！"于是向这女子邻居打听了她的姓名、年龄。洪德真是兴奋至极，踏破铁鞋无觅处，得来全不费工夫。于是他停止了收租，匆匆返城。

一进家门，便向母亲说道："母亲大人，我父亲有救了。"母亲满面惊异地问道："洪德儿，你莫非是听到了关于你父亲将要获释的消息？"洪德回答道："那倒不是。不过母亲我想问您一件事，不知您还记得不了。我们祖先文王曾经被商纣王囚禁过吧？"母亲答道："这是咱们周朝后人都记得的事情。你为什么问这个呢？"洪德又问道："那么文王又是怎样从昏庸无道的商纣王那里逃出来的呢？"母亲又答道："孩儿，你这是明知故问。有谁不知道我们周朝人是用美女把文王换回来的呢？"

　　说到这里，洪德母亲稍停了一下，好似醒悟到了什么，又赶忙接着说："我明白你要如何拯救你父亲了。但天子见过的美女太多了，一般的人他是看不上的，除非是倾城倾国的绝代佳人，否则，他是不会接受的。而这样的美女，我们到哪里去找啊？就算能找到，又不知女家能否同意。"

　　洪德没等母亲把话说完，便急不可待地把下乡收租时遇到美女的事情详细述说一遍。他说："我父亲敢于直谏而使幽王发怒，并不是犯了不可救免的罪过，当今天子荒淫无道，他日夜深居后宫，寻欢作乐，派人到处访求美女，以充后宫。姒大的姑娘，非常美丽，如果能用大量金帛买来，献给幽王，只要幽王看中，肯于纳入宫中，我父亲很快便可被天子释放出狱与家人团聚，这是救我父亲的好计策。"

　　洪德母亲听了这番话，异常高兴。全家皆大欢喜，母亲同意了儿子的主意，决定用重金聘女来家，于是做起各方面准备来。

　　没过几日，洪德家人携带黄金若干两、布帛 300 匹来到乡村的姒大家，甜言蜜语讲清了来意。对此，姒大夫妻很犹疑。褒姒似乎没有什么犹豫，也许是她到了 17 岁的年龄，而且饱尝了乡村之苦的缘故吧。姒大对洪德家人说："据说幽王脾气特别暴躁，喜怒无常，不仅不理朝政，而且经常无故地斥责朝臣，打骂官女。我女儿虽已为 17 岁，但仍是小孩子，乡下长大，没见过世面。据说幽王宫廷中的宫女们被他宠幸后常常泪痕洗面，痛苦不堪。我们农家一个幼小女子，入宫后很难说是吉是凶……"其实，这姒大想得倒也周全。幽王本是个性虐待狂，每当临幸，幽王不仅粗暴，且花样无穷。幽王本来就虎背熊腰、力大无穷，一个如花似玉的弱小女子怎能经受得了他那样糟蹋、摧残。

　　却说褒姒本人，虽是乡下一个贫苦家庭中长大的女孩，理应性情温顺，羞报腼腆，可实际上并非如此，她似乎对男女间的事早有所悟，并时有幻想。她躲在门外，对父母与洪德家人的谈话，听得津津有味，而且产生了许多奇怪的想法。她想，你国王能玩弄我们女人，我们长得漂亮的女人，还斗不过国王吗？听说自古以来，我们女人就处于被玩弄、被践踏的低贱地位，现在有这个机会，未尝不可以让你这个昏庸无道的最高统治者也尝尝被玩弄的滋味。除非我不进宫，只要我一进宫，得到宠幸，我便让你国破家亡，身败名裂，遗臭万年。我们乡下女孩子，能有幸进入王宫，接近国王，这也不能不说是一件幸事，有人想进还进不去呢。女人最值得荣耀的不就是长得美丽漂亮，叫所有的男人都爱慕不已吗？将来进入宫中，凭我的美色，定能压倒群芳，得到天子的专宠，甚至当上王后，这不也算没有白活一生吗？况且我自幼就想当官，如今，当不上官，能到王宫为妃也算是乡村女娃一步登天哪！那时，再也不会有人欺负我们家了。这有什么可大惊小怪，有什么可害怕的呢？褒洪德一家人是想用我的美丽打动天子，换取褒珦的出狱，难道我就不能同样利用我的美色达到我个人荣华富贵的目的吗？

最终，姒大夫妻想：洪德一家拿出特意带来的金子、布帛，一番苦口婆心，女儿又不拒绝，很是情愿，况且家中生活窘迫贫寒，别让孩子再跟大人受苦啦。所以，洪德一家与姒大一家的这桩交易成功了。临别时，褒姒父母情不自禁地流下泪水。姒家美女从此走上了她特殊的生活道路。

洪德家人把美女带回家中后，没有更名改姓，仍称她为"褒姒"，在她身上下了很多功夫。先是悉心尽力地加以调教，习练进退礼节，规范言谈举止，并派专人教她宫廷音乐舞蹈；然后调剂伙食品种，吃山珍海味；在衣着上，为她做了只有富贵人家才穿得起的绫罗绸缎，配上各种金银首饰，华丽无比。同时，每天都用香水给她沐浴。姒家女为达到自己的目的，也是处处用心，事事留意。正如俗话所说，环境能改变人。没过多久，这位乡下来的美女，更美丽了。她简直如天仙下凡一般，美丽绝伦。无论走到哪里，都是光彩照人，香气袭人，姿色动人，令人忍不住驻足观看。

四、褒姒入宫

这时，洪德一家认为，真的可以送褒姒入朝廷王宫了。这一天早上，洪德一家为褒姒沐浴更衣一番，从头到脚都进行了精心打扮。临行之前，洪德母子含泪向褒姒说道："褒姒，这次送你进宫，实在迫不得已。我家主人性命全靠你一人身上。望你不要辜负这些天来我们在你身上所花费的心血及对你寄托的愿望。进宫对你自己也有好处，凭你的美貌才色不难得宠，那样你就一生荣华富贵了。"褒姒嫣然道："放心吧，我知道自己该怎样做的。"洪德一行送褒姒进入镐京。一路上，褒姒心绪难平，想起许许多多辛酸的往事……

洪德先用重金贿赂幽王身边的宠臣虢石父，让他向幽王事先通报一下并上奏。奏称："褒珦之子洪德，从褒国到此，一路艰辛万分。只是因父罪该万死，痛怜父亲因胡乱进谏，很难复生，特访求一美女褒姒，进上以赎父罪，望我主宽宏。"

此时，幽王正在后宫饮酒作乐。尽管美女如云，个个娇喉婉转，声如百灵，清脆悦耳，舞姿翩翩，长袖飞舞，多彩炫目，但幽王却觉得索然无味，这么多美女，能引起他情欲的寥寥无几。忽然，专会拍马奉迎的大臣虢石父前来求见，只见他在幽王跟前俯首耳语一番后，幽王顿时眉开眼笑，心花怒放，下令歌舞暂停，唤洪德带美女入见。

虢石父乃是幽王身边一普通臣子，只是因善于奉承，能看天子眼色行事且办事干净利索，深得幽王宠爱。他经常在幽王跟前出些馊主意，让幽王高兴，却借机陷害那些忠臣良士。幽王便在他的怂恿下一点点变坏。

不一会儿，只见一个光彩夺目的丽人犹如从天而降的仙子，飘飘而入。众歌女皆掩面，自觉同此女艳丽相比真是天壤之别，一个个皆敛面退后。幽王怎么也想象不出人间竟会有如此令人目眩神迷的美女。褒姒叩拜礼毕，幽王细瞧，果是一名绝代佳人，觉得四方所献美女无一人能比得上，真是光彩照人，靓丽无比。幽王早已感到骨软筋酥，六神无主，难以自持，狂喜得手舞足蹈，真是天赐也。他恨不得立刻就把眼前的美女搂在怀中，亲昵一番。

此时的褒姒，站在殿堂中间，大大方方，亭亭玉立，毫无畏怯之感，当她神采飞扬地转动明眸环顾时，更有一种仪态雍容的美丽，好似传送秋波，又好像在细看幽王。她低眉敛翠，韵脸生红时，更是妩媚动人，可喜可爱。如杨柳的纤腰，光亮鉴人的黑发，尤其是那双含情脉脉会说话的眼睛，把幽王引逗得魂驰魄荡，目眩神迷。在幽王看来，把宫中所有美女加在一起，也比不过一个褒姒美艳动人。真乃人间仙女。

幽王龙颜大悦，当即降旨赦了褒珦出狱并恢复他的官爵。分别了半年多的褒珦父子终于相见了，父子俩万分高兴。褒珦问儿子，是用什么办法使他获释的。洪德细说一番，褒珦赞扬儿子的大智大勇，继而又发出了感叹："不知此女子进宫是祸是福，恐怕第二个商纣王又出现了，国家已不可救药了。"从此朝廷再也没有进谏的人了，褒珦又被封侯后，重新回到了褒国，时常感怀伤世，暗自为国家担忧，为百姓焦虑。

五、申后之怒

幽王自从褒姒进宫，时刻不离，真是越看越爱，不肯释手。褒姒不管姿容、风韵，还是流盼、举止，处处压倒了后宫群芳。褒姒本是抱着争宠目的而来，因此处处留心，事事留意，千娇百媚于幽王面前，有意地压倒后宫粉黛，想集众宠于一身。娇滴滴柔切切，脉脉含情的褒姒，让幽王早已是咽了一肚子的涎水，恨不得立即拥香抱玉。二人已是心有灵犀，不谋而合。于是，幽王让她住进琼台宫，当晚便与褒姒同寝。褒姒于人世 17 年第一次享受了人间这种淫乐。

从此，褒姒的宠妃生活开始了。中国后妃名传里便添上了她的名字，正如她所愿。幽王因为她便有了遗臭万年的历史。幽王与褒姒二人立则并肩，坐则叠股，饮则交杯，食则同器，享不尽的鱼水之乐。幽王一连 10 天不上朝，3 个月不去申后宫中。

申后与幽王夫妻二人本来还算恩爱，突然 3 个月不见丈夫面，也得不到什么消息，后宫变成冷宫，十分纳闷。一天早饭过后，正自百无聊赖地闲坐在宫中剔手指甲，突然贴身的宫女纤娥急匆匆地进来报告说："娘娘，我说了您千万别生气，刚才奴婢带人出去采花，听说大王新纳了一个美人，已经住进琼台宫了！""啊？"申后忽地站起来，一手扶着墙，浑身直打战。宫女纤娥本是一个伶俐女子，聪明机智，深得申后喜爱，是申后的贴身侍女，申后有什么事，都要同她商量决策。她看到此种情景，忙抢上去搀扶申后。却说这申后，也曾是容貌好，深得幽王宠爱的人，现在又贵为王后，统领六宫粉黛，福大威在，突然间被冷落了3个月，如何承受得住？纤娥劝慰说："王后也不必这样伤感，只看您用什么招法了，小不忍则乱大谋，如果过分生气上火，病倒不起，岂不更是悲伤。幽王好色，周身美女成群，他已经什么也不顾了，近一年来，以饮酒、欢舞和与妃子们狂欢为乐，您早有所知，不该为我一句话气成这样。您应该清醒头脑，想办法去治治他，您不妨去他那里，和他大闹一通不走，他又能把您怎样？不管他宠爱谁，您是他的王后，堂堂正正的妻子，怕他什么？"

纤娥话说到此，申后心情平和了不少。过了一会儿，她冷静下来，细细想来竟越发伤感，不知不觉流下眼泪，颓然坐到床上。幽王的为人她是很清楚，她想：我年近40岁了，体形不美了，相貌早已不是年轻时代那般了，眼角、额上的皱纹，使我显得苍老不少。过去的风韵几乎荡然无存，现已半老徐娘，幽王早已不喜欢我了。况且年轻时幽王在爱情上就朝三暮四，不那么正派专一。如今，靠美色这根纽带维系的夫妻关系怎能不越来越松弛？可是，我从来也没有受过这种气。在宫中，我名分上占着绝对优势，实在无法咽下这口气，我身为王后，怎么能如此窝囊呢？真该找那"贱婢"出出气。尽管她早有思想准备，但她还是无法接受这个现实，20年才到这个地位，不能就这样被推下去。宫女们都劝她耐心、宽心，不要触怒了幽王。其实，申后打内心里也不想和幽王闹崩了。她心里特别明白：自古以来，有几个君王是"爱情专一"的？但他总得给我一定的脸面哪，再等等吧！

又过了几天，幽王不但没进正宫，连派个内侍来向申后致一声问候都没有，孤寂和愤懑驱使她走到了忍耐的极限。一天上午，申后率领着十多个宫女，闯入了琼台宫，进门也没和幽王见礼，见幽王与褒妃正亲亲热热地坐在一起嬉闹，褒姒不知是申后前来，也没起身迎接。这可气坏了申后，她哪里能受得了这种待遇，申后指着褒姒破口大骂："哪来的贱婢，到此浊乱宫闱！"

幽王自觉理亏，害怕申后动手伤了心上人，便急忙用身子挡住褒姒，幽王袒护说："息怒，这是朕新纳进宫的美人，还没来得及定名分，所以没去拜见你，你别生气嘛！"此时幽王又细打量申后、褒姒一番，将褒姒和申后做了比较，在他眼中，那褒姒简直是白天鹅，而申后则成了丑八怪。申后又骂了几句，才恨恨离去，似乎还不解恨。

申后领着宫女刚走出门，褒姒指着申后的身影问："她是何人，竟如此这般骂我？你也不教训教训她。她在这里耀武扬威，肆意侮辱我，你也不管管，你算什么君王？你平时对我花言巧语，说爱我，喜欢我，可别人这么欺负我，你却不管，我还怎么活？"褒姒说完嘤嘤啜泣，泪珠一双一对地往下坠。好一个泪美人！幽王看着这样子的褒姒，更是珍爱无比，忙把她拥在怀里，安抚她。

"她是王后，她掌管后宫的一切事情，你应该早去拜见她，是我没教你，你明天去一趟吧。"幽王说。褒姒沉默半晌，才娇怯怯地"嗯"了一声，表示服从幽王，让幽王更觉得她无限可爱。可她内心里却想：国王如此宠爱我，我不去拜见你申后，又能把我怎样，你申后竟敢对我破口大骂，我绝不受这个气，有朝一日一定报复你。不找个机会出出这口气，太委屈，太窝囊，那也不是我褒姒了。

六、太子替母后出气

第二天，褒姒找借口仍不去拜见申后。

幽王还是没来，褒姒也不来拜见，申后闹上一场，一点面子也没换回来，天天守着冷宫，如坐针毡，有时不免暗自落泪，忧闷不已。一日，太子宜臼来向她问安，见母后正在伤心，跪在面前问道："母后贵为六宫主宰，还有什么使您不满意的吗？您老人家为何这样悲伤？这真叫儿心里难过。"

申后长叹了口气："唉！儿啊，你有所不知，你父王贪恋女色，现在正宠幸一美女，将其纳为贵妃，那美女名叫褒姒。自他爱上这个褒婢以来，已有多日不理朝政，几个月时间不来我这里，全然不顾嫡庶名分，这样下去，过个一年两年，那贱婢再生个一男半女，我们母子还有立足之地吗？"同时，还将她去琼宫，褒姒无礼只顾与幽王欢乐，不起身迎接，事后又不来朝见她的事，详细地说与太子。太子听后，真是火冒三丈，为了他们母子的长远目标，他不能忍下去，他一定要保住自己将来的位置，一定得想个办法制服这个贱女人。如果让她猖狂下去，那还了得。

"她算什么东西，母后，您不用发愁，待儿臣想个办法治一治她。明天是朔日，父亲一定得上早朝，在此期间，我们可以召集宫娥去琼台下乱摘花朵，那贱婢一定会出来阻挡，就此机会，我去把那贱货痛打一顿，给母亲出口闷气！"

申后对太子说："你可千万不能莽撞啊，咱们得仔细地从长计议才行！如果过分地激怒你父亲和那贱婢，咱母子更会遭殃受罪了。依我看，那贱婢，也并不是一个凡人，听说是褒国一个国君的儿子为赎父罪献上来的，不可莽撞行事。万一那贱婢赶不走，她在你父亲身旁，说不定总进谗言，那我们母子下场可就更悲惨了！要想个万全之策。"

太子余怒未息地说："怕什么？一旦父王怪罪下来，由我承担，与母后无干！至于那贱婢更不会把我们怎样，她一个弱小女子，难道还有三头六臂不成，怎么把母亲吓成这样？也无非是用美貌姿色取悦我父王罢了，她除了会卖弄风情，干些淫荡的勾当外，再不会有什么本事，母亲只管放心去做，等好消息吧！"

第二天早上，幽王果然上朝接受群臣"贺朝"去了。幽王上朝之前，对褒姒还恋恋不舍，望着刚刚起床，还穿着睡衣的褒姒，又恩爱了一番，留恋无比，"爱妻，你稍等一会儿，我去一会儿就来。"

"你去哪儿？等我一会儿，我也去！"褒姒忙起身召唤宫女，穿衣服。

"哎，那可是不行的，我是出去上早朝，哪有早朝带妃子的？"

"那我就不让你去，让你陪着我，你就陪着我，非得去见那些男子干什么？他们能给你快乐吗？"褒姒一边说一边跟幽王撒娇。

幽王真有些心动，不想上早朝了。可是又一想，自己好多天没上朝，没理过朝政了，不管怎样，也得去应付一会儿。

"爱妻，我发誓，让你等一会儿，我去会儿就来。"幽王恋恋地离去了。

却说申后听了太子宜臼一番劝说后，心中宽慰不少，她为太子想出了报仇的计策而高兴万分。于是，她忙派几十个宫女，去琼台之下。在她和太子的授意下，这些宫女胡乱摘花朵，践踏花园，真是好一阵痛快淋漓的忙活。琼台宫的宫女们见状忙出来阻拦道："不可不可，这些花是大王叫种了给褒妃观赏的，千万不可毁坏！"来采花的宫人也理直气壮："我们是奉了东宫的旨令，来采花是孝敬申王后的，我们不认得什么褒妃，我们只知奉命行事，谁敢阻挡就是违背东宫太子的旨意，别自找苦吃！"双方争吵起来。

吵闹声惊动了褒姒，她走出宫来，迷迷糊糊的，不知所以然，正欲了解究竟，一看花园被践踏得花朵遍地，花瓣零落，残红满地，一片狼藉，便怒从心起，刚开口斥责那些胡乱弄花的宫女，不料太子突然袭来，褒姒哪里有丝毫防备。太子如同仇人相见，分外眼红，抢上一步，揪住褒姒的乌云发髻，一边挥拳乱打，一边骂道："骚货，你算什么玩意儿，一个小贱人也冒充尊贵的王妃，竟敢眼底无人！今天我叫你认认我！叫你尝尝苦头，以后放聪明点！"琼台宫女们又惊又怕，怕打坏了褒姒，幽王怪罪，那如何了得？可又不敢动手制止太子，只好跪在地上边叩头边哀求："千岁息怒！太子息怒啊！高抬贵手吧，万事要看在大王的面上啊！大王怪罪下来，谁能承担得起呀！"太子本不想把她伤得太重，更不敢害了她的性命，只是要当众折辱她一番，显示一下自己太子的地位，也给母后挣回一点尊严，见目的已达到，趁宫女求饶之机，便卖个人情说："不看你们的可怜，可要这小贱人的命！以后你们也放老实点，别眼里连个大小都没有，我母后是正宫王后，是后宫之主，一切都要听我母亲的！"说着，率领采花的宫女们扬长而去了。

　　褒姒含羞忍痛，回到琼台宫中，真是又羞又恨，她自进宫以来，就深深受幽王宠爱，幽王还未曾对她无礼过，她哪能受得了这种气。她想，你申后、太子宜臼再有权力，难道还能高于幽王不成！这时，她早已明白，这是太子替母出气。她心里更加恼火，积怒愈深，索性把头发弄得更加披散零乱了，衣衫不整地等着幽王。此时，她的心情十分难过，陷入了沉思和回忆：幼时家中羊群被抢；抓壮丁时父亲为逃命露宿山林；褒洪德为了赎他父亲出监，把她拉到褒家，又进入王宫；为妃后，申后的侮辱、唾骂；今天又遭到太子在花园的毒打……想到此，她心中不觉悲凉起来。人生艰难啊！这一幕幕令人心地凄凉的场面，在她心中印下了一道道看不见的伤痕。从此，她这个本来就爱哭不爱笑的女人，更是很难笑出来了，即使遇到欢乐喜庆的场面，她也难开笑口。

　　幽王因好些天不上朝，有几个大臣奏了一些事，耽搁了一段时间，他心里急得了不得，草率地办理完朝政，便急匆匆地回来，真是一刻不见，如隔三秋。满心欢喜，还没起步，他的心已飞到了门里，飞到了褒姒身边。下朝回后宫，直入琼台宫，心急火燎得连门帘都不用宫女们掀了。但刚一跨入门槛，屋中景象令他大吃一惊，他愣愣地站在那里，还没等出声，褒姒疯了似的扑了上来，一把抓住他的袖子，然后伏在他怀中，放声大哭，哭得昏天黑地，把他哭得左也不是，右也不是，丈二和尚摸不着头脑。幽王想：晚回来一会儿，也不至于这样吧？幽王只得好言安慰，褒姒才慢慢停了下来，把太子宫女们采花时太子骂她的话，打她的过程，又"充实"了一些具体内容向幽王哭诉道："国王刚一上朝，太子引宫女在台下乱摘花朵，乱踏花园，贱妾怎能不管，太子见贱妾制止，出手便打，张口便骂，如果不是宫女苦劝，妾性命难存，以后这琼宫怎会安宁。大王您定要为我做主啊！否则我无法活了！"说罢，又是呜呜咽咽，痛哭不已。幽王听后，似乎明白了一切，他以为这是申后主使，真有些怒火上升。但想了想，申后毕竟是后宫之主，二人又是这么多年的夫妻，如今太子已立，不可轻易行动，贸然行事，以免引起宫闱内乱。想到此，便压住了内心怒火，见褒姒伤势不重，就劝慰说："好了，别哭了，你不去拜见申后，失了礼，才惹了这场气。这事可能王后事先有计，你也不必全部怪太子，他也是年轻气盛，想为他母后出气，难免鲁莽行事，事出有因嘛！"这一番话未能使褒姒消气压火，褒姒不依道："太子要替他母亲出气，那一定不杀了我不算完。我倒算不了什么，可是自从蒙大王幸爱，已经身怀六甲两个多月了，这可是大王的骨血啊！也是大王的骨肉啊！"说罢，又呜呜咽咽地哭起来，她实在咽不下这口气，想借此机会报复一下申后及太子，但见幽王如此，也是无可奈何，只好暂时忍住气，从长计议。

幽王沉吟半晌说："你好好地养息吧，我对他们自有分寸！"一边吩咐宫女为褒姒洗脸梳妆。完毕之后，两人又高兴地贪欢起来。

七、因为有孕更加受宠

却说褒姒感觉身子不适，怀孕之后，则是苦乐交加。苦的是，她怀孕后，有时天天腹痛难忍，呕吐恶心，头晕，饮食也不正常，随着婴儿渐长，她的体形也开始变样了，尤其起卧十分不便，不知是婴儿淘气在腹中躁动，还是她自己心烦意乱，总之，怀了孕以后，浑身上下不舒服，总有身不由己之感，于是整天地缠着幽王，让他寸步不离，不许他再出早朝，更不许他去别的寝宫；她心里高兴的是，入宫以来，讨得了幽王的欢心，博得了幽王的专幸。

尤其是幽王已在她的腹内播下龙种，而且结下珠胎，这使她的身份更高了！再加上幽王十分珍重他这一份神种、珠胎，褒姒心情更加欢畅。那肚子里的小生命连着幽王的心，幽王不管怎么暴虐，对他亲生的骨血是疼爱的，而且自己不仅得到幽王专幸，还可以凭借这婴儿稳固自己的地位。她心中暗想：等我有了地位以后，那时，便有你申后、太子宜臼好瞧的，你们别以为我是好惹的！褒姒每每想到这里，便更增加了一份信心，在幽王面前也是千百般恩爱，博得幽王更大的欢心与快乐，幽王更是整日沉迷于琼台宫的淫乱生活中。

褒姒怀孕3个月后，幽王便令宫女求神问卜，欲想早些知道这婴儿是男性还是女性。经过几次问卦占卜，终有结论，先生们都说这王妃腹中怀有男婴，而且一定聪明懂事, 褒姒得知自己腹内怀的是男婴之后, 心中尤为欢喜, 她更加百般爱护这个未出世的小生命。幽王听得这个消息, 更是乐得合不拢嘴, 比得了万里江山还要高兴, 过去的那副凶杀相也显得有些和蔼了。当然, 他凌虐百姓、鱼肉人民的心不会改变, 这一点笑容完全是笑在褒姒的腹内。而褒姒这个美女, 只因相貌如花似水, 虽不喜形于色却很会卖弄风情, 所以, 一朝得宠后, 便平地登天。

自占卜先生算出褒姒腹中孕育的是一男婴后, 幽王把褒姒视为掌上明珠、心肝宝贝, 生怕褒姒受到什么委屈。他命宫女们: "要好好照顾褒妃, 确保胎儿健康成长和褒妃身体安全, 只要褒妃欢喜, 一切享用, 尽量奢侈, 要什么, 给什么, 甚至如她要天上的星星、月亮的话, 也要为她去摘。我的命令, 任何人不得违拗。"

褒姒在幽王的宠爱下, 更加大胆了, 吃、穿、住、行无不奢侈靡废到顶, 真是神仙般的逍遥生活。一日, 她坐在梳妆台前, 看着自己美丽的姿容, 喜悦的心情无以言表, 伸出纤纤玉指, 抚摸着精制的铜镜, 猛然间, 心里一动, 幽王不是下令说我要什么给什么吗? 我何不借此和你申后斗一斗呢? 东西有的是, 但我偏要你的。"来人!"

"来了, 王妃有何吩咐?"

"我这面镜子不好, 听说申后使用的那面镜子是别国进贡的, 你们去到那里把镜子取来!"

宫女们一个个面面相觑, 站在那里, 不知如何是好。

"怎么, 不愿去吗? 这可是大王的命令, 谁敢不从!"

宫女们只好战战兢兢地来到东宫要镜子。申后听了气得脸色苍白, 说不出话来, 把那几个宫女痛打了几十板子, 镜子也没给, 便撵了回来。

褒姒得知没要来镜子, 宫女们又挨了打, 也是满腔怒火, 哭哭啼啼地跪到幽王面前: "大王, 这回您可一定替我做主啊! 贱妾听说, 每天用宝镜照镜梳妆对腹内婴儿有好处, 能使孩子未来更聪明英俊, 我知道申后那里有一面, 想借来用一用, 谁想申后不但不借, 反而打了我的宫女, 她这不是有违大王您的命令吗？我用不用倒是无所谓，这可关系着我们的骨肉的将来啊！"

幽王听后，果然大怒，传下旨令，到申后那里取镜子。

八、两首讽刺诗

为了满足褒姒的需要，也为了自己的荒淫奢侈的生活，幽王经常向各诸侯国征取宝货财用，日夜川流不息。褒姒喜欢撕裂缯帛的声音，幽王特地命大臣让各诸侯国天天进贡布匹，每日里各国进贡的缯布得达到 100 匹。同时，安排有力气的宫女撕布给褒姒听；褒姒要吃山珍海味，幽王便命各国按期进贡；褒姒要出去游山玩水，幽王命人驱车陪着褒姒出游……幽王还让各诸侯国每年都献上一批珍珠财宝玉石之类，以充琼台宫室。奢侈浪费的生活，已达到巅峰，无人敢说，也无人敢问。如哪个诸侯不按期交纳，幽王则令臣下将其逮入宫内问罪。对此，各国国君无不叫苦连天，百姓无不怨声载道。史料记载，褒姒来到镐京，幽王又多了一个妃子后，幽王更加放肆地搜刮民财，以满足琼宫生活所需。尤其是褒姒身怀有孕以来，每日琼台玉宴，歌舞升平。同时，幽王还命群臣广集民间财宝，这一切，只为博得孕妇的欢乐。当时有一首民间流行的诗歌，专咏幽王贪得无厌、荒淫无度，名为《菀柳》。那诗中借上帝来比喻幽王，诗中这样说道：

　　有菀者柳，（茂盛的杨柳）

　　不尚息焉。（行路的人难道不想去休息一下啊？）

　　上帝甚蹈，（上帝是喜怒无常的，）

　　无自暱焉。（不要自己去亲近他呵！）

　　俾予靖之，（假使我来理他，）

　　后予极焉。（将来就要加罪到我身上呵！）

　　有菀者柳，（茂盛的杨柳，）

不尚愒焉。（行路的男人难道不想去歇脚呵？）

上帝甚蹈，（上帝是喜怒无常的，）

无自瘵焉。（不要自己去找苦吃呵！）

俾予靖之，（假使我来理他，）

后予迈焉。（将来就要把我流放到远的地方呵！）

有鸟高飞，（高飞的鸟儿，）

亦傅于天。（最高也不过飞到了天。）

彼人之心，（那个人的心，）

于何其臻。（不知道要高到哪里去。）

曷予靖之，（我怎么敢理他，）

居以凶矜。（怕他会赶我到凶险的地方去。）

那时东方有一个谭国（在今山东省济南市章丘区），是个很小的子爵国家，和各国同样受周的压迫，一年到头，贡献不绝，弄得民穷财尽，衣履不周。谭大夫把贡品送到周的镐京，一看，镐京一班贪官污吏，衣服鲜华，起居阔绰，对于谭国贡来物品，不是嫌少，就是嫌不好，百般挑剔。谭大夫忍气吞声，勉强赔着笑脸，再三央告，好容易才让官吏把贡品收下，却又限他下次进贡的日期分量，令他必须十全十美，如限赶到。谭大夫几乎气破肚子，暗想我谭国千辛万苦，向小民压榨血汗，送到这里，被你们这班小人看得一文不值。你们这些酒囊饭袋，只知道奢侈享受，一点不劳动，哪里能知道劳动的辛苦？这些贡品是费了多大劲儿才收上来的？黎民百姓已是衣不遮体，食不饱腹，没有活路，你们这些无能之辈，有何功劳？不过是一些没有功绩的流氓小子，一朝得志，竟这样放肆苛刻。一路回去，真是越想越气，便作了一首名为《大东》的诗来自伤自叹，并且把东方人民的痛苦叙述出来。诗中说：

小东大东，（大大小小的东方国家，）

杼柚其空。（布匹全给拿光了，只剩下空空的机杼。）

纠纠葛屦，（夏天穿的粗粗葛布的鞋子，）

可以履霜。（到霜降时还穿着走。）

佻佻公子，（孤孤单单的公子，）

行彼周行。（穿着这般衣履到周朝去进贡。）

既往既来，（王宫把所有的财产都搜刮去了，却不见半点回礼，）

使我心疚。（使我心里伤痛得很。）

东人之子，（东方人的儿子，）

职劳不来。（辛苦得要死，没有得到半点慰问。）

西人之子，（西方人的儿子，）

粲粲衣服。（穿着漂漂亮亮的衣服。）

舟人之子，（周人的儿子，）

熊罴是裘。（打猎熊罴。）

私人之子，（私家奴隶的儿子，）

百僚是试。（只能做奴才。）

或以其酒，（我们送上甜美的酒，）

不以其浆。（不当作水浆看待。）

鞙鞙佩璲，（我们送上长长的佩玉，）

不以其长。（还嫌它太短。）

维天有汉，（天上的银河，）

监亦有光。（也有一点光亮，可是，却看不见我们的委屈。）

跂彼织女，（那织女星，）

终日七襄。（一个白天也移过七个时辰，自卯至酉。）

虽则七襄，（虽然移了七个时辰，）

不成报章。（也没有织出布来。）

皖彼牵牛，（明煜煜的牵牛星，）

不以服箱。（也不会驾车。）

东有启明，（东方有启明星，）

西有长庚。（西方有长庚星。）

有捄天毕，（还有长长像网的毕星，）

载施之行。（运行在轨道上。）

维南有箕，（南方有箕星，）

不可以簸扬。（也不会簸扬米谷。）

维北有斗，（北方有北斗星，）

不可以挹酒浆。（也不会挹舀酒和浆。）

维南有箕，（南方有箕星，）

载翕其舌。（只会贪婪地舔着舌头。）

维北有斗，（北方有斗星，）

西柄之揭。（只会伸出向西的柄，好舀取东方人民的血汗。）

　　这首诗以天上的星星比喻西周的贪官污吏只懂搜刮人民，却不会做一点事，只知道向人民盘剥，来满足自己的要求；通过对东方人民艰难困苦生活的描写，反映出镐京那些大小官僚的奢侈腐化和卑污行径。这首诗里面，可以看见东方各国已经被周剥削到无法生存的地步。政治腐败到这般样子，周的统治已经岌岌可危，朝不保夕了。

　　周幽王仍旧不顾人民的死活，一味贪酒好色，每日都在深宫，终日厮守在褒姒的身边，饮酒作乐，寸步不离，抛开了国家政事不理。朝政被虢石父等一般奸佞小人所把持。他们惑上弄权，迫害忠直耿介的大臣，搞一些严重损害朝纲政纪的活动。朝廷内外被他们弄得乌烟瘴气，昏暗不堪。朝中刚直不阿的官员也被弄得苦不堪言，有的甚至家破人亡，祸连邻里和九族。正宫申后那里却成了冷宫，她早已被冷落多时，权力和地位明显下降，竟不如后入宫的妃子褒姒。全朝廷大臣见到这一切，无不摇头叹息，但却是敢怒而不敢言，还有谁能像褒珦那样，冒着身家性命的危险而直言上谏呢？更何况搭上身家性命也未必能成功，恐怕世上再难找到一个超过褒姒的美女了，大臣们只好苟且度日。

第三章

喜得贵子谋远虑

君王信言贬王后

一、太子闯宫斥褒姒

命运之神总是爱锦上添花。公元前778年，褒姒入宫第二年，也就是幽王继位第四年。一天，琼台宫中遍挂红罗，宫女们出出入入地忙活着，一片红光中，一声声清亮的婴儿啼哭声传了出来。宫女们个个早已十分清楚，刚满18岁的宠妃褒姒临产了，生了一个白白胖胖的男孩。幽王喜得贵子，更是眉开眼笑，乐得合不拢嘴。对这个男孩，自己的亲生骨肉，他当然爱得如同自己的心肝一样，当天便大宴群臣，庆贺褒姒生得贵子。山珍海味堆积如山，一个个喝得酩酊大醉。幽王更是连醉数日方醒，以此为借口，又照例向各诸侯国索要搜刮祝贺礼品，老百姓又被剥了一层皮。

幽王煞费苦心，几经选择，给孩子起名叫伯服。褒姒为自己在王朝宫廷给幽王生了一个儿子而万分高兴，不禁心花怒放。这是周朝的小生命，是自己入宫后开出的第一朵鲜花，也可以说是成功的第一步。有了这个小宝贝，幽王就别想甩掉我。她坦然了不少，腰杆更硬了，她深深懂得母因子贵的道理，自觉身价顿时提高百倍，出入宫廷理直气壮，早已不是过去那刚入朝时有些羞羞答答的样子了。她不但昂首挺胸于众嫔妃之前，就是对申后也是爱理不理的，不再忌讳那么多了。

喜得贵子，对于褒姒来说，正是天大的喜事，这不仅因为小生命把她与幽王联系得更紧密了，更主要的是给她的命运带来了又一次的转机。有了这个割不断的桥梁，她就没有太多的必要过分担心幽王再喜新厌旧了。从此，她便在后宫里扎下了根基，但她认为这根基并不是很牢固的，还有进一步巩固的必要。忧虑、烦恼、后患，仍旧侵扰和威胁着她，思想负担不但没有减轻，反而是日趋加重。她首先想到的是，儿子的降生一定会遭到许多其他嫔妃的忌妒和怀恨，尤其会更加增添申后的嫌怨和攻击，太子也会视他们母子为仇人。申后母子说不定会加倍地诅咒他们母子呢，说不定现在正殚精竭虑地思谋着加害他们母子，这是她第一要防备的。至于他人的冷嘲热讽，褒姒倒不太在乎。这一点连幽王也想到了。当务之急，是保住褒姒母子生命安全。于是，幽王特命臣下："安排得力宫女伺候褒姒及婴儿伯服，在琼台宫多多加设侍卫及门卫，严禁别宫之人和其他外人擅自闯入'产房'，严格避免褒姒月房中受惊吓患病，如有人去琼台宫胡闹，无论是谁，一律从严惩处。"大臣领旨下去，火速依命安排完毕，详细启奏幽王，幽王才略微放心了一些。

不出褒姒和幽王所料，果然，宫廷里发生了滑稽的小闹剧。这场小闹剧的演出恰巧是在伯服小王子"满月"的那天中午。幽王掐着指头算，终于等到褒姒月子的最后一天，早朝完毕，便迫不及待地来到琼台宫。小宝贝正睁着大眼，两个脸蛋红得像苹果，浓密而柔软的胎毛紧贴在脸蛋上，两只肉乎乎的小手肆意抓挠着，白胖而坚实的小腿乱蹬，幽王见了这可爱的小儿子，不禁喜上眉梢，立刻上前亲了亲孩子那红润粉白、肥嫩的小脸蛋，爱怜之意无尽。

幽王已有一个月没同褒姒亲昵了，他一进褒姒的宫室，便让伺候月子的宫女们退出，到庭院中玩耍去了。他很想和褒姒淫乐一番，便不顾及这时正是光天化日的大白天。褒姒见了幽王，心里觉得格外亲热，流水逐波，浑身上下有一股女性见到自己喜爱的男性时才会涌动的爱潮在翻滚。按照生理卫生常识说，女人坐"月子"期间，是不能与男人过性生活的，褒姒那时虽然不懂什么科学保健知识，但按当时的习俗和常规，与我们今天讲的科学是一致的。因此，褒姒也同幽王一样盼星星盼月亮般地等待着"满月"的这一天，两人都是望眼欲穿的。30天刚刚过去，幽王就如期而至。如此亲热一番后，两人似乎融化在一起了。正当他们俩神魂颠倒之时，"砰、砰、砰"的敲门声响起。这声音把他们惊呆了。幽王急忙翻身下床，正欲穿衣开门时，太子宜臼忽地闯了进来，撞个正着。这一下，把一丝不挂的褒姒弄得又羞又恼。她在幽王面前，大胆地骂太子无礼。太子宜臼面对这种场面也是气得七窍生烟，他不顾父子君臣之礼，怒斥褒姒道："你这妖女，简直是转世的妹喜、妲己，你竟然大白天纠缠、迷惑我父王，淫乱后宫，让我父王荒废朝政，妄图夺我生母申后的地位。"此时幽王淫兴顿消，欲火自灭，他坐在床边，为太子闯宫室、冲撞他和褒姒的欢乐气得发疯。他冲着太子宜臼怒吼道："宜臼，你这个不孝之子，快给我滚出去。如若再在后宫无理取闹，本王将治罪于你。"宜臼再次面对父王说道："父王，自从你被这妖妇迷住，就再也不理朝政，不理我母后，国家一片衰败景象，颓废不堪，不少地方百姓已开始反叛您了，各诸侯国对您也都有嫌怨之心，周朝江山已经到了危急存亡之时了，望父王好好想想儿臣的话，不要再沉湎于酒色，只有抛弃这妖妇，才能幸免断送祖宗大业！"

幽王自从登上王位，便已被美色迷住，褒姒入宫后，他的荒淫生活更有过之而无不及，忠臣们多次劝诫，他都听不进去，连申侯都被他气走了，更何况这个毛小子，他把太子大骂了一顿，赶出了宫室。如果不是怕吓着这个刚满一个月的小宝贝，说不定幽王会对他大打出手。幽王以为这又是申后的主意，于是对申后也就更加嫌弃了。他认为罪魁祸首是申后，坏了他的好事，没有让他尽兴，于是便越想越怨恨申后。其实这场闹剧与申后毫不相关，太子宜臼事先并没有和申后商量，申后对此一无所知。太子宜臼自从上次拳打褒姒、大闹琼台宫之后，受到了他父王的一个小小惩罚，便更加怨恨起褒姒来。褒姒怀孕以后受到的特殊礼遇和优待以及她对申王后的无礼，更使太子宜臼把褒姒当作眼中钉，肉中刺，简直觉得他同褒姒之间有着血海深仇一般。近来，那些被幽王疏远的大臣都纷纷相继投靠了太子，他们在一起谈论国家安危大事，更多的是谈论褒姒这个迷惑幽王的妖女，认为是她败坏了朝纲，使幽王受诱惑而被蒙蔽，甚至决定要声讨这个狐狸精，以保朝廷宫室太平无事。大臣中有眼光的还时常提醒太子宜臼："褒姒现在如此受你父王宠爱，她又生了个儿子，幽王对她更是言听计从。这褒姒一定会向你父王要求废长立幼的，你父王又深受其惑，说不准哪天找个借口，贬了你母后的正宫和你太子的地位，你可要先有个准备，防患于未然，别到时来个突然袭击，打你个措手不及呀！"太子宜臼一听这些话，不禁心里一阵阵发惊，眼露凶光，心中暗暗揣度：想不到自己的太子地位竟如此不牢固，这还了得？如若真是那样，褒姒母子俩得宠得势，我们母子以后还会有安身立命之地吗？他想到母后长期以来的忧愁、焦虑，便怒从心头起，恶向胆边生，只是当时正值褒姒"坐月子"之际，琼台宫把守森严，无从下手，于是暗中密切注视，探听到满月这一天，幽王进宫去探望，他便急急地赶往琼台宫。到宫门外一看，宫女们一个个都被撵了出来，心中暗想里面准没好事，于是以猝不及防之势推开宫女们的一路阻挡，径直闯入琼台宫，想借这个千载难逢的机会羞辱一番褒姒，让她再无颜面见世人。另外，更主要的是想借此良机规劝父王不要再贪恋酒色，误了社稷江山。只可惜，全盘打算落空，而且还挨了幽王的一顿臭骂，甚至险些被治罪。申后得知情况后，急忙命人偷偷地把太子唤到宫中，埋怨他道："你父王现在已经被那小妖精迷惑住了，哪里还能够听得进逆耳的忠言，吃得下苦口的良药哇？你不劝他还好些，这一劝，恐怕我们母子的处境更危险了，我早就告诫过你，千万不可鲁莽行事，你就是拿我的话当耳边风，一句都不听，现在看看你做的事，这下可闯出大祸了，以后的日子我们可怎么过呀？"申后有些哽咽地说完这些话，长长地叹了积郁在胸已久的一口气，神情更加忧郁了。太子宜臼看到母后如此神容，却不以为然地说道："母后，这是我一个人干的，大丈夫一人做事一人当，您不用怕，最多不过把我罢黜，再放逐得远远的，母后是不会受什么牵连的。"申后听完，脸上顿增怒气道："你以为事情就那么简单吗？那妖精对你我恨得差点要生吃活吞了，你我又是亲生母子，她怎么能不怀疑到是我指使你干的呢？况且你父王早已偏向她那一方，对那个妖精又宠爱至极，无一言不听，无一计不信！你能肯定他们不会做出谋害我们母子的事吗？"太子听后，才感到事态原来竟如此严重，但事已至此，他们母子两人又能有什么办法呢？只好听天由命了。

二、枕边毒谋

花开两朵，各表一枝。却说太子宜臼走后，褒姒又是大哭一场，对幽王进行了一番攻心战，幽王多少还有点人性，自知理亏，怕闹出去名声不雅，也就沉默不语，没有颁下惩罚太子宜臼的命令。此事也就不了了之了。褒姒觉得受了不少委屈，一连几天都心绪难平。她很机智聪明，然而她又很脆弱，她想了许多、许多，想得很远、很远。她开始考虑自己未来在宫廷中的地位、母子两人将来的命运了。她觉得自己应该有所行动了，她不能坐以待毙，要先下手为强，自己再静等下去，无异于自取灭亡，不会有好结果的。入宫以来，她也似乎悟出了这样的道理：宫廷中的事历来就是，不是东风压倒西风，就是西风压倒东风；不是你死，就是我亡；不是鱼死，就是网破。褒姒心中暗道：你们可不要怪我太无情了，谁让你们三番五次地来逼我呢？她主意已定，就在心中盘算开了该怎样按部就班地实施计划。

这一天晚上，天刚一黑，褒姒就给小伯服喂饱奶，安置好了，拍他睡下，然后便和幽王躺下。一个双人长枕、一床大被，把两人合为一体。褒姒搂着幽王显示出她那无限的爱意，使得幽王心动神摇，觉得此时即使是为她去死，也会在所不辞。褒姒借着蜡烛的微光，暗中观察幽王神情，洞悉幽王心思，便开始吹起了枕边风。她娇滴滴地说："大王，妾身自入宫到现在，备受大王百般宠爱，真是感激不尽，常愿为大王肝脑涂地，以报龙恩。不过，这段时间，我屡次遭到羞辱，有许多难言之苦无处诉。申后到王宫那次，因臣妾年少无知失礼而遭到辱骂。太子宜臼和申后设计，指使宫女采花，太子借机在园中把我狠狠地打了一顿……"说到这里，晶莹的泪珠如雨般地一滴接一滴地滴落下来，浸湿了枕巾。幽王顿起爱怜之心，慌了手脚，乱了方寸，连忙一边拨亮烛光，一边为褒姒拭泪，还轻声慢语地劝解道："爱妃，不要过度悲痛，还是身子要紧，如果痛大伤身，我们的小伯服正在吃奶，那就会影响孩子的生长发育，不是危害太大了吗？况且你是我的心肝宝贝，谁也不能坏我们的事，你有什么委屈，尽管跟我说，千万别这样折磨自己。什么事都有大王我做主，还怕有事办不成吗？"褒姒这才拿开掩面的手帕，抽抽搭搭地说道："臣妾本是个农家女儿，从来未曾见过什么世面。自从入宫以来，无论在言语上还是在行为上，恐怕对王后和太子都多有冒犯。特别是前几天，大白天里妾刚'满月'时，大王忍耐不住，妾只好从命，哪想竟然被太子撞见，把妾羞辱得无地自容不算，太子竟破口大骂。过些年，大王您万一千秋万岁了，少不得太子继位为王，我和伯服母子两人的身家性命就完全操纵在太子手里了，到那时，一定没有我们母子的安身立命之地了，我和您的儿子伯服可得怎么活命啊？与其受那份煎熬，不如现在就死了，为了不使大王留下身后憾事，也不使我们母子身遭不测，妾想请求大王现在就把我们母子关进冷宫。这样，您既可以好好陪伴王后，又可使我们母子来日太平。"说着嘤嘤地哭起来，哭了几声，又说，"况且近日妾听虢石父说，太子宜臼经常同朝中一些不忠于大王的逆臣们暗中往来，行动上也有所不轨，暗中探听，才知他们尽说一些伤及大王您的混话，甚至说到要挟大王您早日让位给太子，让宜臼执掌朝政。我们母子死了也算不了什么，只是大王您的安危、大周的万里江山啊，您身为国君要以这些为重，千万不能让他们再猖獗下去呀！"

幽王听到这里，简直吓得六神无主，心想：不管怎样，我都不能离开褒姒！于是立刻对褒姒说："爱妃，不必再哭，睡前流泪，容易精神失常，万一生了病，对小伯服和你可都是灾难哪。请你不必担心，自你生了伯服后，在本王心中，申后和太子的地位早已没有了，本王已有立你为后之意、废嫡长立庶幼的想法，只是碍于祖宗规矩，加之没有什么理由，无法启齿公之于众而已。况且你入宫前我早已立申后为王后，宜臼为东宫太子了。废立是国家的大事，我也不能轻易提出，此事还需从长计议。最近，申后、太子宜臼的一次次恶作剧，更增加了他们的罪状，他们的胡闹，宫中人所共知，但废立之事，本王也一定要仔细斟酌一番。"褒姒插话道："近日太子宜臼实在不像话，不把他赶出朝廷，连您也得被他气死。他最近越发连您也不放在眼里了，您看他上次闯入我们寝宫的那个样子，竟敢对您这个父王那样狂妄无礼，擅自闯宫，哪里还把王法朝纲放在眼里，您这个父王在他眼中，没有一点儿地位。他觊觎的是大王您的王位，他和朝廷大臣们私通，这明明是要篡夺王位，大王您可要当心啊！"幽王听了连连点头："是呀，是呀，我怎么就没想到这一层呢？想不到他小小年纪，乳臭未干，竟有如此的狠毒心计。"

"恐怕不是他有什么心计，大王别忘了，东宫里还有个正宫王后做他的后台呢！"褒姒提醒似的说。

"爱妃，还是你想得周到，简直是本王的左膀右臂。你放心，我一定会找机会除去他们母子的，只是现在时机还不成熟。你放心好了，不必再担心忧虑，保重身子重要，我以后再也不会让你受委屈了！"

褒姒听了幽王的一番话，虽然内心十分欢喜，但是脸上没有露出笑意，只是用秋水般的双眸盯着幽王的面庞。她觉得立伯服为太子的大事，已有很大的希望了。她内心一阵惊喜，脸上却无任何表示。

褒姒生来就不爱笑，入宫以来，欢乐的场面、令人捧腹大笑的场面很多，可她在这些场面中，从来不笑，这次依旧不例外。幽王以为把欲立她为王后、伯服为太子的想法告诉给她，她会开怀大笑，结果事出意料，幽王仍旧没有看到她大笑。其实褒姒是不会把女人迷惑男人的法宝，一次悉数拿出来的。她要让幽王感到，她的身上有施展不尽的魅力，她身上的吸引力是无穷无尽的。

事后，幽王和褒姒都绞尽脑汁，千方百计地想着谋害申后和太子宜臼的计策。此后几日太子因宜臼被申后管束严紧，再没有轻举妄动，避免了和幽王、褒姒的正面接触，所以，褒姒和幽王没抓到机会谋害申后和太子。褒姒冥思苦想，她忽然觉得自己得宠于幽王，申后已不足为惧，当务之急是先废了太子，把自己的儿子扶上太子之位，等自己的地位立稳之后，再治申后也不迟。可太子宜臼，每日待在深宫不出来，如何治他呢？一日，她到花园中散心，突然瞥见笼子中关着的老虎，灵机一动，计上心来，忙回宫中，附在幽王耳朵上，密语一番。幽王听后，先是一愣，又是一喜，继而又犹豫起来，太子毕竟也是他的骨肉，投子喂虎，这未免太残忍了。然而，当他抬头看褒姒那幽幽怨怨的眼神时，犹豫顿时消失了，一狠心，点头道："好，就依你计，不过要办得干净利索，不可泄露出去。"幽王暗暗心想，若想另立伯服为太子，必须先除掉太子宜臼，为了自己的地位，为了褒姒母子，也只好如此了。宜臼，你休怪父王无情！

三、太子出逃

一天，宜臼正在花园里玩耍，幽王令人将笼子里的猛虎偷偷放出，打算让猛虎将宜臼咬死。猛虎突然蹿上来，宜臼很有胆量，他迎着猛虎，冷不防大吼一声，吓得老虎吃了一惊，后退几步，大概是老虎被关已久，又吃饱喝足，便懒洋洋地伏在地上，宜臼乘机逃去。宜臼命不该绝，知是父亲所为，便逃到外祖父申侯那里。事后，幽王把他企图放虎吃掉太子，致使太子为了保命避身而躲藏到申国一事，说成是太子私逃申国，不顾国政，游山玩水去了，并且就此加了一条罪状。

宜臼逃跑多天，这为幽王启齿废除太子宜臼，另立太子带来一个极好机会、理由。当天下午，幽王传旨："太子宜臼，好勇无礼，不尽孝道，蔑视本王，辱骂褒姒，常来琼台宫胡闹，近日多次制造事端，不关心国家政事，私自逃到外祖父申国那里游山玩水数日。根据上述表现和具体罪状，本应斩首，念其年轻无知，免于死罪，从轻处置为庶人。权且发去申国，听由申侯教训。东宫太傅、少傅诸官，并行削去职务。"

是时，幽王五年（公元前 777）。

没几天，宜臼在外祖父那里得知这一消息后，心里很是不平，气得七窍生烟，怒发冲冠；要求幽王申诉，澄清事实，洗清他的"罪过"；大骂褒姒是妖女，妖言惑众，使他落得如此惨败的下场。幽王则告诉大臣们，如果太子宜臼前来求见，喊冤叫屈，千万不能为他通风报信，坚决把他拒之门外。太子宜臼真是有冤无处诉，只好忍气吞声，苟且求全，躲在申国。

宠臣虢石父和尹球看到褒姒如此受宠，便意欲为之效劳，使自己更得宠，捞取更多的好处。他们早已揣知了天子的心意，便先暗地里去见褒姒，百般逢迎取宠，借机怂恿褒姒说："太子既已跑到申国为庶人，幽王当立伯服为太子，里边您多劝劝大王，外面有我们二人鼎力配合，还愁什么事情不能成功吗？"褒姒听了这话，激动不已，"那——那我可就是正宫王后了！"褒姒没有想到，她还有贵人相帮，母子二人飞黄腾达之日不远了，正所谓"吉人自有天助"。她立刻慷慨地许下诺言："全仗你们二位贤卿费心办理了。如果伯服将来立为太子，继位为王，天下富贵当与二卿同享！"二人点头哈腰地退出琼台宫，为新主子卖命去了。

自此以后，褒姒在更加努力承欢的同时，又依照虢石父、尹球二人的不断启发，抓起了情报工作，在宫廷内外广置耳目，昼夜窥探正宫的动静，把新张开的网，一步步拉向申后。申后成了网中之鱼，瓮中之鳖。申后如坐针毡，时时提防着随时都有可能到来的灭顶之灾。

四、书信惹祸端

却说，申后被幽王冷落了一年多，独居"冷宫"，平时除了几个宫女出出入入外，身边常常无侣，因此怨恨幽王；听到宜臼远去申国的消息，更加思念儿子，终日叹惜落泪；又知国王有废立之意，觉得这样下去，她自己的王后之位也是难保，太子被废将成事实；越想越怕，却又无计可施，不知该如何是好。有一天，她正一个人在伤心落泪，又怕被人看见，只好暗自掩泣，昏昏沉沉地坐着胡思乱想，突然看见幽王和褒姒手拉着手，淫笑着、嬉闹着向她逼过来，一步一步逼近，转瞬间，那淫笑的面容变得狰狞可怖，他们凶狠狠地向她扑过来，推她，打她，褒姒狰狞地笑着，一步三摇地走上来："王后，请您屈尊大驾，请您搬出这座宫殿，大王和我要在这里休息……大王和我要在这里休息，你出去，你快出去……"

"不，不，不，我不出去，我不出去，这是我的宫室，你怎么敢说让我出去，你给我出去！"申后挣扎着说。

"大胆，大王在这里，你竟敢这样放肆，还有没有王法啦？"褒姒又逼上一步声色俱厉地说。

申后害怕了，她一步步地向后退去，退到了门槛边，腿被绊住，仰面朝天地被绊倒。"啊！"申后猛地惊醒，原来是一个可怕的白日梦。她揉了揉头上酸痛的神经，更加惶恐，想到宜臼，更加是锥心般地疼痛。前面已经提到，侍奉申后的一位较为年长的宫女——纤娥，是申后的贴身侍女，申后历来待她不薄，视她为心腹之人。纤娥独自一人住在深宫，没有亲人，只是尽心尽力地侍奉申后，对待申后如同父母一般。纤娥又极聪明伶俐，深得申后怜爱。她忠于职守，设法帮申后做好每一件事，替申后排忧解难。自从褒姒入宫以来，纤娥越来越明显地感觉到，申后的地位在下降，幽王几乎一年多没有临幸了。申后受到不公正的冷遇，正宫近乎冷宫。而最近发生的几件事，无一不是对申后和太子宜臼不利的。如今太子已被驱逐，立伯服为太子，那是肯定的事了。只要一立伯服，褒姒更加得宠。本来她就垂涎申后之位已久，那时只要找个借口，废申后便不费吹灰之力，申后的处境太危险了。

"不行，我得替申后想个办法。"纤娥眼见申后孤立无援，自动挑起解救申后的重担。有什么办法呢？她想了好久，不经意发现了申后喝补养药用的药罐，她眼睛一亮，灵机一动，计上心来。一天，纤娥找了个机会，向申后密奏道："王后深切地思念太子，为什么不写封信，派人送到申国，嘱咐太子主动向大王请罪呢？如果感动了大王，召他从申国回到东宫来，你们母子不就可以常在一起，日日见面了吗？您和太子的地位也可以趁此机会稳固一下，一定要想办法夺回太子的地位。那褒姒再狠毒、奸诈，只要太子的地位保住，她也奈何不了您。"

听了纤娥的话，申后心中的郁闷、忧虑都放下了许多。她顿开茅塞，眼睛亮了起来。申后很感激纤娥，拉住纤娥的手，激动地说："纤娥，你真是我的好孩子，没想到我到这样的地步，还能有这样一个知心的你，帮我排解忧愁。等我的危险一过去，我一定好好地酬谢你。你这个主意好是好，可是，从京城到申国这么远，谁能去送这个信呢？你我都深居王宫，太子一走，身边连个男人的影都见不到，谁能做好这件事呢？弄不好，你我性命都难保啊！"纤娥胸有成竹地说："这个您不用愁，奴婢早已有个办法。"纤娥于是嘴巴贴近申后耳朵，低声地说："王后，您知道我家就住在京城，而且离宫城不远。我母亲会些医术，您可以装成有病，召来御医给您诊治，结果是怎么吃药也不见效，于是再从外边派人把我母亲召来。您趁此机会，写封信让我母亲装在您赐给的绸子中，随身带出宫去。路过门卫时，他们也不会检查，一定以为是您送给她两匹绸子作为酬谢而已，这样，就可以让我母亲迅速找个可靠的男人，给太子送去。如果事情顺利，你们母子就可以团聚了。"申后觉得此计很妙，连连点头称是。申后当天夜里写好信，等待纤娥母亲进宫看病时捎出去。

过了两天，申后果真有了病，而且病情很重。御医连续几次用药，都不见效，幽王也不予理睬，置若罔闻。于是申后便从宫廷外召医生，召来了纤娥的母亲温媪。温媪进宫诊病，切脉诊断之后，申后拿过两匹绸子，把她写给太子宜臼的信夹在里边，暗示了温媪一眼，说道："老人家，请你劳神了，多保重！书信一事，千钧之重，关系着我们母子的前程和命运，也关系你和你女儿的生命安全，弄不好，我们都性命难保。我现在是山穷水尽了，实在没有别的办法了，成功与否，全靠你了！"温媪刚要走，纤娥又迎上来，急切地说："母亲，此事关系重大，只许成功，不能失败。您老一定要格外小心，倘若让褒姒的人知道此事，我们的性命都保不住了，如果您能把这事办成功，信送到太子那里，事成之后，申后也绝不会亏待您，您可千万要慎重啊！"

"王后，请您尽管放宽心，我哪里会不知道此事的重要，我一定竭尽全力为您效命。"温老太太说完，抱着两匹新绸子高高兴兴地出了宫。

温媪刚刚走到大门口，两个卫士凶神恶煞般地挡住她，喝道："干什么的？私自带东西出宫，该当何罪？""申王后有病，召老妾诊脉看病，这绸子是申王后赏赐给我的。"温媪不慌不忙地说。"放下来，检查一下里面夹带什么东西没有。"

温媪笑了起来："瞧，大爷您说的，申王后赏给什么，奴才就拿什么，怎么还会夹带什么别的东西呢？犯法的事，老奴怎么敢做呢？况且是在这王宫里，我可珍惜自己的脑袋。"说着很自然地向前走去。这时，另一个门卫抢上来说："慢着，不搜搜，怎么知道没有东西呢？"说着抓过两匹绸子检查。

此时两个门卫的大声喊叫引起了许多人的注意，又凑过来几个人。温媪只好假装大方地把彩绸交了出去，卫士们只管检查，她自己却往后躲了两步。谁知她这举动引起了门监等一帮人的怀疑。"她为何要向后躲？莫非她身上有什么不可见人的东西？"

"来人，给我仔细搜！"于是几个人拥上来，七手八脚地搜人搜彩绸。最后，到底在温媪身上搜到了一封信。几个门卫兴高采烈地拿着那封信连人带绸子，一起押到了琼台宫去。

其实，这些门卫是褒姒早已布置好了的，都是琼台宫的人。自从太子逃走以后，褒姒便对申后进行了监视。申后的一举一动都在她的监视之下，她想找一个除掉申后的借口。申后有病及请御医看病吃药不愈的事，使褒姒产生了怀疑。宫里御医多的是，为什么偏偏要到宫外去请呢？难道有什么秘密不成？暗中打听，知道温媪是申后贴身侍女纤娥的母亲。褒姒认定，这其中必定有事，于是嘱咐门卫对出入宫门的温媪要仔细盘查，一发现"案情"，立即提去见她。于是便有了上述的那一幕。褒姒看信大怒，继而又大喜，令人将温媪锁入空房，严加看管，不许走漏消息；一边冲着那两匹倒霉的彩绸出气——紧咬着牙根，把彩绸撕裂得寸寸断落。这撕帛声曾是她最爱听的声音，而今天她却自己动手撕，亲耳听着自己撕的声音，她感到很快意。当晚幽王进宫来，见地上满是碎绸，褒姒满脸怒气，而且面带泪痕，忙问缘故。褒姒把信一递说："大王先看看这个吧！您一定要给我做主，否则我的日子就没法过了。"幽王接过信，认得是申后的字，只见上面写着："宜臼儿，天子无道，宠信奴婢，使我母子分离，现在妖婢又生了儿子，宠幸更是比以往有过之而无不及，这对你的地位和前途是个极大的威胁。你要赶紧上书，假装认罪，说'今已悔过自新，恳求父王宽赦，以尽孝道'。一旦能够还朝，咱们母子重逢，再作计较。"

幽王看完信之后，真是怒不可遏，他真没想到，申后还会有这样狠毒的办法。从这信中言语看出，申后也特别恨怨他，完全把他当作了敌人对待。这使早已淡薄了的夫妻情分一扫而光了，本来冷落申后，他心中偶尔也觉得有些内疚，觉得对不起申后。毕竟二十来年的夫妻，是正宫王后，又生了太子，对社稷是有功劳的，而今却让他怒火中烧。以前申后的一切好处他都抛到了脑后，喊叫着连声命令，通报那带信的温媪进见。褒姒见状心中大喜，急令宫女把温媪从锁着的房间拉出来。此时，温媪老太战战兢兢，连连叩头，再三辩解："大王，王后，实是小人迫不得已，是王后逼小人这样做的，不关小人的事，望大王开恩……"幽王对她的话一句也听不下去，不容温媪把话说完，便训斥一顿，命大臣们把温媪老太太拖出宫门，当众宣布罪状，然后斩首。与此同时，宣布废去申后的正官之位，打入冷宫，不准任何人再提太子宜臼之事，有敢提者斩。朝中大多数的大臣实在看不下去，一齐向幽王替申后说情："大王，申王后私自传信与被贬的太子，此罪不轻，但人非圣贤，孰能无过，申王后也是思子心切，才做出这等触犯王法之事，申王后这些年统领后宫，兢兢业业，后宫里井然有序，没有功劳，还有苦劳，望大王念在夫妻情分和功劳上，饶恕她这一次。如若大王不答应，那大王就把我们连同申王后一起都贬了吧！"看着这架势，幽王只好暂时压下废掉申后的事，只把温媪斩首示众，以作告诫，把纤娥撵出宫外。她们母女做了替罪羊，这场事件，才算暂时平息下来。

五、申后被废

申后死里逃生，总算是逃过了这一劫，劫后余生，身边又没有了贴心人，更是惶惶不可终日。褒姒认为自己的目的还没达到，这盘棋，还要一直走下去，但是，胜利在望了。此情此景，此时此刻，褒姒看在眼里，喜在心上，一封书信惹来了无穷祸患，它使申后威信在宫中大减，它为褒姒谋求废主之事带来了可乘之机，也使幽王更加信任褒姒，讨厌申后了。褒姒知道这次机会不可轻易放过，放过了，以后再抓申后的辫子就更难了。"哼，申后，我决不会放过你的，算你走运，今天让你逃过了，迟早有和你算账的那一天！"她知道要达到目的，凭自己的力量，是办不到的，最主要的还是要借助幽王的力量。她对幽王更是百般献媚取宠，使幽王更加信赖她；在这件事上又吹了好几次枕边风，说了很多添油加醋的话。"大王，我的命好苦，请大王想想我自从入宫，哪里得罪了申王后？只是刚开始我年纪小，又不懂宫里礼节，去见申后娘娘时因犯点小错，她就指使宜臼对我大打出手，践踏我琼台宫。后来宜臼又在孩子满月之际，擅自闯入寝宫对我百般辱骂、欺凌，说我是妖女、狐狸精，并要挟大王您把我撵出皇宫。如今，他们母子又要联合起来对付我。我们母子成了他们的眼中钉、肉中刺。看来，他们母子时时在算计我，申后总是希望宜臼能东山再起呀。如果只是把太子留在申侯那里，现在虽然废去申后的称号，但将来有一天太子回来，臣妾母子的性命必定攥在他的手心。我死了倒没什么，只是服儿小小年纪就遭此祸，我们于心何忍！"

褒姒边说边流泪，说完嘤嘤地哭个不停，好像受了无尽的委屈。褒姒即使哭，也会哭出个水平，她不会像泼妇那样大嚷大叫，那样会使她的形象受损。她会适当地掌握火候，哭得有滋有味，让人看了又爱又怜，别有一番美丽可言。真称得上是个"泪美人"。这种哭是幽王喜欢的，幽王却也最受不了她这种哭。当此之时，她提什么样的苛刻条件，幽王都会答应她。今天也是如此，像往常一样，幽王对她百般劝慰，听了她的话，更觉入理。

幽王沉思片刻，放开褒姒，认真地和她商量起来："爱妃，你不用担心，有我在，他们就别妄想伤你们母子一根毫毛。只是我百年之后，事情就不敢说了。伯服同样是我的骨肉，而且是我的心肝宝贝，近来我越来越发现这孩子有些灵气，将来一定能成大事，完全可以接替我的王位。其实，废申后和太子宜臼这正是我想过的，但立你和服儿时机不成熟，怎么办好呢？"

听了这番话，褒姒心中一震，这是随着幽王对自己的宠幸日益笃厚而滋长出的最高欲望啊！她暗暗警告自己：在君王下最后决心之前，还是该小心谨慎。因为自己的身世、影响，与王后和太子相比，还处于劣势，关键是要进一步牢固国王的宠信和决心。于是她用试探的口气建议道："大王能使伯服立足安身，妾就心满意足了。以后我们母子也就算有了安身立命之地，贱妾也可以一辈子都服侍在人王身边了。至于大臣们嘛，臣子听从君王的意旨是'顺'，君主屈从臣下的主张是'逆'。大王何不把这个旨意晓谕大臣们，看看大家是不是真正服从你呢？如果他们中有敢反对的，那就是忤逆大王您，有犯上作乱之心。朝廷纲法难道是摆样子的吗？况且虢石父和尹球等把持着大权，他们又是我们的心腹之人，其余之人倒不足为患。"幽王点头称是，他甚至还想，褒姒堪称才貌双全的女人，真是不可多得。褒姒此时真是兴奋无比，但她却没有表露出来。她不失时机地收起眼泪，叫宫女给她重新收拾梳妆，陪幽王消遣，逛逛花园。她散步在园中，携着幽王的手，看着这满园的春色，真是无限地感慨。

褒姒回忆起自己少时生活片断。想到自己曾经喝过稀粥，咽过野菜。记得就是在这种时节，那时父母家人终日劳作，艰苦度日。记得自己曾经光着脚丫，挎篮子遍地挖野菜；也曾同小伙伴们摘下一朵朵鲜花戴在头上，互相嬉戏。有一次，小伙伴们又一起出来采花，她们发誓说："谁的头上插的花最多、最大、最漂亮，谁就将成为最高贵的女人。"结果，真的是她的花最美、最漂亮。因为她头发好，插的花也最多。谁知，今天竟印证了儿时的那句话。自己在家乡时，真是有很多很多的快乐事。那时，家里虽穷，却也是快乐的，不像如今这样，随时都要劳心费力，不能放松一步。不知父母是何模样了，女儿在这里受宠，父母也总算跟着沾了点光。算起来离开父母已经快到3年了。从南方来到北方，从乡村来到京都王宫，从一个弱女子到很有心计的宠妃，一切还算如意。既然我已走到了这一步，骑虎难下，我只能走下去，不能退后一步。想到这里，她随手摘下窗台上花盆中一朵牡丹插在头上，转脸对着幽王笑着说："大王，您看漂亮吗？"

这天夜里，褒姒曲意逢迎，与幽王极尽鱼水之欢。待到幽王鼾声如雷时，她悄悄地翻身下床，派遣心腹内侍把这个情报传送给了虢、尹两个大臣。上写："废申后、太子一事已有望，望二位能鼎力相助，事成之后，必有重赏。"二人看后，真是又惊又喜，升官发财的机会又来了，赶紧准备奏折，好一阵忙碌。

第二天，早朝礼毕，幽王宣召三公六卿上殿，征询道："申后嫉妒怨恨，诅咒朕躬，难为天下之母，当拘囚问罪否？"虢石父奏道："申后是六宫主宰，统领后宫诸人，不可轻易判罪。但俗话说'王子犯法，与民同罪'。申后身为正宫，却犯下种种大罪，如果不问罪于她，恐怕又难孚众望。她虽然有罪，但不应当拘囚审问。如果大王认为她的德行和地位不相称，可以从轻发落，只宜传旨废掉，贬入冷宫，不可问斩。而且臣还听说后宫人多事多，如朝廷一样，不可一日无主。要废申后，宜当赶紧另选贤德的人为王后，以安人心。"

尹球紧接着奏道："臣认为极是。如果大王有废申后之意，宜早作打算，另立太子和王后，以安人心，以免引起内乱。臣听说琼台宫娘娘褒姒德行贞静贤淑，又聪明机智、精明干练，是女中魁首、少有的贤德之人，可以主持中宫。"

虢石父奏道："常言说：母以子贵，子以母贵。现在，太子获罪，在申国悔过，对大王孝敬的礼教已经荒废很久了，太子宜臼已在几日之前被废，大王是金口玉牙，一言九鼎。语既已出，太子既然已废，何不另立太子，安抚国人之心呢？况且，既废了母亲，怎么能再用儿子呢？辅佐王子伯服为东宫，是社稷的幸运，是臣等的造化。大王百年之后，臣等自当鼎力扶助，绝无二心，请大王放心，此事望大王裁度！"

虢石父与尹球一唱一和，一来一去，简直天衣无缝，令别人无法插嘴。虽然这二人的表态，正合幽王心意，但幽王想，刚刚宣布废太子宜臼不几日，便急忙传旨令伯服为太子，不免有些操之过急，立太子的事更要稳妥，不然会使宫廷不安，不如一步步地来；于是决定，立伯服为太子之事晚些时间再议；所以，当即颁下这一圣旨："将申后取消封号，贬入冷宫。立褒姒为王后。大臣们如有就此进谏的，一律处死！"

就这样，幽王一年内，颁下两次废立圣旨。事隔3年，第三次颁下圣旨：立伯服为太子。

幽王几次废立之举，使本来就很严重的周朝内部贵族集团之间的矛盾、周王室与诸侯国之间的矛盾进一步激化，从此，周朝便一步步地走向衰亡的境地。幽王却更加整日地沉迷于后宫，溺于酒色，把朝中大事完全托付与虢石父等一众小人。这些势利小人为了争权夺势，互相利用、互相残害，尔虞我诈，使朝政昏暗，朝野一片狼藉。由于朝中大权被他们所把持，朝廷同诸侯国之间的矛盾斗争加剧了，整个国家处于一片混乱之中，分崩离析之势已露端倪。对此，朝中两班文武大臣，虽心各有所思，但知王意已决，为避凶远祸，都三缄其口，沉默不言，奉行明哲保身、随波逐流之策。满朝文武大多是阿谀奉承之辈，唯有周太史伯阳甫很有眼光，他说："三纲已绝，周朝灭亡不远了。"说完这番话，就告老还乡了。另几位较为正义的大臣，也纷纷弃官归田。

这时，曾经因为劝谏幽王而遭被捕入狱的褒珦听说了这种情况，很是痛心，他捶胸顿足，仰天长叹，他在寻思：是不是儿子为了救自己的一条老命，竟害死那么多人，惹出这么多麻烦？洪德是为救自己供献美女褒姒给幽王的，想不到此女子竟有如此之用心，把国家弄成这等模样。莫不是自己害了国家、百姓，还有何脸面活在世上？于是，他没有告诉家人，偷偷离家，来到京城，闯上朝廷，却见不到幽王的身影，又闯不进去后宫，无处去说理，一气之下他触柱而亡，以示自己的罪过。虢石父、尹球等人本来和褒珦之间有隙，趁此机会，便想把珦尸扔出荒郊野外，任其腐烂。多亏司徒郑桓公从中相帮，买了一口棺材，通知他家人前来处理尸首。

司徒郑桓公，名友，是厉王的少子，宣王的幼弟，封在郑国（今河南省郑州市）为伯，为人正直。他对幽王所作所为很是不满，曾多次上书劝谏幽王，都被驳了回来。因为他是王室至亲，又曾受幽王赏识，在朝廷中有一定地位，所以他的劝谏才没有危及生命。但在幽王面前，他也失了宠。看到周朝气数已尽，便请求幽王允许他东迁其民于洛东，远离这是非之地。苦谏再三，幽王也未允许。

伯阳甫辞走、桓公规劝，都没有使幽王产生一丝悔改之意，他一意孤行，朝夕与褒姒相处在后宫。朝中大权完全控制在虢石父、尹球、祭公易等一班奸佞之徒手中。他们整日只知道奉承着幽王和褒姒，哄他们开心，从中不失时机、锱铢必较地捞些好处。他们根本不理朝政，弄得百姓更加遭殃。黎民百姓已处在水深火热之中了。

第四章

点烽火博妃一笑

戏诸侯埋下祸根

一、不笑的美人

褒姒禀性忧郁，难开笑口。虽然她被幽王视为掌上明珠，幽王对她言听计从、百依百顺，终日里与她寻欢作乐，可是她毕竟出身微贱，入宫以来，除了幽王宠爱她以外，宫娥才女们虽然表面上对她恭恭敬敬，在背地里却少不得贬低她。因此，她虽已贵为王后，仆人成群，但一思念往日痛苦难言之事，则又觉得乐景不多，不免有寂寥、忧虑、惆怅和思念褒国山水及亲人之感。她每日除了对镜梳妆外，就是把腮凝思冥想，一副冷冰冰的神态。而且她在欢乐的场面也能板住面孔，故意不笑，或不想把自己的笑容全貌一次性施展开来。在一次宫廷宴会上，幽王与诸大臣推杯宴饮。席间，幽王命一大臣讲笑话，这个大臣一向能言善辩。结果，他使满堂哄然大笑，幽王也顾不得天子的威仪，笑得前仰后合，可是，回头一看，褒姒冷然坐在那里，好像什么也没听见。众位大臣们窃窃私语："这褒姒已为王后，更注意自己身份了。大概是一切都装在心底了吧。"

这位来自农家的美女，不曾进过这高墙深宫，也万万料不到会有今日的荣华富贵，甚至当初不知道王后、太子为何物。而今，达到权倾后宫，废立太子的目的，仍不见她开怀大笑，幽王觉得十分奇怪，便时常暗暗拈须盘算道：莫非寡人对她宠爱不够，还是赏给她的金银珠宝太少，不然就是她还有不满意之处，究竟何故呢？想至此处，不免心中着急，便再三询问褒姒不笑的原因。褒姒只是说："妾身平生不曾爱笑。况且这普天之下也没有什么可笑的。请大王恕贱妾不笑之罪。"

面对这么个大美人儿，竟终日听不到她的笑声，看不见她的笑容，实在是极大的憾事。如果说，过去很少笑意，可能是生活中有什么不如意的事儿，笑亦无从谈起。可现在，满足了她的一切要求，她却仍然不爱笑，这把幽王急得抓耳挠腮，顿足捶胸，心急如焚，无心处理朝政，他想，这褒姒越不爱笑，说明她笑时更有神秘之处，说不定确实一笑值千金。开怀一笑，容貌许是更加漂亮，更加娇美三分。于是，他挖空心思想办法，却又无计可施。一天，幽王对褒姒说："你有如此容貌，况且终日里吃山珍，食海味，绫罗加身，金银为饰，却还不笑，真是痛煞寡人，急煞寡人了，这叫我如何是好。若是你笑一笑，一定会增加无限娇媚。无论如何，我一定设法使你展开笑容。寡人怎忍看你日日不乐，郁郁寡欢呢？"褒姒说："我真不相信大王你有这份能耐。"幽王道："我乃是一国之君，富有天下，哪有不成之事，你就等着吧，我将不惜一切代价博爱妃一笑。我也真的不相信就无法让你会心地一笑。"

一日，幽王举行了一场豪华、盛大的歌舞表演，台下群臣皆喝彩叫好，笑声不断传来，幽王也是喜不自禁，捧腹大笑，本以为褒姒看到后一定会开心，会高兴得笑起来。不料，褒姒看到后，非但不笑，反而不以为然地说："这歌声嘈杂，听着还不如撕裂锦缎发出的声音，简直吵死人了，反使我头疼得厉害，大王还是叫他们停下来吧。这舞还不如兵士们列队行进好看呢。弄得人心烦，快让他们下去吧！"幽王一听，原来如此，马上令人搬来成匹的绸缎，让几个宫女有节奏地撕裂，只闻得"吱吱，吱吱吱，吱吱，吱吱吱"之声不绝于耳，众大臣看到这场面，个个目瞪口呆，心中暗道："这足够我一年的俸禄了。"可是，褒姒听了一会儿，一丝笑容没有，扭头回后宫去了。那袅袅娜娜的身影，摇摆有致的腰肢，好像在讥笑幽王。褒姒心想：你身为一国之王，富有天下，竟以这些活动为娱乐，太没价值了，这有什么稀奇古怪的。为了我一笑搞这种场面，真是心思白费。这下可难住了幽王，究竟怎样才能使褒姒露出那媚人肺腑的嫣然一笑呢？实是无计可施。为了取悦褒姒，幽王不惜花费重金，付出巨额代价，悬赏天下。

他发出旨意："不拘宫廷内外，如有能使褒姒一笑者，不但赐千金，非官者可加官晋爵，当官者连升三级。"

告示贴出后，一些想升官发财的人蜂拥而至，有的做滑稽的动作，有的出怪相，有的讲笑话，不但褒姒没有丝毫反应，甚至有些人干脆被中途骂了出去。各种办法都不能博褒姒一笑，急得幽王团团转。可幽王哪里知道褒姒过去的身世和入宫前后的苦楚。她本是一个天真活泼的女人，只是因为过去心灵深处受到的创伤太多，所以变得忧郁而且不喜形于色了。幽王为博褒姒一笑，只是枉费心机。

　　虢石父为了升官发财，不惜一切代价，甚至于丧家灭国。当他知道了这个消息，觉得这是升官发财的好机会，又可以得到幽王的赏赐。于是，他便置国家安危于脑后，挖空心思，猛然想出妙计。他先对尹球说："你可知骊山脚下有烽火台20余座，是用来防御外寇入侵的，今日可有妙用了。"尹球不解其意，询问妙用何在。虢石父便说："我请大王和王后同游骊山，夜举烽火，诸侯见了，以为外寇来犯……"尹球听后恍然大笑道："原来烽火之妙用，在于得千金之赏。你确是个聪明绝顶之人，快向大王献计去！"虢石父深深得意地说："如若得了大王千金之赏，定当摆宴三日，虚席以待。"于是，虢石父上殿向幽王奏道："先王过去因西戎势力强大，为防止西戎入侵，在骊山设置了二十几处烽火台、几十架大鼓。一旦强寇来犯，放起烽烟，直冲霄汉。附近诸侯瞭望此情，会发兵前来救援，山上再擂起大鼓，催促前进，很是热闹。近几年天下太平，没有使用过。大王何不偕王后游览骊山，夜里点燃烽火。各路诸侯见信号纷纷奔命而来，他们到了骊山见不到一个贼寇，匆匆忙忙白跑一趟。褒王后觉得好玩了，也许能开口大笑。这样，大王既可遂了令王后一笑的心愿，又可一见王后倾国倾城的笑貌。另外，还可试一试诸侯是否对大王真心，一举三得，真可谓千古佳话。请大王三思。"幽王说："此计甚妙！"传令指日而行。

　　那骊山，在镐京的东边（现陕西省西安市临潼区），蜿蜒曲折，和蓝田山（现陕西省蓝田）相接邻，是镐京附近的一座名山。山上层峦叠嶂，松柏参天，山光水色相映，林间鸟鸣啾啾，遍地鲜花竞妍，如神仙之境，似蓬莱仙家，风景十分幽静美丽。山边有温泉涌出，一脉溶溶，自然暖热。这一带本是骊戎居所，所以名为骊山。现在周已经把骊戎赶走，在骊山上盖了精致的离宫。离宫倚岩建筑，碧瓦朱甍，雕栏绣柱，虽然不及镐京宫殿的宏伟，却也小巧玲珑，别有韵致。离宫前盖有一座高台，登台四望，周围山景尽收眼底，朝霞夕照、春树秋花，真是观之不尽。

二、烽火戏诸侯

这一天，幽王决定去骊山游览山水，换个环境，以悦目爽心，夜晚再来个"烽火戏诸侯"，以博得褒姒一笑。于是，出动一行人马，携了褒姒到了骊山宫里，登台饮酒，觉得泼蓝竆绿的岚色山光果然比金丝鸟笼般的禁宫赏心悦目得多了。他们一面饮酒，一面指点着野树山花，品红评绿。正说得高兴，褒姒忽然指着山上一座台墩模样的东西问道："这是什么？"幽王笑道："爱卿如何不识，这是烽燧。"褒姒听了，仍不明白。幽王便说："'烽火'是军事报警的信号。为了传递军情，在边塞或军事要地，相隔一定距离修建一座高大的台子，作为'烽火台'。台上堆积着柴草，如有敌人入侵，白天烧柴草为信称为'燧'，夜里举火把为号，称为'烽'。点燃烽燧就意味着有紧急军情发生。这烽燧在外寇来侵的时候，一点着，近地诸侯一见烽烟，即带兵来救。"褒姒这才懂得烽燧的用处。

原来周都镐京，一向迫近戎狄，一直和各族戎狄争战不休。为了安全起见，便选择了最近的骊山，在山上安设烽燧。那烽燧是用狼粪杂了燃料，在山顶上筑成高高的圆柱，遇紧急军事，举火点燃。狼粪被烧，生出一股浓烟冲天，任风多大也吹不散。附近各地诸侯一见狼烟冲霄汉，便知有敌人来犯，急急催兵前来，合力抵拒。骊山有了这种设备，镐京就可安如泰山。当时幽王只图褒姒欢喜，不顾利害，愚蠢昏庸可见一斑。

不知不觉，夜幕降临，天色昏黑，宫里处处灯火辉煌，乐声悠扬。宫奴们忙里忙外服侍幽王和褒姒。乐工弹瑟吹箫，歌舞翩翩。到底是天子王妃呀，黎民百姓虽还在挨饿，可王宫却一如既往，歌舞升平，真是天上人间的差别呀。宴酣之际，幽王提起褒姒不识烽燧的话题，便令点燃烽燧，一则显示自己的权力，二则盼着这一举动能换来褒姒一笑。左右侍臣当中也有远见卓识者，深知这种做法的可怕后果。可他们有前车之鉴，以前劝诫幽王慎行的，不是被罢官，就是被处死，所以大家都不敢进言相阻，加之虢石父又是幽王新宠，谁又敢得罪他。

这一举动可把郑伯（郑桓公）吓慌了，心想幽王凭空点起烽火，诓骗群臣，他日又何以取信于群侯呢？他便急忙进谏："大王，这烟墩是先王设下备警的，用它来取信于诸侯。现在无警而举烽火，是戏耍诸侯。如果他日有敌情，再点火呼救，诸侯也不相信了。那时我们拿什么当信物向诸侯征兵救急呢？大王，这是有关国家兴废的大举，稍有不慎，就会遗患无穷啊。大王仁德自修，悉心国家安危，微臣叩请三思，此乃天下万民之大幸！"

幽王正在兴头上，哪里还高兴去想"他日"怎么办呢，固执地说："现如今天下太平，有什么用兵的事呢？今天我和王后到这里玩玩乐乐，没有什么好消遣的，只不过和诸侯开个小玩笑，他日有什么紧急情况，不劳叔父操心。"

郑伯碰了钉子，只得传令举火。烽火墩一个一个相递传点开来，火光照天，狼烟升入云霄，鼓声咚咚。骊山之下，一片紧张的战争气氛。

京畿内的郑、卫等附近各诸侯国的国君忽见半空中烽烟乱窜，知道镐京告急，连忙点齐兵马，挂剑提刀，马不及鞍，人不及甲，急急忙忙排开队伍，驱动战车，疾快如飞地连夜赶奔骊山脚下，"以勤王事"。霎时，旌旗乱飐，战鼓齐鸣，漫山遍野，涌来了无数的军队。

到了骊山一看，一个敌兵也没有，却见一轮明月，万籁无声，只有一派笙歌，抑扬婉转，台上灯火灿烂辉煌，幽王大排筵宴。幽王和褒姒居中，周围诸公子大夫环拥簇立，向幽王敬酒献寿，一派歌舞升平、君臣同乐的场面。席前宫奴彩女柔肢款摆，舞姿婆娑，轻柔婉转，风情脉脉。"敌情"在哪里呢？各路诸侯惊奇不定、忐忑不安，你一言我一语地揣测着是哪路军队前来侵犯，来去如此神速。正当大家莫名其妙地等待旨令的时候，幽王命一小臣走下山来，向众诸侯辞谢道："诸位，没有什么寇警，天子因为烽燧久未使用，恐怕大家怠忽，故特意试举一次，各位诸侯跋涉远来，有劳大家，诸位辛苦了，可即回去休息。"

"噫？"各诸侯和大将们面面相觑，做声不得，心里却在暗想：你幽王诓骗我们，使我们不辞辛劳，飞马来到，却落得个被人戏耍的下场，下次我们可要三思而后行了。可是天在万民之上，俗话说："普天之下，莫非王土；率土之滨，莫非王臣。"为人臣者需听命于君，大臣们无法向天子"问罪"，只得各怀心事，偃旗息鼓，率众而回。

再说褒姒和幽王在骊山上的宫中，凭栏远眺，见各路军马斗志昂扬地急奔而来，将士铺天盖地，漫山遍野，顷刻之间，召之便来，匆匆忙忙，并无一事发生，接着又匆匆而去，空忙一场，旷野里人群一扫而空。褒姒见此滑稽之举，终于抑制不住而抚掌大笑起来。只见花枝乱颤，玉面含娇，芳蕊欲滴，丹唇开合，夺人魂魄。一笑倾国，足可征服普天下的热血男人。

幽王在侧，早已聚精会神地关注美人容颜。只见褒姒一笑，百媚俱生，更加惹人喜爱，幽王不胜欢喜，他觉得自己好像打了一场大胜仗，全然不去想群臣的心情与感受。他一面陪褒姒哈哈大笑，一面欣赏着褒姒的笑颜道："爱妃开口一笑，果然添得十分颜色。尤其是脸蛋上露出两个酒窝，如一朵鲜花的花蕊一样，使你的仪态更加优美，令寡人更加怜爱。这都是烽燧的力量，这都是虢石父的功劳。今日骊山之游真是不虚。"

褒姒这一笑，笑喜了周幽王，笑喜了虢石父，却笑伤了远道救急来的诸侯大臣。周幽王大悦，当即赏赐虢石父千金。真是千金买一笑，亡国却不知。

这就是周幽王"烽火戏诸侯"，奔命"勤王"的诸侯们，一两天就弄清了这趟辛苦的内幕：为逗一个女人笑笑，耍弄列国诸侯。他们心中那份对天子的神圣的敬意，被这一把火烧得精光。

三、在外公家

当时周幽王五年（公元前777），宜臼愤愤逃到申国（今河南省南阳市东南）那天，申侯见他仓皇而来，忙问个究竟。宜臼便把他大闹宫廷，寻机殴打褒姒的来龙去脉细说了一番。

宜臼对申侯说："如果我再不逃出来，很快就要丧命的。因为我痛恨那褒姒，所以，我父王十分恼怒，竟然企图放出老虎吃掉我，幸亏那天老虎懒惰，没有张开血口，要不我早就没命了。见势不好，我赶紧逃命，投奔外公这里。"这时候，宜臼想起自己遭受的不幸和父亲的薄情寡义，又想起母亲如今的悲惨处境，不禁悲从中来，放声大哭，恨不能马上回到周国，杀死褒姒，劝父王幡然悔改。

申侯听了宜臼的讲述，气上心来，心想：幽王啊幽王，我女儿哪一点不好，你竟为了一个微贱的褒姒，不顾夫妻之情，不顾父子之义，实是可恨。此时的申侯，恨不能马上赶到镐京，斥责幽王的不义之举。

申侯向宜臼详细地询问了女儿的情况，宜臼又细说了母亲的孤独、寂寞生活。宜臼说："外公，您老应该知道，现在我父王只宠幸褒姒那贱婢一人，把我母亲冷落起来，整日与那贱人混在一起。我母亲终日以泪洗面，我恨不能把母亲带着一起逃出来。您可得想办法救救我母亲啊。"申侯沉思了片刻，对宜臼说道："外孙，目前这样的形势下，在镐京很不安全，你逃到这里算是聪明的举动，只不过你母亲一定会想你的。另外说不定你逃走后，你父王把你废掉，另作主张。"

宜臼虽然年龄不大，却很聪明伶俐，无论说话，还是想事情，都很有思路，有条不紊。

他对申侯说："外公，现在什么我也顾不得了，还是逃命为上，我来到这里至少有一条活路，过几个月我再回国去看我母亲也不迟。褒姒那贱人和伯服那个坏小子，每日在父王跟前撒娇取宠，挑拨父王与我们母子的关系，才使父王疏远了我母亲，又不喜欢我。这几个月，我要在这里发奋练习武功，读书学习，等到回宫廷的那一天，非亲手把那个褒婢和伯服一剑斩了不可。"

"孩子，你这些想法也许有道理，但不能那样莽撞，要慢慢来。在这里练功习武我是赞成的，而且要好好练，从现在起，不能再乱跑了，安安静静地在这儿住一段时间，我再派人到镐京去打探一下消息，说不定你父王消了气，会派人来接你。在这里，你每天的活动必须告诉我一声，不准到宫外乱跑乱窜。

孩子，你还太小，有些事情你根本就不懂，等你长大了，就会知道你为什么会有今天这种劫难了。"

申侯对幽王不满，他看不惯幽王一是整日沉迷于酒色之中，不理国政；二是宠信奸佞小人，昏庸无道，致使朝野上下怨声载道，令国势衰微，江河日下。幽王对他女儿的冷淡，更加深了他对幽王的恶感。所以，他不但不教训宜臼的不孝，反而从中挑拨，越发激起了宜臼对父王的憎恨之情，气得宜臼竟然这样说道："等我练好武功之后，定要和那些奸臣贼子比试一番，非杀死他们不可，如果父王再对我不好，连他也一起杀了。"

申侯听了宜臼的话，会心地微微点头一笑。

宜臼每天坚持练舞剑和射箭，早晨闻鸡起舞，到练武场练剑，累得浑身热汗淋漓，也不歇息，心中怀着怨气和愤恨，一练就是几个时辰。他虽然没有名师的指导，但凭聪慧才智，舞剑的动作特别敏捷、迅猛，一会儿左劈，一会儿右砍，一会儿前穿……时而仙人指路，时而又老君封门，大开大合之间无懈可击；有时弃剑练拳，虽没有什么套路，但也打得有声有色，虎虎生风，刚柔相济，所向披靡；天将黄昏的时候练习射箭，开始练习射树叶，后来练习射天空中的飞鸟。功夫不负有心人，他的功力一天胜似一天，虽未到登峰造极的境地，也算是炉火纯青了。经过这一段时间的刻苦锻炼，宜臼由刚来时瘦弱不堪的模样，变成了一个肌肉发达、骨壮筋强的武士了。

他除了习武外，就是读书。当时没有什么书可读，唯有《周颂》全部、《大雅》的小部分和少数风诗成册问世。这些书是《诗经》中的一部分，是周武王至周孝王时期成册的。后来《周颂》《大雅》则是各本上记事一类的诗作。这几种书他虽然看不太懂，但也读得津津有味。虽然书种类少，但他并不厌倦，一天天翻过来掉过去地看，原来在东宫时，在太傅、少傅们教导下，学了一些文字，仅靠这点是学不懂《诗经》的，有时只好向申侯发问。

当时能见到的《大雅》中的《生民》《公刘》《绵》《皇矣》《大明》五篇，其实就是用韵文写的历史，它们记述了从后稷出世到武王灭商的许多传说和史迹。从这些文章当中，宜臼知道了许多古代开国之君和贤明之主的事迹奇闻，丰富了他的头脑，也激发了他向这批人学习。他立志将来归国后掌权为君时，也要做一番轰轰烈烈的事业。

宜臼把这些诗歌背诵下来，在这些诗中，宜臼对《生民》歌咏后稷的内容尤感兴趣。他在谈这首诗时，向外祖父发问："我算不算被抛弃的孩儿？"外祖父回答说："你不可以和后稷相比。首先，你与他的生平身世大不一样；另外，你父王的目的并不是抛弃你不管，他说不定觉得你死掉才好呢。但是，你的命运也有与后稷相同的地方。比如，后稷遇难不死，你也如此，你父王放虎咬你，老虎对你却无动于衷。现在，你又逃到这里，得到了外公的抚养。不过，我不希望你长大后去种庄稼，倒希望你能去继承父王的大业。去杀掉你父王身边那些谄媚小人和褒姒那个下贱的女人，使政治清明，百姓安居乐业。"

"能有那一天吗？"宜臼问道。

"有，你父王迟早要死掉的，那时你再去接替王位也不迟，至于伯服那小子，他长大了，很可能也是只知道阿谀奉承，不学无术。无论从哪一方面来看他将来都远不及你。"

宜臼听了这番话，十分高兴，从此，习文弄武更加勤奋不辍。

一天，申侯要到田林里去打猎，宜臼非得跟着去。申侯想，这孩子爱玩，待在家中又很寂寞，不如让他到野外逛一逛也好，这也是他实际锻炼射箭、舞剑的机会，看看他的本事怎样。宜臼腰间挂着一把闪闪发光的金柄银鞘宝剑，左手提着一张弓，右边挎着装满利箭的箭袋，兴高采烈地随申侯出发了。他这样一身装束，不像去打猎，却像是个上战场的将士。

申侯见这十几岁的小外孙着戎装后，很有气魄，更加喜爱。只见车辚辚，马萧萧，将士弓箭各在腰，旌旗猎猎，彩带飘飘，煞是威武、雄壮。

到了野外，没等申侯及一行将士下车，宜臼早已跳下车来，拉弓开射了，只见他认扣搭弦，弓开满月，"嗖，嗖……"雕翎疾飞，他不管什么鸟类都射，也无论什么走兽都去追赶，毫无畏惧，真是初生牛犊不怕虎。忽然，一头野猪从林中窜了出来，申侯等人生怕野猪伤了宜臼，急忙跑上前去捉拿野猪，吆喝宜臼止步，以免被野猪咬伤。可宜臼却不顾这些，拔出腰间佩剑与大人们一道围截野猪，终于将野猪捉住了。捉住野猪后，宜臼兴高采烈，欢蹦乱跳，一会儿摸摸野猪耳朵，一会儿看看野猪的眼中是一个瞳仁还是两个瞳仁。

大人们猎取的多数是野兽，而宜臼却专爱打鸟。只要见到空中的飞鸟或地上惊起的鸟，他就拈弓搭箭，施展百步穿杨的箭法，箭无虚发，每箭都有收获。他的箭袋内除了剩下的箭头外，全都是能叫出名的或叫不出名的鸟，这些鸟虽没有多少肉吃，却很不容易射中。

不到半天的工夫，宜臼便猎获了一大批飞禽走兽，满载而归。

回来后，宜臼一再说："外公，这野猪肉一定给我妈留一块。我射下的飞禽，大的都送给我妈妈吃，小的咱们自己留着吃，让我妈妈尝一尝他儿子亲手打的猎物是什么味道。我想，我妈妈肯定会喜欢的。她老人家知道了儿子也能打猎捉禽，能孝敬她老人家，一定会很高兴的，您说是不是，外公？"那一副天真烂漫、质朴天成的神态真是可爱可怜。

申侯听了宜臼这话，勾起了许多联想：不知女儿现在生活得怎样。宜臼来到申国已经好几个月了，镐京也没有人来接他。申后也不来看他，这孩子倒很想他妈，难道他妈就不想他？……想到这里申侯立刻觉得眼前昏花，仿佛女儿出现在面前，向他哭诉着："父亲，我那可怜的臼儿是不是已经到了您那里了？女儿每天都在惦记着他，小小孩子，竟遭此厄运，这到底是谁在作孽呀？近日，幽王演了一幕丑剧，对我母子进行宰割，那褒姒的枕边风让他毫无情分地废嫡立庶，把我贬到冷宫，随即宣旨立褒姒为王后，立伯服为太子。父亲，女儿是不是前世做了什么坏事，才有今日之灾呀？您老人家怎么不来救救您的女儿呀，求您一定要照看好臼儿，好好管教他，好让他将来出人头地，建功立业，为他苦命的母亲报仇伸冤。这样女儿就是死，也可以瞑目了。"这出现在眼前的景象，使他预感到了这可怕的事实。他低头不语，沉思了好长时间。宜臼以为外祖父因为他提起为母亲留下野猪肉和飞禽而皱眉头，很奇怪，便问道："外公，如果不同意我的做法，就不留什么了，下次去打猎时，专为我母亲去打一些飞禽。"

申侯摇摇头说："外公并不那么小气，你妈也是我的亲骨肉，我能不疼爱她吗？外公是在想你父王为什么不派人来接你，或许是等着你去向他低头认罪。"

"外公，我决不能现在回去，我那父王心毒手狠，他只知道宠爱那贱婢褒姒和伯服，我若回去也决不会得好，过些日子，请您老想办法把我妈妈接到这儿来吧！"宜臼特别害怕申侯说让他回去，便这样苦苦哀求说。

"你这小孩子倒有大人心，说得有道理，过几年，你那父王死了，你再回去报仇也不晚。"申侯生气地说。

四、不能回申国

申后自被打入冷宫后越想越委屈，昔日的一国王后，差不多掌管着半壁江山，朝中大事也要过问一下，文武百官无人不敬，一声令下，宫廷俱惊。现如今一人独守空房，像一个囚犯一样，真是天上地下，峰头谷底的对比。恩宠至极、权倾朝野与今日的身居冷宫门可罗雀的凄苦境遇相比，申后感到如在梦中，有些不敢相信。她咬咬舌头，又很疼，才知道这原来全是真的，不由得阵阵心酸，又想起自己的儿子宜臼自从逃跑之后，音信杳无，不知道他是死了还是活着，是逃到父亲那里了，还是跑到别的什么地方了，非常担忧又万分想念。

此时，她身边只有一个侍女。这还是幽王看在过去夫妻的情面上的特殊照顾呢。其他的侍奉人员早已调离。虢石父等人命门监看守门户，不许申后乱走，饮食、住宿都在这个小屋中，更不准外面的人入内，与幽王会面那就更加难如登天了。

这一天深夜，申后怎么也睡不着，她想，我与其这样生活下去，不如去申国父亲那里，既有可能与儿子相聚，又可免去这冷宫的寂寞，减去思念儿子之苦。不然，说不定褒婢哪一天再进谗言，幽王命大臣们把自己给杀了，不是没命了吗？这天晚上，她做了一个噩梦。梦中她仿佛看见褒姒在向幽王吹枕边风："大王，留那申后，终究是一个祸害，还有宜臼那小子，我害怕将来他们把臣妾千刀万剐。与其那样，还不如现在就杀了臣妾。"说完，抽抽搭搭地假哭几声。幽王忙把她揽在怀里，安慰她说："爱妃，你放心，有寡人在一日，他们绝不敢。如果你能为寡人多笑一笑，我就杀了他们，你看好不好？"褒姒果然抿嘴向幽王嗲声嗲气地笑了一下。这一笑，幽王的骨头都酥了，赶紧传旨："来人，到后宫把申后吊死，再去申国把宜臼抓回来斩首。"众武士如狼似虎地向后宫而来，军队全副武装地向申国而去……梦到这里她哭醒了，她怎么也睡不着了。于是，她想请求幽王，让她离开宫廷，去往申国，理由是想念宜臼，而她实际上是想去避难。但想归想，却没有机会见到幽王。

思来想去，她决定写一封信，让侍女为她传给幽王。她刚提起笔来，双眼便流下了热泪。她在信中这样写道：陛下，我因先前琐事考虑不周，成了罪人，入密室以来，备感凄苦，十分伤心，与其在此这般，不如去往申国，也使大王免去挂念。望念在以往夫妇之情，求你开恩，放我去申国，去和儿子宜臼一起生活。若是那样，只求我们母子以后都安稳度日，朝中一切，随大王意了。若大王能成全臣妾这个心愿，臣妾当衔草结环以报大王，整日为大王念经颂德，求神灵保佑大王。敬请大王早日传旨。

申后写完这封信，泪流满面，让侍女千方百计送给幽王。那侍女却胆小怕事，不敢去送，害怕惹麻烦，自己受牵连。这封信在申后的枕边压了三四天，后来申后终于想出了办法，她让侍女把信送给幽王的堂叔郑伯。郑伯为人正直清明，申后为王后时，对郑伯这个长辈很尊重，并对郑伯有很多的照顾。她觉得，郑伯要比虢石父那样的奸臣可靠得多，而且能够把信直接转给幽王。侍女按照申后的意思去办了，把信交给了郑伯。

幽王看了信后，却没有一点儿的怜悯之心，他想到：申后现在满腹的牢骚怨气，放她去申国，肯定会向申侯说许多的坏话，激起申侯的不满，那样矛盾就大了，天下可能坐不稳。另外，她去申国后，与宜臼见面，更是加大对他的仇恨，无论如何不能放她走。

申后要去申国的消息不胫而走，褒姒竟然从幽王的嘴里知道了申后的举动。这天夜里，她与幽王一番颠鸾倒凤、鱼水交欢之后，再也睡不着了，她考虑最多的是伯服将来能否坐稳江山的大事。褒姒以为，太子宜臼出奔申国，终究是祸患。现在，申后在廷内密室，不甘寂寞，总是希望与儿子宜臼见面，说是想念儿子，实际上很可能是又有什么新的计谋。想到这，她叫醒了刚刚睡着的幽王。她对幽王说："申后老贼亡我之心不死，是一大祸害，如果让她去往申国，则会引来许多麻烦。现在，莫不如撤掉她身边的那个侍女，密室里只囚禁她一个人，吃的喝的也不加照顾，这样日子长了，她自然会上火病死。这边，正可借着申后想宜臼的理由，派人到申国要回宜臼。去的人就说，申后想念儿子已病入膏肓，让申国送回宜臼。回来后立即宣布，宜臼随意出逃，在申国游山玩水，不服天子管辖，乱我朝政，然后命人斩首。这样，伯服才能稳坐江山。"

幽王翻过身来，对褒姒说道："爱妻说得很有道理，看来，你是经过了一番冥思苦想了。我还没想这么多，还是你有先见之明。不过，我倒可以再加一个主意。最好让申侯亲自把宜臼送回来，去人可诈称，申后有病，想念父亲申侯和儿子宜臼，但愿他们一同前来，以解除申后心中之忧。待申侯、宜臼回来，一并杀死，便斩草除根永远免除了后患。"

褒姒听了这番话，献媚道："还是大王比臣妾高明得多。这样一来，朝廷当然会安定了。"

于是，幽王派两名小臣去往申国。没过几天，两位小臣回来了，报告说："申侯紧锁眉头，百般不肯交出宜臼，并于近日忙于派人聘问西戎。"小臣这几句回报，更使幽王、褒姒疑惑。

过了几天，幽王令郑伯转告申后："本王不同意她去往申国，只准她在密室待下去，近期还将撤掉她身边侍女。"幽王还叮嘱郑伯："告诉门监，严加看管，注意申后的动向，让她终日吃饱喝足，勿再生事。"

申后觉得去申国的事成为泡影，一点无望。不仅如此，这一封信又使幽王生疑，给自己带来了新的灾难，心中倍觉压抑，终日愁眉不展，不过三日便病倒在床上。这一卧床申后便起不来了。几位老宫女送给门监一些好东西，偷偷地去看她，再三劝慰申后要放宽心，保重身体，这便是使她得到安慰的唯一一件事。真是昔日廷上后，今日阶下囚，荣辱沉浮全系于帝王一念。由此可见，我国古代后妃的命运是十分悲惨的。

第五章

荒淫暴虐生祸患
申侯联戎灭西周

一、谋伐申侯

由于幽王在王位继承问题上胡作非为，迫使宜臼逃往申国，惹得申侯对幽王极为不满。从幽王九年（公元前773）开始，王室内部矛盾加剧。郑伯知周将亡，请求幽王允许东迁其民于洛东（今河南洛阳）。幽王百般劝说，才留下郑伯。各国诸侯国君也离心离德，正如史料记载："畿内诸侯，怨幽王暴虐，背信弃义，说'思予（余）靖之，居以凶矜'，既'若去勤王，反受凶害'，诸侯离心。"对于这些，幽王并没有多少在意。令他恐慌的是，派去申国的两位小臣回来禀报说："申侯百般不肯交出宜臼，并于近日忙于派人聘问西戎。"幽王听后觉得申侯的行为很值得怀疑，便召来虢石父和他商议。

幽王对虢石父说："申侯这样做，必有逆谋。"

虢石父道："申侯谋逆，反形未露。今可召诸侯大会，申侯一定前来赴会，等他到来，便擒下监禁，要他献出宜臼，不怕他不献出。"

幽王大悦道："此计大妙。"便开始筹划诸侯大会。

幽王十年（公元前772）春，幽王下令，召集各诸侯在太室集会。

太室就是嵩山（在河南省登封市北），地点适中，各地诸侯到会的路途都不太远。那时东方各国已经被周搜刮得仅存皮骨，又不敢不来到会。因为周边各国，每国都不过方圆百里左右的土地，兵力自然有限。而周天子自己的王畿已经有千里方圆，还可调遣各国随同出兵。强弱悬殊，各国自然畏惧。

到了太室，幽王见申侯公然不来，又看出各诸侯表面从命，内心不服，便命令举行歃血的盟誓典礼，以郑桓公为首，定期同盟。

这种盟的礼节，是杀死一头牛，把血盛在盘里，预先做好一张誓书，上面写好应当怎样同心服从天子。誓书由在会的诸侯共同看过，读一遍，放在牛的身上。然后每人按照次序大小，将手指蘸了盘里牛血，抹在自己唇上，称为歃血。意思是，谁要违背了这誓书上面的话，谁就要和这头牛一般。在上古迷信神权时代，这种盟誓的仪式，的确有着无上的束缚力。天子和诸侯是不平等的，所以命郑伯做个主盟，因为他既是王族，又是周的卿士，可以代表周天子。

当时诸侯畏惧周幽王的势力，勉强同盟了，之后陆续散去。只有戎狄们没有参会。本来周就看不起他们，一向不曾叫他们参加盟会，这次幽王怕戎狄不服，特地允许他们参加。他们却推辞说："不熟礼节，不愿歃血。"

等到大会完毕，申侯还没到会，幽王很气愤，他向诸侯们宣布说："申侯叛逆，不来太室聚会，必有恶意，我们应当兴兵去讨伐他们。"听了幽王的话，各诸侯国君没有多少回应。

幽王派虢石父牵头，做伐申准备，并定于次年（公元前771）9月调兵讨伐申国。

申侯听说幽王召集太室大会，知道一经到会，一定会被幽王扣留，因此不敢赴会，暗中却派人打听消息。探子探知幽王发出讨伐申国的命令，连忙飞报申侯得知。申侯闻讯大惊，慌忙聚集群臣，商量计策，决定来个先发制人。大家都说天子这般无道，要想免祸，除非把宜臼献出。但是宜臼无罪，献出于心不忍。势难两全，无法可想。申侯道："太子是我女儿之子，血缘之亲，我不能献出。王师若来，只有尽力抵抗。只是我国兵力薄弱，不能不借助外人。邻近各国，兵微将寡，只有缯国和西方的犬戎（也称西戎）军队素来剽悍，可以为援。我意欲借兵西戎，攻打镐京，大夫以为如何？"群臣听了，都说："此计甚妙。"又有一个臣下献计说："主公既然有借兵西戎、缯国的意思，不如和缯国、西戎联合，分三路进攻镐京。如能得胜，可请求天子废黜褒姒、伯服，仍恢复王后和太子位号。此乃不世之功，岂但免祸而已。"申侯一则畏惧幽王暴虐，二则牵于宜臼外孙私情，只得听了这个臣下的建议，派人带了许多金银财宝到缯国、西方犬戎借兵。借兵的交换条件是：攻破镐京后，府库中的珍珠、金银、各类财宝，任凭犬戎、缯国搬取。

两位国主接到申国的礼币，加上又有这样一个战后的厚赏条件，慨然应诺，亲自带领共1.5万名骑兵，和申侯一同进军，直攻镐京（以下把缯国军队和西方犬戎军队统称为西戎军）。

二、自食恶果

幽王由太室聚会回来后，要和褒姒到骊山游玩，再来一次"烽火戏诸侯"，让褒姒大笑一场。这一日，几位小臣忽然向幽王来报："申侯军队和西戎军已备好粮饷、军器，正要杀奔镐京，请大王赶快御敌。"幽王闻讯大惊。因为原来计划秋天攻打申国，还有 3 个月呢。

西戎军素来勇悍善斗，慌乱中，幽王一面速速点兵抵御，一面又派遣使者到各国征兵。还未准备好，西戎已经扑到镐京附近。幽王多年玩忽政事，只知饮酒娱乐，使军队腐败不堪。虢石父等一班小人，又只知欺压百姓，四处征伐，全不管整军修器。现在到了要用兵的时候，不是刀锈，就是枪钝，旌旗破烂，车轮朽坏。真去打申国，也不免要吃败仗，何况还要抵御凶悍的西戎军！当时，郑伯看了这般情形，急得搓手顿足，一面派人飞速到自己郑国，催太子掘突速速发全国的兵前来勤王，一面忙令虢石父派人去骊山点燃烽火，召集附近各国诸侯军队，一同抵御西戎军。待诸侯援军来到，形成对西戎军队的前后夹击攻势，再令城中部队出击。谁知各诸侯因为幽王之前点燃烽火时，并无外寇，这次看见烽烟，认为还是幽王要讨褒姒欢喜和他们开的玩笑，都不去招兵备马，如同没有看见烽火一般。

郑伯等了很长时间，救兵不到。虢石父一班奸佞，这时候只顾性命，缩在宫廷发抖。一应守城事情，全推在郑伯身上。郑伯只得启奏幽王道："西戎军要到了，若是把镐京包围起来，那就太危险了。臣请带外城军队出击，迎头痛击一场。若能把西戎军打退，便可以转危为安。"幽王此时心里十分恐慌，只怕郑伯带兵出城，城里越加空虚，便阻止道："现在城里全靠叔父守城，岂可离城外出。不如只在城内坚守，救兵自会来到。"郑伯无奈，只得在城内巡逻，一面又派人再次去骊山点燃烽火。然而，任他烽烟冲破半空，各诸侯依然认为幽王是在和褒姒作乐，没有什么战事。有的诸侯说："大概像上次一样，天子又拿咱们寻求开心，讨好美人了，谁还有兴趣再去上他的当！"

申侯率领大军，一路上锐不可当，如入无人之境，势如破竹，天兵压境一般直扑镐京。不多时，申侯率兵逼近了镐京，命将士把镐京团团围住，向城内发起猛烈的进攻。郑伯在城内相机对付，一会儿上城，一会儿下城，手忙脚乱，勉强支撑一天。怎奈西戎军来势凶猛，京城军力衰竭，将士们又因为幽王昏庸，粮饷一向被小人克扣，怨恨已久，都无心应战。郑伯巡到东门的时候，天色已经薄暮，西门军士便随意离开岗位。

各诸侯不来救援，郑伯带领的一批军队又精神不振，人心涣散。西戎军大兵压境，攻城又急，幽王心急如焚，急命虢石父道："不知敌军有多少兵力，强弱情况究竟如何？郑伯带领将士已疲惫不堪，你再带领一批护城卫队出去大战一番，朕组织城内壮勇随后接应。"

虢石父这个时候也慌了，他本来就不是"打"出来的将军，是世袭做官的，申侯率兵出发后，他就躲进宫廷，不大出面。这回，事到临头，又无法推诿，只得硬着头皮率领200辆战车出城应战。斗了不到十几个回合，将士败散，虢石父被西戎军将领的大刀劈死，西戎军将领又乘胜杀入城中。眨眼间，城堞已经被西戎军爬上。霎时间喊声大震，城楼火起。西戎军杀死了守门兵卒，冲进城门，一路上乱杀乱抢，逢室放火，见人抢刀。一时间满城鼎沸，哭喊声震天动地。申侯一再告诉大将们："不要烧杀平民百姓，要约束好自己的军队，我们主要目的是到宫中找昏君幽王算账！"

此时，幽王慌乱失措。郑伯在东门望见西边城楼火起，知道城破，连忙赶到宫中，去救幽王、褒姒和伯服。刚迈进宫门，正逢幽王他们慌作一团，走投无路。郑伯急忙保护他们三人出了宫门逃命。只见满街都是逃难人民，男啼女哭，拥挤难行。西戎军士杀声阵阵，前门难以逃脱。郑伯急中生智，见后门处没有火光，是逃命唯一出口，忙催小臣推起轻便小车拉着幽王和褒姒、伯服向后宰门逃走。几人冲出一条血路，向骊山逃去。这时的幽王惊慌失措，在车上一句话也说不出，褒姒只是抱着伯服哭泣。

西戎军杀到王宫，掳掠得无数珍宝、美女，又把库藏打开，搬取一空。西戎主还不足意，未见幽王踪影便连忙追赶。这时候郑伯正保护着幽王前行。黑暗中兵士陆续逃散，只剩下百余人左右。

幽王和褒姒、伯服好不容易逃到骊山。没等他们进入骊宫，郑伯又再次举烽火向诸侯呼救。烽火直入云霄，救兵依然不至。忽然山下火把无数，喊声震天，杀声四起。郑伯知道西戎追兵来到，慌忙启奏幽王："请让我下山带着这现有的残兵余将决一死战。"

事到如今，也没有别的办法，幽王只得点头，让郑伯带兵下山应战。听着山下追兵的呐喊声，望着越升越高继而消散的烽烟，幽王看了褒姒一眼。大概是想起了那次荒唐的游戏，咀嚼着失信于诸侯的苦果，他沉重地叹了一口气。褒姒大有同感地低下了头，现在山下有众多的兵士，可是她笑不出来了。

这时，追兵已形成了对骊山的包围之势，齐声呐喊："不要放走了昏君！"

郑伯虽然英勇，无奈西戎兵马越来越多，将士们抵挡不住。郑伯见势不妙，急召兵士，随他上山保卫幽王，上山后，郑伯对幽王果断地说："情势危急，这里待不住了。我派几人到宫前放火，以迷惑敌军；然后，带几十个将士杀出一条生路，保护你们三人从骊山后宫北坡跑下，夺路突围。下山后，快速逃到我们郑国，安下身来，再作下一步打算吧。"

幽王听了郑伯的话，又感动又惭愧地说："我当初没有听叔父的忠告，才落得这个地步，有劳叔父了。"褒姒也战战兢兢，含着泪水，低声说了一句："今天晚上，我们三人的性命就交托给叔父了。"

郑伯带领几十名兵士从后宫跑出，一位士兵帮着褒姒背着伯服下山。不大懂事的伯服惊哭一气，幽王害怕伯服的哭声给敌兵带来追赶的信号，于是命士兵捂住了伯服的嘴。

刚刚下山，偏偏遇上戎主，郑伯奋力厮杀，骁勇难当，西戎军一时奈何不了他们。戎主打得烦了，指挥军士放箭。可怜忠勇的郑伯竟死于万箭穿射之下！跟随幽王的士卒一时惊散，幽王、褒姒、伯服吓得瘫在车上。西戎军一见幽王的服饰和车上的美人儿，就知道是周天子和褒姒，想灭了幽王、伯服，留下褒姒，可以欢乐欢乐，于是只将幽王和伯服乱刀砍死，把褒姒掳去毡帐了。

三、褒姒的结局

骊山一战后，西戎军马上回到镐京，在京城大肆掠夺珍宝财物，又放了几把火，把周朝的宫阙楼台烧得残破不堪，一座辉煌壮丽的王宫化为焦土，繁华富庶的周国王城变作凄凉之地，百官富户家家遭劫，平民百姓四下逃散。

再说申侯在城中望见西戎兵放了火，急急率领本国军队入宫救火，一路将火扑灭，把申后背出冷宫，又带军队出宫。路上正迎着西戎主，西戎主高兴地告知申侯："我们西戎军已杀了幽王、伯服。"言下之意是他们已完成了申侯重托，该享受答谢了。

看看宫中城里遍地狼藉的样子，申侯心中暗暗叫苦，可又不敢惹怒西戎主，只得吩咐大摆筵席，答谢戎主的援手之情。

西戎主命部属把府库里的财宝抢掠一空，派车送回国去。这还嫌不足，申侯只好又从大臣们家和民间聚敛了10车金银丝绸送给他们。可是西戎主毫无归国之意。他把杀幽王、伯服，抢走褒姒视为不世之功，令人马盘踞城里，终日饮酒作乐，骚扰百姓。

申侯"烧香引出鬼来"，觉得违反了自己借兵的初衷；京城里的官员和百姓也怨声载道。解铃还得系铃人，这个残局还该他来收拾。申侯仔细思量一番，派人送密信出去，邀晋侯姬仇、卫侯姬和、秦君嬴开和郑伯之子掘突，联合出兵勤王。

郑伯之子掘突，年方23岁，生得健壮，英毅非常，听说父亲战死，不胜哀愤，穿好丧服，率车300乘，星夜奔驰而来。早有探马报知西戎主，说掘突欲报杀父之仇。戎主便做好了迎战准备。世子掘突一到，便欲进兵。他不听公子成的劝谏，指挥大军直逼城下。城上早已做好准备，结果经过激战，掘突与公子成及败兵好不容易才逃出。公子成建议掘突往濮阳一路行进。掘突依言行两天，尘土起处，看见无数兵车，如墙可倒，中间坐着一位诸侯，锦袍金带，苍颜白发，飘飘的样子犹如神仙，他正是卫武公姬和，这时他已经80多岁了。掘突高声呼救。姬和拱手相应，并定计说："西戎的志向在于抢掠美女金帛罢了。我们的兵刚到，他们一定不会提防。今天晚上三更，应该分兵东、南、北三路攻打，将西门空下，放他一条走路，你埋伏军队在西方，等候敌军出逃时，从后面伏击，必然能获胜。"

申侯在城中知道四国军队已到，心中很高兴。于是同小周公喧秘密商议。申侯出了一计："西戎主十分贪钱，也很好色，他们正在宫中戏弄褒姒，宴欢狂饮，已冲昏头脑，我去规劝戎王，让他们派右先锋孛丁分兵将财宝押送回国，回来后再于明日约会交战，左先锋满也率兵扎营在宫廷东门处守城。这样，西戎兵守城的力量大大削弱，三更之后，我们大开城门，接应攻打西戎的军队。"诸位闻申侯此言，皆为大喜，认为这一计很高。于是申侯去规劝西戎主。戎主不知是计，照办不误。

四路诸侯的人马包围了镐京，骄纵的西戎主还没有警觉，他照旧在宫中拥着褒姒寻欢、饮酒、嬉戏。西戎兵左先锋已经入睡，准备明日交战。三更时分，申侯大开城门，诸侯大军突袭杀入，把扎营在东门外的西戎军惊醒，西戎战将满也速提刀上马，急来迎敌。怎奈戎兵被杀得四下离散。戎主从梦中惊醒，仓促跨上战马，杀奔西城门逃命去了，随从只有几百人，刚闯出西门，遇上掘突军队，混战一场，正在戎主危机之时，满也率领残兵来到，戎主才得以脱身。掘突恐怕有失，不敢穷追。褒姒来不及同行，自料以后没有好下场，以一条白绫往窗框上一拴，上吊身亡。可叹可怜的一代美女，就这样结束了她的一生。

四、平王东迁

不久东方放白，天色大亮。四路兵马会合，大获全胜。申侯非常高兴，先安排小臣们去骊山收拾幽王、伯服、郑伯等人尸体，然后邀四路诸侯聚会宫中，大摆宴席，盛情招待。席间，申侯说："各路诸侯辛劳了，设此宴会答谢大家，并与诸位共议善后。"

卫武公姬和最年长，德望最高，大家都请他先发言。他说："国不可一日无君，原太子宜臼在申国，该备法驾迎请他回来继承王位。"大家都非常赞同，决定由郑世子掘突去申国迎接宜臼。

宜臼在申国，终日郁闷，不知外公这次去镐京讨伐父王吉凶如何。忽然听传报说，掘突一行人来传报外公与诸侯联名表章，要他速还京城。心下倒吃了一惊，打开看时，才知幽王已经被西戎军杀了。父子的情谊顿时现于脑海，不免放声大哭。掘突上奏说："太子您应当以社稷为重，望早正大位，使人民的心情得到安慰。"宜臼说："我不能负不孝的名义于天下！事情既然已到了这个地步，只好启程。"

宜臼回到镐京，休息了数日，便头戴王冠，身穿君王礼服，祭祀宗庙，即了王位，这就是周平王。

这一年（公元前 771）冬天的一个上午，平王升殿，众诸侯百官朝贺。平王宣申侯上殿并晋爵为申公。申侯酬辞说："我原打算教训幽王一番，把他软禁起来，可本国无力讨伐，只好借助缯国和西方犬戎部队。战争中没能控制西戎军，使京城遭到破坏，损失惨重，无法重建，我有罪过。幽王灭亡后镐京侥幸存留，是众位诸侯勤王的功劳。我哪该受赏呢？"申侯多次辞决，平王接受了他的恳辞。申侯只是有这个官爵，实际上并不在朝辅政。没过几天，他怀着自责的心情回封地养老去了。

卫武公又上奏说："褒姒母子依靠幽王独宠作乱，虢石父、尹球等人欺君罔国，虽然已经死了，应当追贬。"平王一一准奏。卫侯和晋爵为公，晋侯仇加封河内附庸地方。郑伯因死于幽王的事情上，赐他谥号为桓。世子掘突袭爵为伯，加封良田千顷。申后为太后。褒姒与伯服虽然死了，也都废为普通人中的下等人。虢石父、尹球、祭公等人，平王考虑他们在幽王时有功，并且都因国事而死，只削除他们本身爵号，他们的子孙可以继承爵位。然后又出安民榜，抚慰京都被害百姓。一时间，京城内外上下一片安和。申侯见郑世子掘突英毅非常，就将自己的女儿嫁给了他，这就是武姜。

西戎主自到镐京扰乱一番，熟识了镐京的道路。他虽然被诸侯驱逐出城，但锐气并没有被挫，又自认此次劳而无功，因此心怀怨恨；于是调用军队，侵占周疆，渐渐逼近镐京，一连几个月烽火不停。镐京经历了这场战乱，宫阙楼台烧得残破不堪，一座座辉煌壮丽的王宫化为焦土，十不存五，到处是断壁颓垣，繁华富庶的周国都城变作凄凉冷落之地，一时难以恢复元气。平王感到府库空虚，无力建造宫室，而且害怕犬戎早晚要进入镐京，于是萌发迁都洛邑的念头。

一天朝罢，平王征求群臣意见让大家阐述迁都的利和弊，群臣们一时争执不下。最后平王决定东迁。祝史作文章，先将迁都缘由祭告宗庙。到了期限，大宗伯抱着七庙神主，登车先导。秦伯赢开听说平王东迁，亲自领兵护驾。百姓携老扶幼，相跟从者不计其数。

平王继位第二年定为平王元年（公元前770），晋文公、郑武公、卫武公、宋襄公等以武力护送平王东迁洛邑（今河南洛阳），在此重建宫殿，史称东周。至此，我国历史上第三个奴隶制王朝——西周宣告灭亡。幽王在位11年，胡作非为，西周就这样葬送在幽王手中。随着西周的灭亡，东周的历史拉开了大幕。

五、谁之过？

现在陕西省西安市临潼区还有幽王城，一名幽王垒。在东边戏水上，有8尺高土丘，传说是周幽王陵墓。晋朝文士潘岳曾发怀古之幽情，作《西征赋》，写道：

> 履犬戎之侵地，疾幽后之诡惑，举伪烽以沮众，淫襃褒以纵慝。
> 军败戏水之上，身死骊山之北。赫赫宗周，咸为亡国。

类似的传统说法，认为周幽王贪恋女色，嬖宠美人褒姒而亡西周，荒淫败政，国破身亡。千百年来，有人提出"女人是祸水"，是"亡国尤物"，认为美女以色迷人，惑乱君主，导致了君王荒废政务，嬉戏成性，奢靡放纵，残酷暴虐，女色为万恶之源，万恶淫为首。并且以此作为教训，向世人敲响警钟，以为亡国破家者戒。然而把政治黑暗、亡国亡身的责任归结到妇女身上，甚至为手掌杀伐、独断朝纲的最高统治者开脱，是极不公道的。有道是，"酒不醉人人自醉，色不迷人人自迷"，历来阶级社会的统治者总是把妇女占为己有，视为玩物，妇女的命运是不能自主、极为悲惨的。被统治者强迫征召的美女一入深宫便进苦海，失去自由，难道国家大事是由地位卑下的妇女做主吗？

褒姒，这个命途乖蹇的弱女子，后来成为西周王朝第 11 代君主、西周王朝最后一个君主周幽王的宠妃，被作为"祸水"蒙上恶名而记入史书，载入《诗经》里。骂曰："赫赫宗周，褒姒灭之"，"乱匪（非）降自灭，生是妇人"，"懿厥哲妇，为枭为鸱"等等。《国语》骂她是天降的亡国妖物。《汉书·古今人表》把人分为九品，将夏桀与妹喜、纣王与妲己、幽王与褒姒，均列入"下下品"。唐人陈子昂根据周幽王烽火戏诸侯的史实，写下了"一笑倾人城，再笑倾人国"的诗句。总之，均把从周幽王荒淫怠政误国，到后来申侯招引异族西戎兵将攻打镐京，最后西周覆灭的罪过，都归于这个昔日的河边弃婴、后入宫成为王后的褒姒身上。其实，褒姒不过是一个貌美女子，因为长得俊秀，被好色贪淫的周幽王看中了。骊山"烽火台"是周王统治、捍卫京城的部署，命令诸侯抵御外敌的军事报警信号，点燃烽火是一件很严肃的军事行动。褒姒不爱笑，为引她一笑，幽王竟多次命士兵点燃烽火，引来诸侯，逗得褒姒开怀大笑。后来，西戎入侵，真的发生了战事，士兵们又点燃烽火，诸侯们因为多次上当，而不愿再被戏弄，所以未来参战营救，致使镐京陷落，幽王被杀，强盛的西周王朝随之灭亡。其实，幽王受到申侯和西戎的进攻，诸侯没有前来援救，并非"烽火戏诸侯"所致。真正的原因，是当时的周王室已经十分衰微，周天子已经失去了对诸侯的控制，所以诸侯才敢按兵不动，坐观成败。那时，不仅西周初期建立的诸侯国，如齐、鲁、晋、卫等早已坐大自守，摆脱了王室的控制，就连新崛起的姬姓诸侯也已离心离德了。如郑国是在周宣王二十二年（公元前806）所封，始祖郑伯在幽王时当了一年王室的司徒就不干了，他对太史伯说："我看王室不安定，早晚要出乱子，我想离开这里到一个安全的地方去。"太史伯建议他迁到关东洛邑以东、黄河济水以南去，认为那里比较安全。于是郑伯便把他的封国人民迁到了东方。申也是周宣王时才立的国，申侯为姜姓，是周王室的亲戚，此后却带头起兵反对周王，可见这时诸侯对周室已经离心离德，史称"幽王以褒后故，王室治多邪，诸侯或畔之"（《史记·郑世家》）。这时，西周的力量已降如一个中小诸侯国。在这种形势下，幽王把烽烟烧得再旺再浓也无济于事。这个故事中某些离奇的情节虽然并不完全可信，但它所反映的幽王求援、诸侯不救的情况，倒是符合历史事实的，从这个角度看，这个故事又是真实的。

《诗经》中愤怒斥道："赫赫宗周，褒姒灭之。"（《小雅·正月》）宗周的灭亡，与褒姒当然有一定的关系，但是，从根本上说，西周灭亡主要原因不是褒姒，甚至也不是幽王，而是这个奴隶制王朝已经腐朽不堪。中国的奴隶制也随之而走到了它的尽头，幽王和褒姒不过是被历史所选择去充当了殉葬者而已。因此，把西周亡国的罪名全部栽赃到褒姒身上，也是很不符合实际或者说是不公平的。

鲁迅先生说："我一向不相信昭君出塞会安汉，木兰从军就可以保隋；也不信妲己亡殷，西施沼吴，杨妃乱唐的那些古老话。我以为在男权社会里，女人是绝不会有这么大力量的，兴亡的责任，都应该男的负。但向来的男性的作者，大抵将败亡的大罪，推在女性身上，这真是一钱不值的没出息的男人。"

从仅存的"男性的作者"的历史著述本身也不难看出，即使没有"亡国尤物"褒姒，周幽王这样的人物也绝不会成为治国安民的明君圣主，他的国灭身亡实在是咎由自取。

后　记

　　朝笔夜书，几番耕耘，庆幸此书终于面世了。它融史料记载和历史传说于一体，经过艺术上的整理和加工，以人物传记的形式勾勒展示了中国先秦时期夏、商、西周三个奴隶制王朝末代后妃妹喜、妲己、褒姒的人生命运。

　　在编著撰写过程中，我们翻阅了相关史料，力求尊重基本史实，人物形象鲜明，情节生动完整，文笔流畅，语言简洁。

　　同时参照了一些专家学者的最新研究成果，在此一并致谢。

　　由于时间仓促，史料较少，本书难免存在疏漏和不足，欢迎广大读者指正。

作　者

1994 年 12 月初稿

2024 年 9 月修改